UNIVERSITY OF NORTH CAROLINA AT CHAPEL HILL
DEPARTMENT OF ROMANCE LANGUAGES

NORTH CAROLINA STUDIES
IN THE ROMANCE LANGUAGES AND LITERATURES

Founder: URBAN TIGNER HOLMES
Editor: MARÍA A. SALGADO

Distributed by:

UNIVERSITY OF NORTH CAROLINA PRESS
CHAPEL HILL
North Carolina 27514
U.S.A.

NORTH CAROLINA STUDIES IN THE
ROMANCE LANGUAGES AND LITERATURES
Number 229

POLITIQUES DE L'ECRITURE

POLITIQUES DE L'ECRITURE

BATAILLE / DERRIDA:

Le sens du sacré dans la pensée
française du surréalisme à nos jours

PAR

JEAN-MICHEL HEIMONET

CHAPEL HILL

NORTH CAROLINA STUDIES IN THE ROMANCE
LANGUAGES AND LITERATURES
U.N.C. DEPARTMENT OF ROMANCE LANGUAGES

1987

Library of Congress Cataloging in Publication Data

Heimonet, Jean-Michel, 1948-
   Politiques de l'écriture, Bataille/Derrida.

   (North Carolina studies in the Romance languages and literatures)
   1. Literature and society — France — History — 20th century. 2. Politics and literature — France — History — 20th century. 3. France — Intellectual life — 20th century. 4. French literature — 20th century — History and criticism — Theory, etc. 5. Bataille, Georges, 1897-1962 — Political and social views. 6. Derrida, Jacques. I. Title. II. Series.

PQ142.H45   1987   840'.9'00912   87-20435
ISBN 0-8078-9233-5

© 1987. Department of Romance Languages. The University of North Carolina at Chapel Hill.

ISBN 0-8078-9233-5

DEPÓSITO LEGAL: V. 1.658 - 1987   I.S.B.N. 84-599-2021-1
ARTES GRÁFICAS SOLER, S. A. - LA OLIVERETA, 28 - 46018 VALENCIA - 1987

TABLE DES MATIERES

	Page
Préface	11
Avertissement	17
Avant-propos	21
PREAMBULE	25
La question du social	25
Le pouvoir et l'individu	28
Actualité du Collège	37
Le pouvoir duel	39
L'enigme de la différance	42
PREMIERE PARTIE	47
Du surréalisme au Collège	47
Légitime Défense	47
Inquisitions	49
Le monde brisé	49
La poésie symptôme	51
La science concordataire	55
La phénoménologie sociale et ses risques	59
Hétérologie, hétérotélie, orthodoxie	62
Contre-Attaque: conjurer l'icarisme	62
Fuite en force des formes	65
Sciences hétérogènes, sciences tragiques	67
Orthodoxie et optimisme	73
Acéphale	76
Chroniques nietzschéennes	77
Les vertus dionysiaques	79

	Page
Dionysos philosophe	80
Aperçu de l'autre côté	82
Les trois destins	83
"Le Collège de sociologie ou le problème interrompu"	83
L'enquête des directeurs de conscience	85
De l'organisme à l'absence de communauté	88
Les choix de Caillois	90
Trois destins: "le butor armé", "l'homme de la tragédie", "l'homme de la loi et du discours"	93
Le Collège inavouable	96
La totalité vive	98
La question de la représentation	100

DEUXIEME PARTIE 105

Sociologie des fascismes	105
Le processus de création et de fondation du pouvoir	109
Les renards et les lions	109
L'éclatement de la structure	111
"Oedipe, connais pas"	114
Mythe et réconciliation	117
Le phénomène d'incarnation	120
"Le Führer-Prinzip"	123
Le partage profond	124
Fascinant-fascinés. La finalité fasciste	124
Le Bund et la communauté	128
"Intégrité, rupture", la violence comme "méthode générale"	130
La substitution/opposition de langages. Classement psychologique/classement ontologique	133
"Le processus douloureux de déshomogénéisation"	136
Le "P.M.G."	138
L'O.T.N.I.	140
La double révélation	142
La haine des intellectuels	144
Rationnel/irrationnel, les dangers d'une confusion	144
Le vol des "vieux mots" et la naissance de l'idéologie	148
Conscience: division	151
Communisme et fascisme, rétention-expulsion de la souveraineté	153
La perversion du tragique et l'édulcoration du mythe	156

	Page

    La "doxanalyse": le savant et le séducteur   157
    "La haine des intellectuels"   160
    "Antisémitisme"   164
  La scène mythistorique   171
    Le symbole du manque   172
    La "Darstellbarkeit" du texte fasciste   176
    Sociologie "au marteau" et "athlétisme affectif"   178
    Le corps de gloire de l'"acteur sacré"   180
    Concerto pour le mythe (la notion de consonance)   184
    Culbuter la mort   187
    L'éternel retour du mythe   191

TROISIEME PARTIE   195
  Les exigences de l'écriture   195

Bibliographie   229

PREFACE

par

EDOUARD MOROT-SIR

Je ne connais pas de plus agréable devoir que celui d'avoir à reconnaître et à saluer en un livre une réussite exemplaire. L'essai que Jean-Michel Heimonet intitule fort à-propos "Politiques de l'écriture", appartient à ce moment où, dans le double désarroi qui accompagne la déroute structuraliste et qui suit la transformation d'une certaine fureur déconstructionniste en clichés rituels, la critique littéraire cherche à reprendre son souffle; elle affirme une nouvelle conscience d'elle-même, elle instaure l'art de l'essai en discipline de pensée et d'écriture, et ainsi réalise dans le style de l'essai une "critique de l'écriture", en quête de son impératif catégorique: "Ecris ce que tu dois"; elle est soucieuse de redonner au "très beau mot" d'*éthique,* comme dit Heimonet, une force qui résiste à toutes sortes de travestis, à nos alibis et à nos complaisances. Ainsi l'essai, tel que le comprend et le vit Heimonet, est une épreuve d'écriture, à mi-chemin entre la redécouverte et la correction des perspectives sur notre passé, et la réflexion prospective sur notre avenir: double assomption du présent, l'essai critique se veut, dans une quasi simultanéité, réflexion objective sur notre histoire et conscience intense, voire dramatique, de notre actualité; il est la navette nécessaire entre un passé transfiguré par son avenir et un futur illuminé par un passé retrouvé et redressé. Voilà comment il faut entendre le fait que l'écriture soit une politique au pluriel, avec ses paris et ses risques, ses comédies et son tragique!

Retour au passé signifie recherche d'une identité originelle, d'un point de départ fondamental *(Urzeit),* d'une source de vie de la pensée critique et éthique. Heimonet la ressaisit justement dans les années Trente. Cette descente dans l'Enfer critique nous ramène vers une époque où le destin français se sentait incertain et exigeait un nouveau langage. Nos mots (j'y étais!), et surtout les mots "mort, pouvoir, société, science" étaient dévalués. Nos sémantiques, fatiguées et blasées, avaient besoin d'un sang nouveau. La sociologie dite française, était devenue, à tort ou à raison, une coque sonore et vide. La question critique: "Comment une science de l'homme est-elle possible?" redevenait alors une interrogation métaphysique: "Une science de l'homme est-elle possible? et son existence s'accorde-t-elle avec notre instinct de liberté?" Certains disciples de Durkheim, comme Marcel Mauss, révélaient, peut-être malgré eux, les faiblesses de l'objectivisme qui inspirait "les règles de la méthode sociologique". Et soudain la sociologie allemande, avec Dilthey à l'arrière-plan, avec Tönnies et sa distinction entre communauté et société, avec la grande synthèse de Max Weber, réveillait l'attention française. Et surtout, avec l'apparition du *Collège de sociologie,* un nouveau souffle critique animait le besoin d'une théorie de l'homme comme individu et collectivité, à partir de cette innocente question: *Quelle* sociologie est-elle possible?

Pourtant, je le confesse, nous n'étions alors qu'imparfaitement conscients de l'originalité du *Collège*. Il nous semblait être une initiative louable, parmi d'autres. Il stimulait sans convaincre. Il scandalisait. Ses grands thèmes du sacré, de la souveraineté et du maudit nous surprenaient. Peut-être aussi avions-nous des angoisses plus directes et brutales qui nous prenaient à la gorge: quelle serait la guerre qui nous attendait? comment la Troisième République survivrait-elle à son incompétence et à ses infamies? Parfois le *Collège* nous paraissait être un de ces exercices de rhéteurs oublieux du feu qui vient d'éclater aux portes de la ville. Et tel est le grand mérite du livre de Jean-Michel Heimonet. Il rend une éclatante justice à des penseurs que nous avions eu tendance à marginaliser. Il redresse la perspective historique. Il jalonne le chemin qui mène des années Trente à notre présent. On le sait, l'actualité écrivante aime remodeler son passé; elle aime le refaire à sa propre image et convenance. Elle prépare ainsi l'avenir pour le bénéfice de ses lecteurs immédiats. L'existentialisme et le structuralisme se sont efforcés de nous faire croire l'un après l'autre qu'ils construisaient les grandes autoroutes, les voies royales de la pensée française. Ils supprimaient le passé le plus proche qu'ils nous invitaient à mépriser; et ils cherchaient des modèles plus lointains, déjà embaumés et enveloppés dans les suaires de notre culture. La réalité culturelle française était plus complexe, nous le savons aujourd'hui. C'est par rapport à cette situation que l'essai de Jean-Michel Heimonet fait œuvre de justice historique, en ramenant notre attention vers des penseurs comme Georges Bataille, Jules Monnerot et Roger Caillois, en soulignant leurs relations tempétueuses avec le Surréalisme, en examinant avec pénétration les avatars de ce Collège de sociologie dont il expose, grâce à un examen clinique sympathisant mais impitoyable, le "rebondissant échec" — un échec qui rebondit jusqu'à nos jours, débusque nos refoulements, dénonce nos tabous et nos hypocrisies.

Il y faut un réel courage intellectuel, et j'aime en sentir la présence dans ces "Politiques de l'écriture". Le Collège de sociologie affrontait le durkheimisme et tentait d'être en prise directe avec une Europe fascinée par le tragique et son horreur, à l'aide de deux notions intimement liées, celles de transcendance et d'écriture. L'une et l'autre restauraient, par-delà les valeurs traditionnelles du Vrai, du Bien et du Beau, l'énergie irrationnelle du sacré. Avec la complicité de Freud peut-être, mais en toute indépendance, les animateurs du Collège méditaient sur le *mana* et le *tabou,* sur le désir et le pouvoir, sur le mythe, et ainsi, inévitablement, sur l'attraction qu'exerçait la pensée totalisante et fasciste. Monnerot succombera à la tentation. Bataille et Caillois résisteront, chacun à sa façon, mais sans jamais être allés jusqu'au bout de leur négation et sans avoir dépassé un certain état ambigu de pensée inachevée. Peut-être n'ont-ils pas assez médité sur la relation entre transcendance et écriture. Ils étaient cependant parmi les premiers à avoir compris que l'écrivain est sacrificateur et supplicié, que l'écriture est sacrifice-et-fête, qu'elle est "folie" de l'incarnation. Seule une telle écriture peut aider à débrider l'abcès fasciste, à l'exposer en plein jour. Soyons reconnaissants à Heimonet pour nous mettre sur la voie d'examens de conscience honnêtes et rudes, sans fausses pudeurs bourgeoises ni terrorisme simplificateur.

Avons-nous appris à affronter l'écriture fasciste mieux que ne l'ont fait Bataille, Caillois ou Monnerot? Sommes-nous mieux armés aujourd'hui pour répondre à la question critique que j'ai déjà évoquée: une science de l'homme est-elle possible?, et cela en dépassant les trois réponses libérale, marxiste et fasciste, dont les stratégies continuent à nous séduire? On a discuté volontiers de libéralisme (voir Raymond Aron), de marxisme (voir Althuser et les "nouveaux philosophes"); mais on a offusqué la question fasciste, comme si elle faisait peur, comme s'il était plus facile de l'écarter sans en prendre la mesure.

Heimonet sait qu'on ne peut rester neutre dans cette guerre de partisans. Bien qu'il trace un portrait passionné-passionnant de l'itinéraire qui conduit Monnerot de *La Poésie et le sacré* à *Sociologie de la révolution,* et qu'il restitue avec rigueur les analyses subtiles qui ont mené Caillois du Collège de sociologie à l'Académie Française, la préférence de Heimonet va à Bataille, authentique écrivain tragique, qui refuse de s'abandonner au mythe triomphant du fascisme, qui ne se laisse pas séduire par les illusions d'une fausse dureté politique, mais qui cherche dans les humiliations de l'incarnation scripturaire, la raison d'être d'une nouvelle écriture: Ni hypocritement angélique, ni naïvement criminelle, que peut-être l'écriture?

Elle a pris pour notre temps, nous l'avons dit, la forme de l'essai critique. Heimonet se tourne alors vers notre actualité. A juste titre il lui demande des comptes: qu'avez-vous fait de votre passé, même et surtout quand vous ne le reconnaissez pas? Il interroge ainsi, parmi les essayistes des années 70 et 80, Gilles Deleuze, Jacques Derrida et Jean Baudrillard. Nous tombons d'accord avec lui quand il implique, discrètement d'ailleurs, que ces héritiers, souvent ingrats, n'ont pas l'envergure de leurs ascendants, et qu'avec eux le tragique des problèmes est devenu presque exclusivement ludique. L'essai n'est plus qu'un exercice brillant et facile. Comme le chat de Beckett, l'écriture tourne sur elle-même pour attraper sa queue, en un étourdissant et plaisant tourbillon de formules. Soyons-leur cependant reconnaissants d'avoir retrouvé le sens des problèmes qui avaient été refoulés par la conscience culturelle française pendant près de quarante ans. Ils fónt comprende que tout "essai" est présence et absence, puissance de désir et conscience de l'impossibilité de sa satisfaction, et plus profondément encore, désir de l'impossible. Le *Credo quia absurdum* est transformé en un *Credo quia impossibile.* Qu'est-ce donc que cette impossibilité sinon le langage lui-même que Monnerot, et surtout Bataille ont poussé jusqu'à ses limites les plus offensives? La revendication de *Légitime Défense* qui devait susciter les provocations du *Collège* s'accomplit dans une affirmation d'offensive légitimité. Jusqu'où peut-elle conduire? Il s'agit de revivre le scandale de l'incarnation, non pas du dieu qui est mort, mais du dieu qui se meurt tous les jours comme homme.

Quand Heimonet parvient au bout de son entreprise de restauration et de confrontation entre notre passé légitimisé et l'ombre de notre avenir, la dernière question qu'il se pose concerne notre actualité: comment allons-nous "supporter ce legs d'*impuissance*"? Il répond en toute simplicité et soumission: (re)commencer à écrire. Frère cadet de *L'Innommable* beckettien, il continue à écrire; par une mise en abyme directe, il écrit précisément le présent essai pour pouvoir recommencer, et ainsi du fond du plus lointain passé, pour orienter son avenir. Ce faisant, il pose le seul impératif catégorique qui soit légitime et sans conditions cachées: j'existe parce que je dois écrire, et par ce que j'écris. Toute politique de l'écriture requiert une éthique. L'essai qu'écrit Heimonet sur d'autres essais le prouve. Il est écrit pour dégager l'intuition morale immanente qui les dirige et qui, peut-être, elle-même une fois dégagée, permettra de franchir leurs limites. Pour affronter les mythes qui continuent à menacer notre horizon, seule *l'honnêteté critique* est capable de nous sauver de toutes les séductions et facilités dans lesquelles s'est complu avec trop de complaisance un siècle impuissant à contrôler sa violence et ses contradictions. Politiques de l'écriture au premier degré, les essais qu'étudie et radiographie Jean-Michel Heimonet l'ont amené à une écriture sur-politique qui s'affirme elle-même comme éthique.

En bref, je suis heureux de dire aux lecteurs qui ouvriront ce livre: "Vous y trouverez une belle leçon de justification et de rectification historiques, un type original de réflexion où philosophie et littérature mêlent leurs eaux, une méditation profonde sur le destin tragique de l'écrivain et sur son impératif d'écriture. Heimonet a choisi avec pertinence le mot "éthique" pour désigner le dépassement de l'écriture politique et cette fusion de toutes les valeurs à l'intérieur de la conscience du sacré. Ainsi peut s'accomplir l'un des grands rêves philosophiques de notre époque: rassembler en un seul effort critique les trois *Critiques* de la pensée kantienne. Jugement réfléchissant sur notre propre histoire et son avenir, "Politiques de l'écriture" vous proposent les prolégomènes à toute *Critique de l'écriture*".

AVERTISSEMENT

Le présent essai aurait aussi bien pu s'intituler fiction. Ces "Politiques de l'écriture" seraient alors le roman — initiatique — de trois hommes rêvant de transformer la société dans laquelle le hasard ironique les avait jetés et qu'ils abhorraient. Pour Georges Bataille, Roger Caillois et Jules Monnerot, la démocratie de Blum puis de Lebrun était marquée par la faiblesse de ses dirigeants et, conséquence de cette carence de pouvoir, le desserrement du lien social qui unissait ses membres. Au vrai la Troisième République dont on a dit depuis tant de mal, quant à la faiblesse et la corruption de ses élites (il faut penser l'affaire Stavisky et la reculade de Munich comme les deux faces d'un même défaut charismatique), avait surtout le malheur de se trouver confrontée aux grands mouvements nationaux qui à la même époque se développaient à l'Est: le communisme russe et les fascismes italien et allemand. Influencés, de manière ambiguë comme nous le verrons, par ces vastes mouvements de cohésion sociale, les personnages dont nous parlons partageaient entre eux, outre un savoir (nourris par la lecture de Hegel, Nietzsche et Freud, ils étaient tous trois disciples de Durkheim et plus encore de Mauss), la volonté ardente de créer une *communauté,* de former un agrégat social où les membres, à l'instar d'initiés, eussent communiqué, étrangers aux lois cyniques de l'intérêt et par-delà même les simples lien du sang, au fil d'un pur lien de sympathie magique. Davantage que la volonté ils partageaient le désir et la foi de créer un *mythe*. En contrepartie cette entreprise de création sociale exigeait qu'ils renient ce qu'ils avait été, dont ils savaient de la façon la plus lucide qu'ils ne pourraient jamais totalement cesser de l'être, des intellectuels, comme le dira Caillois, des "clercs".[1] Passés par le

---

[1] R. Caillois, "Sociologie du clerc", *Approches de l'imaginaire* (Paris: Gallimard, 1974).

surréalisme ils avaient fait l'expérience de l'impouvoir du texte. Ils savaient que la littérature, mais aussi bien la philosophie, l'écriture sous toutes ses formes, agit peu et mal quand l'histoire la réclame. Sans cesser d'écrire, de traduire en mots les questions fondamentales que leur posait la réalité de leur temps, voulaient-ils du moins donner à ces mots la force du choc, la vertu efficace d'une incantation. Incapables de s'en défaire ils cherchaient à s'affranchir à l'égard d'un savoir qui faisait d'eux des idéalistes, des hommes de papier, ou, pire encore, comme Sartre l'écrira à propos de Bataille, de "nouveaux mystiques".[2] C'est dans ces conditions qu'ils décidèrent, en 1937, la création d'un Collège de sociologie *sacrée*.

Revenons au présent. On aura remarqué que la question posée à ces trois hommes rend un son familier. Rien là qui doit surprendre; il s'agit en effet de la fameuse *question de la représentation* dont on a fait depuis, par un beau raccourci amnésique, l'apanage de la modernité. Evaluer l'enjeu réel contenu dans cette question, c'est-à-dire la tirer des arguties de philosophie scolastique qui en masquent l'origine, tel est le but fixé par cet essai. Afin d'évaluer cet enjeu il faudra d'abord suivre et comparer patiemment trois itinéraires indissociablement intellectuels et politiques, la façon dont Bataille, Caillois et Monnerot ont tenté chacun de forcer la clôture de la représentation pour placer leur texte au niveau de l'histoire. Il faudra ensuite interroger la forme prise par cette question dans la pensée contemporaine qu'elle continue de hanter. Lorsque G. Deleuze dénonce le caractère représentatif de l'Oedipe freudien et réclame le surgissement d'un "réel-désir" qui serait en lui-même le ferment de l'histoire, ou lorsque J. Baudrillard désespérant de la position de *sujet* prophétise joyeusement la réification de l'homme, sa métamorphose en *objet,* c'est toute le problématique du Collège qui se perpétue dans leurs textes, mais à l'état clairement hypocrite. Car il est plus facile de refaire ou d'inventer l'histoire à l'abri d'une chaire à une époque et dans un pays (relativement) paisibles, que d'en vivre les exigences comme ce fut le lot de Bataille et de ses amis. Dans ces conditions confortables il est en effet possible de tout dire, d'appeler les foudres du désir ou des stratégies objectales sur la société

---

[2] J.-P. Sartre, "Un nouveau mystique", *Situations I* (Idées) Paris: Gallimard, 1975).

bourgeoise, sans jamais se risquer. D'autre part la critique actuelle, par un second aspect, tend à édulcorer la pensée de Bataille. A lire les commentaires de J.-L. Nancy et M. Blanchot on retire l'impression que les textes les plus violents ne sont pas issus de la réalité politique et sociale mais qu'ils sont au contraire, de façon spontanée, comme tombés du ciel, de pures métaphores. Pour opposées qu'elles semblent, ces attitudes demeurent en fait étroitement complices. Elles ignorent toutes deux la dimension irréductible du texte de Bataille, l'espace de mort et de jeu où s'élabore l'écriture souveraine dans sa double valeur religieuse et sociale. Pourtant ce nihilisme arrogant ou précieux, qui trop souvent distingue notre modernité, connaît des exceptions. Ainsi J. Derrida a su reprendre et transposer en règle d'écriture le trajet de Bataille. Il faut croire qu'un mouvement de l'esprit d'une importance incomparable a travaillé pour ce transfert, dans le fait que Bataille dont le texte croît à partir de l'histoire empirique, sur la violence qui lui est liée, et Derrida, dont la pensée iconoclaste à force d'exigence et de subtilité symbolise la paix, aient pu en dernier lieu se rejoindre dans l'idée de la nécessité de l'œuvre; cela au moment précis où cette œuvre s'annonçant impossible indique le caractère *sacrificiel* du geste qui la veut et en poursuit la quête.

Pour terminer je tiens à dire un mot au sujet du style de cet essai. Pour introduire *Le Bleu du ciel* Bataille écrit: "Comment nous attarder à des livres auxquels, sensiblement, l'auteur n'a pas été *contraint?*"[3] C'est un peu ce qui s'est passé avec ces *Politiques de l'écriture* — ce pourquoi, tant s'était imposé le travail de l'imaginaire, j'ai pu les dire fictions. Même s'il est devenu banal de reconnaître que le commentaire doit s'accorder, au sens musical, sur le texte qu'il envisage, j'attire l'attention du lecteur de ces pages sur le mouvement par lequel la virulence des textes pris en charge vient parfois contrarier, mais aussi, par là même, provoquer, exacerber, la volonté didactique s'efforçant de les maîtriser. Compte tenu des difficultés de formulation inhérentes à l'enjeu qui décida de ce travail, la multi-

---

[3] Bataille, III, 381. Sauf autrement indiqué, toutes les citations de G. Bataille renvoient à l'édition Gallimard des œuvres complètes dans l'état actuel de la publication (9 tomes de 1970 à 1979). Toute référence à cette édition est indiquée comme suit: Bataille, III, 381, où le chiffre romain indique le numéro du tome et les chiffres arabes la pagination.

plication des tons m'est apparue une nécessité. Chez celui qui écrit l'exigence créatrice ne correspond pas toujours à sa (bonne) volonté. Le texte vient comme il peut et, souvent, l'auteur n'y retrouve qu'une création indépendante, étrangère en quelque sorte. Il en va particulièrement ainsi de l'Avant-propos dont la forme voudrait être un hommage à Bataille.

AVANT-PROPOS

> "Nous ne pouvons que nous jeter à la poursuite des signes auxquels se lient le vide, en même temps le maintien du désir."
> (Bataille, V, 397)

Naïveté, sincérité, magie moderne de nos contemporains, ces derniers mots d'un essai de J.-L. Nancy consacré à Bataille, à son vœu exigeant d'une *communauté:* "Nous ne pouvons qu'aller plus loin".[1]

Un peu moins rassurés, souffrons de demander: "Jusqu'où Bataille est-il allé?" Evidemment la question est sans réponse. En tant que non-réponse, dans sa réserve, elle l'est efficacement.

Bataille n'a pas voulu aller... quelque part, au point fixe et solide d'une tâche achevée ou vers le havre sûr d'une vérité dite (etc...). Mais on sait tout cela et ce parcours sans bornes, ce chemin sans étoiles, aujourd'hui, clinque aux néons du truisme.

A quoi il faut répondre que Bataille n'a pas été *forcé* d'aller là où, sans faux-fuyant, l'évidence le trouve. Quoi que lui-même en dise il n'a pas été forcé de reconduire, jusqu'à l'aimer, l'échec. Le livre n'a pas été sa damnation — ou alors ce damné aurait choisi l'enfer.

Pas forcé mais fouaillé, cruellement fouetté, supplicié par une *exigence* plus forte que la sienne: "une volonté d'être avide et puissante" (Bataille I, 532).

Ce qui est sûr c'est qu'il n'y est jamais tombé, sous le carton rigide de ses œuvres complètes, mais qu'il y a été porté: par tout

---

[1] J.-L. Nancy, "La Communauté désœuvrée", *Aléa* n° 4 (Paris: Christian Bourgeois, 1983), 49.

ce que recouvre (sans le renfermer) ce mot très beau, *éthique;* quand on l'entend, ce mot, dans le sens et qu'on l'éprouve dans la direction où il s'insurge face à la voracité passive de la force et face à tous ses travestis, ces brillants alibis d'un désir immortel, notre spécialité, notre facilité.

Si donc Bataille est allé quelque part c'est précisément là, dans ces mots, dans ces textes, où il jugeait qu'il serait indécent, si peu "viril" d'être. Là où il refusa, en l'échouant, de fracasser sa barque.

Mais ce naufrage serait bien bas et cet échec sonnerait mat, s'ils se laissaient glisser, dériver, justifier sous le coup d'un fatum.

Avec quelle insistance il l'aura répété,

"Vous n'ignorez pas que je tiens à la totalité".[2]

Pas d'amputation, pas de choix.

> Une totalité de l'existence a peu de choses à voir avec une collection de capacités et de connaissances. Elle ne se laisse pas plus découper en parties qu'un corps vivant. La vie est l'unité des éléments qui la composent.
>
> (Bataille, I, 529)

Le prix de cette phrase indique le pire choix, qui consiste à ne pas choisir.

Choix consistant de se tenir, se retenir à la volonté farouche de,

> ne pas viser, convoiter, posséder, s'arrêter,
> ne pas céder à la tentation de,
> répondre, résoudre, construire, fonder, installer et régner,
> ne pas se laisser agir par le démon de l'intérêt ou de l'histoire;
> et ne pas aspirer à un état de paix (être aspiré par lui) qui est état d'*in-différance,*
> état de non-tension, d'indifférenciation, confort trop parfait de la Terre.
> Refus de produire, oui, comme refus de participer à un match truqué,
> de se caler sur la ligne arrimé aux talons du maître.

---

[2] Lettre de Georges Bataille à Roger Caillois, reproduite dans: Denis Hollier, *Le Collège de sociologie* (Idées) (Paris: Gallimard, 1979), 553.

Mais ce lot de refus, toute cette énergie dépensée sans emploi (c'est-à-dire sacrifiée), loin d'être réactif se brûle à affirmer la nécessité d'être: cet autre souverain, Dianus, le roi du bois. Refuser de choisir d'être un faiseur d'histoire, un bâtisseur d'empire, ce n'est pas faire la grève ou se mettre en vacance — sous les pavés il n'y a pas de plage —. Ce n'est pas s'absenter. Car être total (et non totalement) c'est être plus présent que le corps lourd, massif, de la présence tyrannique, c'est y être autrement, pour tous et pour personne — excepté pour *soi-même*.

Quoi qu'en pense Kojève, ce non-choix n'est pas d'une belle âme, bien plutôt un défi, un pari impossible, qui exige d'avoir "pour fin / ce qui unit et s'impose avec violence / sans aliéner la vie" (Bataille, I, 481). A l'instar du saint ou de l'ange, la "négativité sans emploi"[3] n'est pas, elle rayonne. C'est de se fendre qu'elle se partage, à renoncer aux choix dont l'histoire dispose.

Nos modernes, divers sous l'apparence, se rejoignent pourtant quand ils traitent Bataille: tous ont la vue étroite et l'amnésie facile. Pour être "désœuvrée" ou "inavouable",[4] leur communauté est toujours factice. Débranchée hors contexte et souveraine avant la lettre, elle est toujours envisagée de façon synchronique, et même synthétique, elle ne l'est jamais dans son déploiement, dans son histoire privée, individuelle, et dans le rapport de cette histoire aux phénomènes qui la voient naître, ici, de façon privilégiée, la montée des grands mouvements nationaux, le communisme russe et les fascismes italien et allemand.

Or du surréalisme au Collège (1932-1939) pieux artisan de groupes, Bataille n'est jamais seul, jamais isolé. La communauté de pensée, d'écriture, d'images, de programme est le motif le plus constant de ses textes à cette époque; cela dans "un monde où la simple représentation de l'acte (étant devenu) objet de nausée" (Bataille, I, 479), cet amour fou de l'autre se refusait à prendre la pauvre consistance des métaphores d'auteur. Pendant ces dix années où il fait

---

[3] La notion capitale de "négativité sans emploi" est au centre de la lettre que Bataille adresse à Alexandre Kojève après avoir assisté à sa série de conférences sur Hegel (Cf. Bataille, V, 369 à 371).

[4] Il est fait allusion aux interprétations complémentaires que reçoit la communauté de Bataille dans l'article de J.-L. Nancy, "La communauté désœuvrée", et le livre de Maurice Blanchot, *La Communauté inavouable* (Paris: Minuit, 1984).

l'expérience la plus décevante et, partant, la plus productive de la réalité communautaire, le trajet de Bataille est surdéterminé, activement, par d'autres trajets, infléchi par l'enjeu traîtreusement jumeau porté en d'autres textes. Ce qu'il écrit, ce qu'il écrira jusqu'à la fin, à partir de ces prémisses et contre eux, doit être considéré aussi comme une réponse faite aux hommes avec et sur lesquels il avait misé pour tenter cette quête. Deux hommes en particulier, le très (et mal) connu Roger Caillois, et cet autre, inconnu, Jules Monnerot, tous deux collaborateurs d'*Acéphale* et promoteurs avec Bataille du Collège de sociologie.

Si l'on tient à savoir où Bataille est allé, il faudra prendre en compte ce double contexte historique-textuel et revenir enfin à ce sacré collège, qui n'est pas une fin en soi, un paroxysme ou une apothéose, mais un champ révélateur de tensions, de ruptures, un lieu de trahison, et aussi un tremplin, rebondissant échec. Concurremment il faudra interroger dans leur allant, mais aussi bien à leur croisée et dans leur suite, les lignes apparemment brisées de trois destins, le réseau organique que tracent chacun pour soi et tous en même temps, dans un troublant échange, trois ensembles de textes. D'où il apparaîtra que là où Bataille a été, où il devait aller pour éviter deux formes de violence étroitement complices, c'est là exactement où ceux que l'histoire d'une scène ironique nous permet d'appeler, étrangement, ses pairs, par souci de sérieux, d'intérêt, de savoir, bref, par un amour-passion de gloire séculière, n'ont pas voulu aller.

Historique en un sens ce parcours incertain n'est pas événementiel. Pour venir jusqu'à nous il faufile le temps: synchrétise l'histoire pour se mettre à l'écoute des regrets qui l'appellent. Interroger la *communauté morale* de ces trois hommes liés entre eux par "le caractère virulent du domaine étudié" (Bataille, I, 491), c'est aussi et surtout réactiver l'écho actuel de leurs textes. Où, par où, jusqu'où pouvons-nous aller? Cette question n'amorcera pas l'ombre d'une réponse avant de mieux savoir où nos maîtres modernes ont voulu nous mener au nom de leurs auspices, tant la violence et la peur sous leur masque de sophistique, aujourd'hui même, inclinent à se joindre.

PREAMBULE

LA QUESTION DU SOCIAL

Entre 1928 et 1939 il pouvait se trouver à Paris quatre ou cinq hommes, d'ailleurs différents entre eux du tout au tout — pour chercher dans les motifs d'agir que l'existence historique d'alors leur proposait, quelque chose qui représentât tout ce dont ils ne pouvaient s'empêcher de garder au fond d'eux-mêmes le culte ou la nostalgie. La soumission à ce qui demeurait — malgré qu'ils en eussent — en définitive étranger à la part d'eux-mêmes qu'ils considéraient la plus authentique, ne leur apparaissait qu'une solution de lassitude. A la merci d'une muette interrogation, ils voyaient se jeter dans l'action militante ceux à qui l'angoisse ne semblait point laisser d'autre issue que l'efficacité à tout prix. Il n'est guère difficile de comprendre comment l'idée même de sociologie peut saisir l'attention de tels hommes à un tel moment.[1]

Pour qui voudrait interroger le Collège, remonter le cours ou parcourir les méandres de sa sinueuse fondation, ces lignes de Monnerot, écrites en 1945, sont la meilleure introduction. De manière sybilline elles évoquent en effet indissociablement: une situation historique et sociale, un culte, une quête, et la ligne de fuite de leur obscur objet.

Entre 1928 et 1939 alors qu'en Europe et aux Etats-Unis les démocraties libérales prennent leurs caractères déterminants et, du moins jusqu'à nous, définitifs, le sociologue allemand Tönnies établit

---

[1] J. Monnerot, "La Fièvre de Georges Bataille"; texte figurant dans *Inquisitions* (Paris: J. Corti, 1974), 214.

le modèle théorique de *Gesellschaft*.[2] Dans son traité de sociologie au marteau, *Les Faits sociaux ne sont pas des choses,* Monnerot reprend ce modèle et définit à son tour la Gesellschaft comme "la société dont le lien social est le contrat ... et où le principe de l'échange connaît sa plus grande extension".[3] Auparavant, dans "La Structure psychologique du fascisme", Bataille avait déjà utilisé les mêmes critères pour définir la société homogène: société productive ou utile dont le lien originel, liant immanent de nature affective, a été dénaturé au profit d'un équivalent universel, l'argent, et dans laquelle les individus, eux-mêmes "fonctions de produits mesurables" (Bataille, I, 340), circulent, fonctionnent, mais ne communiquent pas.

Mais par-delà ces traits pertinents, la Gesellschaft ou société homogène, puisque Bataille tient ces termes pour synonymes, est aussi autre chose qu'une forme ou un type particulier de société. Son caractère d'essence, son caractère d'espèce pourrait-on dire, qui permet de la définir d'un point de vue psycho-physiologique, voire même biologique, c'est sa parfaite apathie, c'est d'être, selon l'expression de Monnerot "décevante de l'avis général pour l'affectivité humaine" (Monnerot, *Les Faits Sociaux,* 151). Irréductible à toute forme de société traditionnelle, cette société homogène est aussi bien à sa manière *hétérogène;* car il ne s'agit pas d'une société authentique, mais d'un simulacre, selon le mot de Monnerot, d'une "formule", d'un artefact social comparable à une structure abstraite sans épaisseur ni relief d'où la réalité d'une énergie profonde et d'une force vive a été évacuée, ou mieux, exorcisée par le tribunal de l'intérêt et de l'utile représentants de la Raison. En France ce processus d'homogénéisation, après le pétard mouillé du Front Populaire, atteint son apogée avec la présidence de Lebrun, "le seul qui réussisse ce tour de force: allier l'insignifiance à l'abjection",[4] incarnation de la vacance du pouvoir.

Ce n'est cependant pas cette situation domestique et régionale qui permet de comprendre le "culte" et la "nostalgie" auxquels fait allusion le texte of Monnerot. Pour que la nostalgie devienne état

---

[2] T. Tönnies, *Sociétés et communauté* (Paris: P.U.F., 1944).

[3] J. Monnerot, *Les Faits sociaux ne sont pas des choses* (Paris: Gallimard, 1946).

[4] M. Tournier, *Le Roi des Aulnes* (Paris: Gallimard; "Folio", 1970), 166.

d'urgence, pour que la quête commence, il y fallait encore, tel un catalyseur, ce contraste violent. Non seulement l'opposition, mais plus encore la distorsion entre une démocratie libérale hautement industrialisée, homogénéisée jusqu'à la moëlle, et de véritables lames de fond sociales. Il y fallait l'écart abrupt de potentialité entre une société exsangue en voie de dissolution, la IIIème République cahotant vers sa fin, et trois sociétés neuves, dynamiques, à forte cohésion nationale et populaire qui semblent surgir dans l'histoire.

C'est à partir de ce contraste que s'est imposée aux hommes qui nous occupent ici la *question du social*, et c'est dans cette distorsion que doit être cherché, non pas la vérité, mais l'enjeu du Collège, dont tout laisse à penser qu'il nous fascine encore.

Si cette question est *du* social, ce n'est pas parce que son contenu serait sociologique. Ce contenu est assez accessoire, "une erreur nécessaire" comme le dira Bataille (Bataille, II, 320). Cette question est du social de façon plus directe: parce qu'elle en vient, en sort, et croit y retourner, parce qu'elle invoque le social alors même qu'elle est invoquée par lui — ou, ce qui revient au même, par son fantasme. Ce n'est donc pas son contenu qui identifie la question, mais sa forme: le fait qu'elle ne puisse être posée, comme une question précisément, un énoncé ou un problème en attente de sa réponse ou de sa solution. Car dans sa forme traditionnelle — sa forme sage — la question toujours retarde sur l'événement à vif, à chaud, sur l'histoire en cours, "in the making" comme dit Monnerot.[5] Elle retarde sur le mouvement sauvage et imprévisible, "la stratégie fatale"[6] de La-Vie. Dans *Les Faits sociaux,* le néologisme de "dyschronie" (Monnerot, *Les Faits sociaux,* 230) sert à introduire le thème d'un retard de la question qui fait aussi l'ouverture d'*Acéphale*: "Il est temps d'abandonner le monde des civilisés et sa lumière. Il est trop tard pour tenir à être raisonnable et instruit — ce qui a mené à une vie sans attrait" (Bataille, I, 443). Telle qu'elle se donne à penser dans le contexte décrit, la question est déjà amnésique. Révoltée contre son origine, elle n'est déjà plus grecque.

---

[5] J. Monnerot, *Sociologie du communisme*, 3ème éd. (Paris: Hallier, 1979), 543.

[6] Allusion au livre de J. Beaudrillard, *Les Stratégies fatales* (Paris: Grasset, 1983) dont il sera bientôt question.

On ne sera donc pas surpris si les questions dérivées de cette question-matrice ne se posent pas en termes d'analyse, mais circulent et agissent de façon physique, en termes de forces, et plus précisément, en termes de tension, de différences entre des forces de nature et de direction contraires.

Le pouvoir et l'individu

Quand Bataille entreprend de critiquer ou plus exactement de profaner Lebrun, ce n'est pas le fonctionnaire, c'est-à-dire le représentant et le gestionnaire d'un programme qu'il attaque, mais l'homme, l'individu dans ce qu'il a de plus intime, son corps. Ce qui provoque l'hilarité de l'assistance lors de l'inauguration du monument aux morts de Vimy, c'est "l'aspect extérieur (d'un homme) qui n'accède pas directement à la grandeur (et) doit la rechercher par quelque moyen artificiel à la façon de ceux qui ne disposent pas réellement du pouvoir, qui sont réduits à singer la grandeur avec quelque énervement" (Bataille, II, 337-38).

On observe la même attitude chez Caillois lorsqu'il dénonce le légalisme de Blum, sa conception non "pontificale" du pouvoir. "Il est clair que, pour M. Blum, c'est la légalité qui fonde le pouvoir. Il faut craindre que ce soit au contraire le pouvoir qui fonde la légalité. Tout pouvoir est sévère: c'est presque le détruire et c'est sûrement l'user que n'en pas abuser quand il convient".[7] Lebrun et Blum ne sont pas condamnés pour une erreur de gestion mais pour un seul et même manque, manque de force ou de *mana;* ils sont condamnés — et de façon irrémédiable — pour être des présidents, non des monarques, incarnant "la platitude inhérente à la société homogène" et aux "politiciens démocrates" qui la représentent, face auxquels poursuit Bataille, un Hitler ou un Mussolini "apparaissent immédiatement en saillie comme *tout autres*" (Bataille, I, 348). S'ils doivent périr enfin, c'est pour la plus vieille et la plus impérative des "raisons", soit pour leur impuissance à "faire bander" les masses (pour reprendre l'expression de Deleuze).[8] Cela explique que chez

---

[7] *NRF* (octobre 1937). Cité par D. Hollier dans *Le Collège de sociologie*, 233.

[8] G. Deleuze, *L'Anti-Oedipe* (Paris: Minuit, 1972), 348.

nos auteurs les grands mouvements nationaux n'exercent pas le même impact. Les fascismes, et surtout l'allemand, l'emportent en virulence sur le communisme par le privilège de l'*incarnation,* preuve en chair et en actes que sous la peau d'un guide, d'une individualité "excluant la possibilité même d'un semblable" (Bataille, I, 355), la force mystérieuse, l'énergie de la terre ou le mana existe.

C'est ainsi que le pouvoir et l'individu, dans sa double dimension psycho-physiologique, font pièce comme les deux faces d'une seule réalité. Pour mettre fin au simulacre de société qu'est la société homogène, il faut dénoncer une métaphysique ou une représentation du pouvoir. Mais cela ne suffit pas. Il faut aussi répondre, à la limite en actes, au scandale d'un pouvoir atrophié souffrant de se laisser justifier par un texte. Pour cette contre-épreuve on remontera vers les origines magico-religieuses d'un pouvoir plein fondé en dur et en vif sur de la force, lesté par tout le poids d'un corps. Ce que Bataille, Caillois et Monnerot affirment à l'unisson, c'est que, dans son authenticité, le pouvoir n'est jamais platonique: il n'*est* pas séparé de son exercice et de son geste, de son incarnation. Conjointement, l'individu, le "grand Individu" comme écrit Monnerot (Monnerot, *Les Faits sociaux,* 86-87), incarnant ce pouvoir, a peu de choses à voir avec le représentant autorisé, le délégué d'une fonction définie et attribuable. Elu naturel, dépositaire d'une grâce à laquelle il donne un corps impersonnel et glorieux, celui-ci est la réalisation et la manifestation de cette grâce, la prise en chair et en actes de sa transcendance. Monnerot a l'avantage d'être clair: "Le pouvoir existe, arbitraire. C'est une grâce qui est donnée ... (il) n'est pas une chose qu'on *a* mais une chose qu'on *est*".[9] Ce rapport immanent du pouvoir et du chef, ou cet immanentisme du transcendant, est également décrit par Bataille dans "La Structure psychologique du fascisme". Après avoir défini "la personne du chef comme objet transcendant de l'affectivité collective", Bataille poursuit:

> La valeur religieuse du chef est réellement la valeur fondamentale (sinon formelle) du fascisme.... Le chef en tant que tel n'est en fait que l'émanation d'un principe qui n'est autre que l'existence glorieuse d'une patrie portée à la valeur d'une force divine.... Incarnée dans la personne du

---

[9] J. Monnerot, "Dionysos philosophe", dans *Acéphale,* 1937.

chef (en Allemagne le terme proprement religieux de prophète a parfois été employé) la patrie joue ainsi le même rôle que pour l'Islam, Allah incarné en la personne de Mahomet ou du Khalife. (Bataille, I, 363)

Enfin Caillois, dans *L'Homme et le sacré*, souligne le caractère immédiat irréductible d'un pouvoir qui est "donné première" et dans l'aura duquel se manifeste une "anankê stênai impérative" (Caillois, *L'Homme et le sacré*, 111). Par nature, parce qu'il résiste absolument à l'ordre des raisons, et en particulier à la relation cause-effet fondatrice d'une science définie par Mauss comme rejeton ingrat de la magie, [10] le phénomène du pouvoir constitue le domaine privilégié de ce sacré élargi, généralisé et modernisé à l'extrême qui caractérise pour Bataille la sphère de l'hétérogène. La réalité du pouvoir et de son élu ne sera donc pas à vérifier ou valider en droit, d'après sa fidélité aux permissions d'un texte. La réalité hétérogène étant, par a-définition, "celle de la force ou du choc ... (celle) d'une charge (ou) d'une valeur passant d'un objet à l'autre d'une façon plus ou moins arbitraire" (Bataille, I, 347), le phénomène du pouvoir incarné sera à estimer suivant son efficace, au nom d'un empirisme ou à travers les effets sympathiques d'une magie. Il sera à éprouver selon l'intensité du choc affectif qu'il provoque à la suite d'une décharge duelle, ayant lieu à la fois et concurremment dans deux directions opposées, centrifuge-centripète, pour produire le double mouvement simultané d'attraction-répulsion, "Fascinans-Tremendum", qui manifeste, pour Caillois, l'essence même du sacré (Caillois, *L'Homme et le sacré*, 43). Dans ces conditions, parler de la finalité "hypertélique" du pouvoir, comme le fait Caillois (Hollier, *Collège*, 269), ce n'est pas se heurter à un paradoxe mais reconnaître, dans la forme du constat, que ce pouvoir et son dépositaire n'ont pas à être légitimés pour se faire reconnaître: excédant l'ordre des moyens et des fins, ils s'imposent et forcent à la reconnaissance.

A la manière d'un décapant et d'un roboratif, cette finalité sans but prédestiné ne s'atteint pas, elle s'exerce. Bain de violence, elle est aussi, et par là même, bain de jouvence.

La mission de l'Individu, ce qui est autre chose que sa charge ou sa fonction, est de régénérer et de rajeunir l'organisme social dont

---

[10] M. Mauss, *Sociologie et Anthropologie* (Paris: P.U.F., 1973), 135 et suivantes.

il sort et dans lequel il intervient tel un catalyseur et un transformateur de courant affectif. Empruntant à Sorel l'équation homme primitif = homme affectif, Monnerot parle d'un "trauma historique" et du processus collectif de "primitivisation" qu'il déclenche,[11] pour désigner dans le fascisme le vaste mouvement "d'excitation et d'agrégation" qui "brasse de bas en haut les différentes formations sociales" (Bataille, I, 364). Ce mouvement, que Bataille tient également pour fondateur du fascisme, est aussi bien celui, paroxystique et torrentiel, de la fête, qui, écrit Caillois, oppose "une explosion intermittente à une terne continuité, une frénésie exaltante à la répétition quotidienne des mêmes occupations matérielles, le souffle puissant de l'effervescence commune aux calmes travaux où chacun s'affaire à l'écart" (Caillois, *L'Homme et le sacré*, 125-26). Enfin c'est encore ce mouvement agrégatif, dans le sens de communicatif et de communiel, que Bataille place à la source du mythe, "réalité humaine vitale" dans l'accord qu'un peuple manifeste" (Bataille, I, 535). On voit alors l'enjeu de la comparaison que fait Bataille, dans l'article qu'il consacre aux *Faits sociaux* de Monnerot, entre le "grand Individu" et "la cellule mère d'un nouvel ensemble, d'une communauté seconde, d'une refonte, d'un rajeunissement de la société".[12] A la même époque, dans les textes de Caillois et de Monnerot annonciateurs du Collège, une phrase de Nietzsche, qui revient avec l'insistance d'un leitmotiv, résume la naissance et le destin de l'Individu: "La dissolution des mœurs de la société est un état dans lequel apparaît l'ovule nouveau qui contient le germe de sociétés et d'unités nouvelles. L'apparition des individus est le signe que la société est devenue apte à se reproduire".[13]

De la communauté au chaos — sociologie sacrée et crypto-politique

Quand Bataille propose d'introduire dans la société "des formes sacrées si humaines que les formes traditionnelles deviennent com-

---

[11] J. Monnerot, "Georges Sorel ou l'introduction aux mythes modernes" dans *Inquisitions* (Paris: J. Corti, 1974), 17, 18, 24.
[12] G. Bataille, "Le Sens moral de la sociologie" dans *Critique*, n° 1 (juin 1946), 45.
[13] F. Nietzsche, *Volonté de puissance* (Paris: Gallimard, 1935), t. 1, p. 361; cité par Monnerot dans *Les Faits sociaux* (87) et par Caillois dans *Approches de l'imaginaire* (74).

parativement méprisables" (Bataille, I, 318), il y a là plus qu'une métaphore. Cette injection de sacré, ce supplément de gloire — d'une gloire que Michel Serres qualifie aujourd'hui de "pire peste",[14] — répond à l'attente d'une exigence existentielle telle qu'elle suffit à justifier la destruction de la société profane qui la nie et qui l'étouffe. Le grand Individu incarne l'instrument de cette destruction mais il n'y suffit pas. La catastrophe effective réclame la formation d'un appareil plus large qui soit aussi un organisme plus puissant: la fondation d'un *ordre,* au sens aussi bien *militaire* que *religieux* du terme. Là encore Nietzsche sert de modèle. Dans son article, juste avant d'introduire l'image de la "cellule-mère", Bataille rappelle l'espoir nietzschéen de fonder un ordre et le lien indéfectible, lien d'âme et de nature, qui unit cet espoir au projet d'une communauté. Tel est le contexte originaire de l'idée d'une communauté "seconde", "existentielle" ou "tragique" qui va hanter Bataille (Bataille, II, 349-61), et, au même titre, bien qu'en des formes différentes, Monnerot et Caillois, au cours de ces années.

La communauté n'est pas l'opposée, l'envers ou le contraire de la Gesellschaft, elle en est le rebut ou le déchet glorieux. Espace sacré, délimité, protégé et agrégé par des rites, elle symbolise et réalise, à travers chacun de ses membres et dans l'unité de leur communion, la réserve affective, le lieu de dépense, de déchaînement passionnel, bref la *part maudite* que la société contractuelle, pour vivre, pour survivre, gagner le temps nécessaire à la rédaction de son contrat, a tâché d'évacuer ou de censurer. Par nature et par destin la communauté est donc intérieure à l'ensemble homogène, très près de lui, *en* et *sous* lui, mais en même temps elle lui est infiniment lointaine et étrangère: par toute la distance qui sépare le simulacre de l'authentique, l'origine de son oubli, la doxa non d'une autre ou d'une para-doxa, mais de son Autre radical. La communauté est seconde sur le mode ironique, où se manifeste la virulence d'une antériorité sans fond. Pour être invoquée, comme réactivée, par la faillite du monde homogène, elle n'en est pas dérivée. Branchée sur ce monde et soudée à lui dans un rapport d'intimité et de complicité antagonistes, elle est sa "différence non-explicable" (Bataille, I, 345),

---

[14] M. Serres, *Le Monde* du 22 juillet 1983.

la crypte de son refoulé et la fabrique de son symptôme, et, par ce fait, son résidu critique. La fonction naturelle de la communauté, à l'écart d'un programme ou d'un texte prescrit, est donc, au propre comme au figuré, de noyauter l'ensemble social, de le travailler souterrainement et souverainement pour hâter sa dislocation — jusqu'à l'effondrement.

Cependant la communauté, en tant que forme et fonction politiques, n'occupe qu'un moment (il est vrai essentiel) dans le processus de régénération sociale. Elle n'est pas une fin en soi. De même que la fête chez Caillois annonce l'ouverture du mythe, la communauté travaille à l'avènement d'un monde tout autre, à la fois le plus jeune et le plus ancien. A partir d'une interprétation des textes de Nietzsche et de Sorel, l'irrationalisme dans la littérature politique des années trente prend très souvent l'allure cataclysmique et catastrophique d'un retour au chaos, signe (nécessaire) du temps auquel Bataille concède dans "La Notion de dépense" par cette fresque d'un "*Grand soir* où les belles phrases (des maîtres) seront couvertes par les cris de mort des émeutes" (Bataille, I, 318). C'est qu'il n'est pas question de faire du neuf avec du vieux, de détruire pour mieux reconstruire, mais de (re)créer le monde avec de l'archaïque à compter de sa source. Encore Bataille: "Les hommes de l'action suivent ou servent ce qui existe. ... A peine la destruction est-elle achevée qu'ils se trouvent autant que d'autres à la suite, à la merci de ce qu'ils ont détruit, qui recommencera alors à se construire" (Bataille, I, 529). Il ne s'agit pas d'un aménagement du territoire, ni même de la table rase marxiste, mais d'un véritable labour, d'une entreprise radicale de "reterritorialisation" — comme dirait Deleuze (Deleuze, *L'Anti-Oedipe*, 170-81, 217-27). Si "la déchirure du sacrifice ouvrant la fête est une déchirure libératrice" (Bataille, II, 371) ce n'est pas à quelque dieu bricoleur que l'on va sacrifier, ni même à Gaïa, mais directement à la Terre, avant qu'elle ne soit grecque, à la "déesse terre" (Deleuze, 166) à laquelle il faut rendre ce qui lui appartient.

Pour remettre le monde à son degré zéro, le rendre disponible pour une nouvelle donne, il ne sert à rien d'employer une ruse qui ne peut qu'elle ne soit celle de la raison. De ce jeu, jeu des oppositions ou des contraires couplés dont les surréalistes ont déjà fait les frais, l'ennemi sort toujours vainqueur. Pour délier ce qui était lié par le seul lien de la logique, de l'intérêt et de l'utile en vue de la conservation, l'unique stratégie est de n'en pas avoir — du tout. Pour priver l'ennemi de sa seule comme de sa meilleure arme, le temps, la maîtrise, la retenue d'un temps ponctué par le discours, il faut le prendre de vitesse, utilisant l'écart de la "dyschronie" pour l'amener, le contraindre à venir sur un autre terrain, sur un champ de bataille fait de boue et de sang où ni sa science ni sa métaphysique ne seront plus d'aucun secours. En 1934, Bataille est convaincu que "les difficultés sociales ne sont pas *résolues* avec des principes mais avec des forces" (Bataille, I, 336), et c'est sur ce postulat que se fonde l'activisme immédiat de *Contre-Attaque*: "Ce qu'il faut opposer (au gouvernement des capitalistes) c'est *directement* la violence impérative, c'est *directement* la composition d'une autorité intraitable" (Bataille, I, 421).

Ce programme qui vise à supprimer les buts, à les court-circuiter, a en commun avec la fête cette finalité: créer les conditions du compte à rebours vers le *Grand temps mythique*, vers cet *Urzeit* dont Caillois explique dans *L'Homme et le sacré* qu'il est origine et création de toute chose (Caillois, *L'Homme et le sacré*, 130-31).

La Révolution selon le "surfascisme" de *Contre-Attaque*[15] ce n'est pas l'instauration d'un monde neuf préfabriqué, mais essentiellement la création d'une situation privilégiée par mobilisation et mise en disponibilité des éléments d'un monde fracassé, à partir de quoi pourra s'effectuer une seconde genèse. Monnerot parlera de "situation de détresse"[16] là où Artaud parlait de peste. Qu'il s'agisse de guerre, d'émeute, d'épidémie, etc., ces phénomènes cataclysmiques ont en commun de ne pas être des événements, mais des *trauma,* des pointes ou des chocs historiques, sous l'impact desquels la géométrie et la psychologie sociales se défont et, au sens chimique du mot, précipitent. L'effet immédiat de la "situation de détresse" est de mettre en branle le "processus de primitivisation" et de provoquer "l'épidémie psychologique" dont le grand Individu possède et fixe tous les germes. Ce potlach affectif, ce ballet éperdu des énergies déliées et sollicitées autour du manque de pouvoir, répond, pour Bataille, à des "états d'excitation assimilables à des états toxiques", à "des impulsions illogiques et irrésistibles" (Bataille, I, 319). C'est dans un même esprit que Caillois établit la similitude de la guerre

---

[15] A propos de l'expression *sur-fascisme,* dont il est plus que probable qu'elle soit due à Bataille, voir Bataille, I, note de la page 402, 640-41.

[16] J. Monnerot, *Sociologie de la révolution* (Paris: Fayard, 1969), 499-500.

avec la fête, "toutes deux inaugurant une période de forte socialisation", "la guerre, poursuit-il, brise un ordre paralysé et moribond, elle force l'homme à construire un avenir neuf à travers de grandes et effroyables ruines" (Caillois, *L'Homme et le sacré,* 219). De même Monnerot compare Hitler au *Ialdabaôt* hébreu, issu du chaos (Monnerot, *Sociologie de la révolution,* 529), sans oublier que l'autre nom du dieu de la genèse est *Sabaôth,* qui est aussi le dieu de la guerre.

On pourrait multiplier les exemples, quelles que soient les classes intellectuelles considérées, politiques, scientifiques ou artistes — l'effacement des frontières entre ces classes étant d'ailleurs un signe distinctif de l'époque —, tous soutiendraient la même conclusion, qu'en France, dans les années qui précèdent la guerre, la *ré-* et la *re-*création sociales, focalisée autour de la vacance du pouvoir, sont pensées et s'expriment de façon solidaire dans la forme générale de l'Apocalypse: extinction des Lumières et remontée, réactivation catastrophique de ce que la censure homogène (l'homogénéité en tant que réalisation matérielle d'une censure) occultait. Poussée de l'irrationnel ou retour du refoulé, c'est tout un. Dans la "situation de détresse" ce qui vient au jour ce sont ces profondeurs d'où sort, et que révèle, le grand Individu incarnant le pouvoir. Ce qui remonte et qui s'étend, ce sont, c'est, comme l'écrit Monnerot, "les nappes profondes de l'affectivité, la région inférieure, le règne schellingien de la nature, bref la terre elle-même", et il poursuit: "Là est le siège du dynamisme, c'est de là que vient l'énergie" (Monnerot, *Sociologie du communisme,* 2ème éd., 223). Tributaire d'une *Naturphilosophie,* la Révolution en tant qu'expérience vécue est aussi, en elle-même, l'instant privilégié d'une réconciliation. Elle rétablit le continuum anthropologique — méta-biologique et méta-psychologique — qui va de l'homme à la nature jusqu'à leur mère commune, la Terre. C'est dans la perspective de cette réconciliation qu'il faut probablement lire ces phrases énigmatiques d'*Acéphale,* non plus la revue cette fois, mais la société secrète anonyme fondée et animée par Bataille qui la double et qui la sous-tend: "Le soufre est une matière qui provient de l'intérieur de la terre et n'en sort que par la bouche des volcans. Cela a évidemment un sens en rapport avec le caractère chtonien de la réalité mythique que nous poursuivons. Cela a aussi un sens que les racines d'un arbre s'enfoncent profondément dans la terre" (Bataille, II, 278).

Le processus en trois temps impliqué dans "la situation de détresse": débilité de l'organisme, apparition du symptôme, révélation de la crise, est celui (très inspiré par l'analyse de Freud dans *Psychologie collective et analyse du moi*) que Monnerot place indistinctement à l'origine du fascisme et à l'origine du mythe, c'est-à-dire, quand la réalité et la fiction fusionnent, à l'origine du "mythistoire".[17] Or ce processus est aussi celui que la communauté de Bataille, avant qu'elle ne s'absente, avait pour fonction de favoriser par l'intensité de sa dépense. Aussi quand nous verrons Monnerot confondre le dessin, l'atmosphère et la finalité de la communauté avec ceux de la catégorie sociale de *Bund*, il ne faudra pas pousser les hauts cris en se voilant la face. Il ne faudra pas être amnésique pour oublier qu'une des premières formes de cette communauté, dont on veut à tout prix nous faire croire qu'elle fut angélique, était, dans *Contre-Attaque*, celle d'"un mouvement organique se développant indépendamment des cadres politiques établis ... à partir d'un état d'émotion violente" (Bataille, I, 422).

Dans le contexte historique et social qui la voit apparaître, la politique de nos trois hommes n'est pas plus une politique au sens traditionnel, une organisation programmée et verbalisée de l'ensemble social, que la sociologie pratiquée au Collège n'est réductible à celle de l'Ecole fondée par Durkheim. *Sociologie sacrée* qu'il faut considérer, écrit Bataille, comme "l'étude de l'ensemble du mouvement communiel de la société" (Bataille, II, 291), et, indissociablement, *crypto-politique* qui veut nous rappeler aux mouvements profonds d'où est née la *polis*, à la source magico-religieuse d'un pouvoir dont la société moderne aurait oublié qu'il est tout autre chose qu'une notion et une fonction véhiculables attribuées par contrat ou décret, une abstraction.

La déclaration liminaire d'*Acéphale* l'emporte en force — et donc en efficace — sur toutes les formes de programmes:

> Si rien ne pouvait être trouvé au-delà de l'activité politique, l'avidité humaine ne rencontrerait que le vide. NOUS SOMMES FAROUCHEMENT RELIGIEUX. (Bataille, I, 443)

---

[17] La notion de "mythistoire" apparaît tardivement: en 1969, simultanément dans *Les Lois du tragique* et dans *Sociologie de la révolution*. Mais en fait, comme nous le verrons, elle n'a cessé bien avant la lettre de commander la philosophie et l'idéologie de Monnerot.

Actualite du College

Il peut aujourd'hui sembler naïf que cette apocalypse révolutionnaire ait pris la forme d'un revival historique et culturel où Nietzsche, Freud et Mauss s'accordent et se rejoignent dans une gnose adaptée aux urgences du temps. Pourtant cela devrait nous être familier, *a fortiori* après notre mini-mythe, mai 68, et l'exploitation dramatique que certains ont excellé à en faire. Les avatars d'une force profonde humiliée par une société froide, un artefact clonesque, anaffectif ou frigide, legs empoisonné de ces Lumières décidemment catastrophiques, cette épopée de l'énergétique ou du libidinal est restée, bien après le Collège, le cheval de bataille d'une modernité fascinée par la guerre. La plénitude d'un pouvoir incarné, fondé sur de la chair et sur de l'affectif, puisant directement au corps plein de la Terre, c'est *Acéphale* mais c'est aussi Deleuze, pour qui la "quasi-cause", la "mégamachine", la "première force de socius", "l'unité primitive, sauvage, du désir et de la production, c'est la terre" (Deleuze, *L'Anti-Oedipe*, 163). Parenté troublante aussi entre ces "grands Individus" "produits sociaux d'une période critique" (Monnerot, *Faits sociaux*, 86) et ce "schizo" s'enfonçant toujours plus loin à l'infini de la "décomposition du socius" qui serait à la fois le "surproduit" du capitalisme, son "prolétaire", et "son ange exterminateur" (Deleuze, *L'Anti-Oedipe,* 163) — comme qui dirait son Autre hétérogène. Baudrillard non plus n'a pas eu à chercher très loin son "principe du Mal": "réversion, précession et triomphe de l'effet sur la cause" (Baudrillard, *Stratégies fatales,* 260-61). Ce principe ressort du constat, vieux comme le monde, que la force toujours retarde sur le sens et que l'écart est irréductible entre le vif et son représenté. La "*stratégie fatale*" n'est rien d'autre que l'ensemble des effets, le jeu de cette "dyschronie" qui inspirait Monnerot en 1940 et sur laquelle il reviendra trente ans plus tard pour l'ériger en loi: "loi d'*hétérotélie*" ou "*Heterogönie des Zwecke*" (Monnerot, *Les Lois du tragique,* 5) posant que La-Vie, avant même d'être histoire, dépasse les prévisions, déjoue la science et la métaphysique du sujet. Quant au "programme de la schizo-analyse": "psychanalyse politique et sociale et analyse militante", qui se propose de "*défaire* l'inconscient expressif oedipien, toujours artificiel, répressif et réprimé ... pour atteindre à l'*inconscient productif immédiat*" (Deleuze, *L'Anti-Oedipe,* 117), quitte à nier l'évidence on ne doit pas en dire qu'il vienne du Collège. Du Collège, à regarder de loin, ce programme a l'allure, la parure thématique, avec l'essentiel en moins: la vérité sans preuve et le poids exigeant d'une situation.

Poser que le désir "fait partie de l'infrastructure" et qu'il est "dans son essence révolutionnaire" (Deleuze, 117) n'est pas simplement facile; quand cette révélation se sachant garantie par toute la vertu et toute la puissance de l'institution tombe du haut des chaires, c'est franchement odieux — à force de complaisance irresponsable. Oui, cette politique du pire est forcée. Sa réalité n'a aucune raison d'être, qui ne répond à nulle cruauté. Par une ironie amère autant qu'inouïe, ces montages intellectuels se retrouvent autrement rétro que les simulacres qu'ils visent à dénoncer, étant eux-mêmes méta- ou hyper-simulacres, purs produits d'une société sans œuvres génératrice de créateurs châtrés. Je ne dis pas que Deleuze ou Baudrillard aient plagié le Collège, je dis qu'hommes *de* discours ils ont hérité, à leur insu ou non, d'un ensemble thématique et métaphorique qu'ils ont utilisé — probablement sans y voir autre chose — à des fins théâtrales au sens le plus plat: fins de cabotinage ou d'auto-représentation, nostalgiques de ne pas être, de ne pas avoir été, les "grands Individus" d'une scène réelle. Or rien là qui puisse faire sourire. Car ces nostalgiques, quoi qu'on puisse en penser, ne sont pas de belles âmes. Où nous mène en effet la "promenade" de ce "schizo" (Deleuze, 7-15), figure murée, aveugle-sourde et muette, idole dérisoire des sociétés obèses qui porte sur son corps les stigmates glorieux d'un désir humilié? Quel en est le destin? Quand Baudrillard affirme que le fascisme est un moindre mal, la "résistance à quelque chose de pire encore" (Baudrillard, *Simulacres et simulation,* 72), quels peuvent être l'impact et la portée, la valeur à long terme de cette affirmation? Ces simulacres formidablement intelligents, non plus *sur-* mais *hyper-*rationnels, ne courent-ils pas le risque de se prendre à leur tour au piège qu'ils condamnent? Le jeu tournant au crime, l'automate au titan et la farce au tragique (je pense à ces films symptomatiques que sont, entre autres, *Roller Ball* ou *Blade Runner*), ne courent-ils pas le risque de se croire plus réels — soit plus fondés à l'être — que la réalité?

Ce qui nous sépare de l'esprit du Collège — et il faut employer le collectif car nul ne peut prétendre échapper aujourd'hui au dangereux ludisme — est, peut-être, essentiellement, le manque d'une extrême lucidité. Ce genre de lucidité-limite sur laquelle s'arrachent les textes de Bataille.

Le pouvoir duel

"Le pouvoir n'est pas une chose qu'on *a* mais une chose qu'on *est*" (Monnerot, "Dionysos philosophe", 9), écrit Monnerot dans *Acéphale*. Mais comment une chose pourrait-elle être sans avoir ou sans prédicat, sans antenne par lesquelles elle s'ouvre sur et à l'extérieur pour devenir, pour être *cette* chose? Ici chose glorieuse, certes, mais chose cependant, chose parmi les choses et, bientôt, objet offert, disposé/disponible pour une convoitise. Quelle serait la réalité d'un phénomène ek-sistant sans jamais se poser, sans jamais s'installer dans le creux d'un présent ou la paix d'un discours? Le pouvoir, qui apparaît dans un état immanent d'intégrité ontologique, répond en silence, pour le défier, à ce tour de Kojève: "Il ne peut être question pour nous que d'une Réalité-dont-on-parle; ce qui existe en réalité, dis-je, c'est le Sujet-connaissant-l'objet ou, ce qui est la même chose, l'Objet-connu-par-le-sujet".[18] Renvoyant dos à dos le sujet et l'objet, dénonçant par le fait le combat de parade entre l'idéalisme et le matérialisme, le pouvoir plein échappe à toute dialectique. Car il est "force sacrée" écrit encore Monnerot, "dont il ne peut y avoir de raisons puisque ces raisons sont après elle, non avant. Au-dessous, non au-dessus" (Monnerot, "Dionysos philosophe", 9). Avant d'être gravé en tables de la loi, le texte du pouvoir est la trace expressive d'une culture cruelle, d'une *"mnémotechnique"* au sens nietzschéen. ("Peut-être n'y a-t-il même rien de plus terrible et de plus inquiétant dans la préhistoire de l'homme que sa mnémotechnique ... Cela ne se passait jamais sans supplices, sans martyrs et sacrifices sanglants"[19]). Première forme d'écriture, archè et proto-écriture imprimée en pleine chair d'où dérivent à retardement toute écriture et

---

[18] A. Kojève, *Introduction à la lecture de Hegel* (Paris: Gallimard, 1947), 448.
[19] F. Nietzsche, *La Généalogie de la morale* (Paris: Gallimard, 1935), t. 2, 2-7. Cité par G. Deleuze, *L'Anti-Oedipe* (170).

tout langage ultérieurs, le pouvoir vit, s'entretient et se reproduit à travers un réseau de traces, de marques, ou de tatouages, alluvions d'une histoire et d'une mémoire collectives toujours à la merci d'une réactivation. L'idée du pouvoir autour de laquelle s'agrège le Collège a le même fondement et le même contenu que le *délire* selon Deleuze; s'y manifeste massivement une sorte d'inconscient d'espèce dont le "contenu (est) historico-mondial, politique, social, ... entraîne et brasse des races, cultures, continents, royaumes" (Deleuze, *L'Anti-Oedipe*, 106). Affirmer que le pouvoir est "une chose qu'on est" n'autorisera donc nullement l'énoncé: "Je suis le pouvoir", au contraire. Le pouvoir authentique n'est pas propre, incarné dans l'unique il reste collectif, ou plutôt communiel. Le dépositaire du mana n'en est jamais le maître, à la rigueur peut-être l'apprenti sorcier, mais plus souvent encore l'élu comme la victime. Il ne faut pas oublier que la figure initiale du pouvoir c'est chez Frazer que Bataille et Monnerot l'ont d'abord trouvée, avec *Dianus,* le roi du bois, le prêtre sacrifié par ses zélateurs dont Bataille utilisera le nom pour pseudonyme. Exercé ou subi, le pouvoir qui se profile dans leurs textes est apparié au sacrifice par son effervescence et son évanescence. Il ne répond pas à un état mais à un certain degré, à une certaine intensité ou attente de l'être.

En même temps, et comme à l'encontre de ce pouvoir passionnel, convulsionnel, émulsionnel et mystérieux — mais aussi magistralement intellectuel —, le pouvoir est, il a toujours été, réalité présente installée, enregistrée et consignée en actes dans l'histoire de la façon la plus profane ou la plus séculière. Et pourtant il n'y a pas deux pouvoirs, un pouvoir de feu et un pouvoir de glace, un pouvoir idéal, ou mythique, et un pouvoir réel, ou historique. Dans sa plénitude le pouvoir n'est pas double mais duel. Partagé et travaillé de l'intérieur il est déchiré et tendu entre deux directions opposées et contraires. Dans la conférence du 19 février 1938, au Collège, Bataille définit le pouvoir comme "réunion institutionnelle de la force sacrée et de la puissance militaire en une seule personne les utilisant à son propre profit individuel et par là seulement au profit de l'institution" (Bataille, II, 342). Cette définition précise intervient à retardement, car c'est quatre ans auparavant que Bataille a trouvé le matériau qui lui sert de modèle. Et le pouvoir adéquat à cette définition n'appartient pas à l'histoire au passé, il ressort d'un procès historique, émerge d'une histoire "in the making". Il s'agit du phénomène de reconstitution et de fondation du pouvoir tel que Bataille peut l'observer à cette époque dans les fascismes italien et allemand. "Le pouvoir fasciste, écrit-il, est caractérisé en premier lieu par le fait que sa fondation est à la fois religieuse et militaire, sans que des éléments habituellement distincts puissent être séparés les uns des autres: il se présente ainsi dès la base comme une concentration achevée". Originellement le pouvoir est donc, poursuit Bataille, "*concentration* et pour ainsi dire *condensation* de pouvoir" (Bataille, I, 362-63). Il est totalité formée à partir de deux composantes indissociables; une *composante religieuse* qui est force sacrée issue de la Terre et provoquant dans l'organisme social une décharge et une dépense affectives se consumant dans la plus dure des pertes, une *composante militaire* qui est utilisation et privatisation de cette force, à la fois son renforcement, sa stabilisation et son installation à des fins personnelles de maîtrise. Le militaire est second, retardé et dérivé par rapport au religieux, mais cependant forme couple avec lui. Le fascisme est "concentration et condensation de *pouvoir*". Si le mot *pouvoir* reste au singulier dans le texte de Bataille, c'est qu'il représente la somme, la totalité indécomposable ou, si l'on veut, la concaténation, de deux forces antagonistes, dont l'une exige la dépense alors que l'autre, cherchant à tirer profit de cette dépense, vise la conservation. Hors de cette dimension duelle on ne peut parler de pouvoir. On parlera de dictature ou de sacrifice, mais pas de pouvoir plein. Isolée la composante militaire aboutit à la tyrannie la plus plate et, à plus ou moins long terme, vouée à l'échec. C'est l'adage "on ne peut régner par la force". "La puissance militaire ne signifie rien", écrit Bataille à partir des exemples de Napoléon en Espagne et de l'effondrement de l'Empire Romain désacralisé face au christianisme (Bataille, II, 341). Cette puissance ne signifie rien car elle reste extérieure au mouvement communiel de la société, étrangère au jeu d'excitation-agrégation des énergies sociales essentiel au sacré. La violence brute est impuissance car le tyran ou le dictateur, qui croit que le pouvoir est une chose qu'on *a*, ou qu'on puisse avoir, est dépourvu de mana. Inversement la composante religieuse seule, réduite au sacrifice, ou, dans le cas de Dianus, au processus du bouc émissaire, ne saurait recouvrir la réalité historique du pouvoir. La plénitude du pouvoir ne peut être pensée et, par conséquent, ne pourrait être atteinte, qu'à l'intérieur du rapport antagoniste entretenu par deux forces de nature et de direction non plus seulement opposées ou contraires, mais radicalement hétérogènes; rapport somme toute auto-agonistique d'où ce pouvoir tirerait également sa propre dynamique.

L'ENIGME DE LA DIFFERANCE

Ceci pour un pouvoir mis au conditionnel, un pouvoir idéal; car l'histoire du pouvoir, elle, reste toujours la même: celle d'un retour éternel à la tyrannie compacte et figée de l'empire ou de l'Etat qui produira, à nouveau et nécessairement, la société homogène. Le processus de fondation à l'instant qu'il s'amorce contient en germe sa propre négation. Il est manifestation et, sur la même pointe, négation de l'origine — de "la Terre elle-même". Qu'il s'agisse du fascisme ou du communisme le destin du pouvoir, en deux temps simultanés, revient toujours au même: provocation (et) "altération du mouvement social immédiat" (Bataille, II, 341), c'est-à-dire médiatisation de ce mouvement par dérivation et récupération des forces qui le composent, soit au profit d'un personnage à mana, d'un grand Individu de nature hétérogène, soit à celui de l'appareil d'un culte séculier.

Quand Bataille écrit que "toute force vive a pris aujourd'hui la forme de l'Etat totalitaire" (Bataille, I, 332) il reconnaît qu'il n'y a pas, qu'il ne peut y avoir de bon pouvoir, ce qui ne l'empêche pas de déplorer, à propos de Lebrun, que "l'aspect extérieur du pouvoir n'ait plus rien de séduisant ni de redoutable" (Bataille, II 337).

C'est à partir de ce double geste qu'il faut parler de lucidité-limite au Collège. Double geste qui consiste, au contact de l'actualité la plus brûlante, à affirmer la nécessité de ce qui dans le pouvoir intervient comme un ferment et un ciment social, tout en mesurant clairement les risques de cette exigence — "Comment savoir si un mouvement qui se donnerait au premier abord comme antifasciste n'évoluera pas, plus ou moins rapidement, vers le fascisme" (Bataille, I, 425) —. Bataille ne se satisfait pas d'une métaphysique ou d'une systématique du pouvoir. Ce qui veut dire qu'*il ne décide pas*. Il n'y a pas, à l'instar d'un "programme schizo-analytique" ou d'une "stratégie fatale", de programme ou de stratégie hétérologique. Face à la nécessité inadmissible du pouvoir, face à sa cruauté, on ne peut opposer qu'une forme de silence qui est, conjointement, refus de représenter la force et refus de la posséder pour l'installer en dur. C'est ainsi que Bataille s'efforce de marquer ce qui sépare irréductiblement la "communauté seconde" ou "existentielle", qui est "vérité existant pour elle-même, réalité dans laquelle ... la pure et simple volonté d'être compte indépendamment de tout but particulier", d'une simple "société de complot", d'un groupuscule politique qui serait formé "expressément en vue d'une action distincte de son existence propre", formé "pour agir et non pour exister" (Bataille, II, 359). "Ni l'art, ni l'action, ni la science". C'est le triple rejet de l'*Apprenti sorcier,* le texte de Bataille qui ouvre le Collège (Bataille, I, 523-37). On n'insistera jamais suffisamment sur le fait qu'*Acéphale* et le Collège ne sont strictement réductibles ni à un lieu textuel, ni à un lieu militant, et que dans les conditions où ils naissent leur valeur est à chercher dans le *résidu* que désigne cette double négation. A un degré bien moindre, et surtout moins longtemps, Caillois et Monnerot participeront aussi à cet "*état d'attente*" (Mauss, *Sociologie et anthropologie,* 307, 308), à cet état tendu d'inhibition active. Tout se passe alors comme si les trois hommes confrontés à l'histoire de leur temps, mimaient intellectuellement l'attitude de qui est pris soudain dans l'aura du sacré: Fascinans-Tremendum, attraction-répulsion. Investissement sans partage dans une énigme d'où dépendrait leur être, mouvement violent de recul à chaque solution risquant de mettre fin aux charmes indicibles de ce mystère sans nom. On peut très bien y voir un cercle de fantasmes, mais il faut noter l'écho fascinant que cette attitude trouve en d'autres formes contemporaines: *la beauté explosante fixe* de Breton, par exemple, ou le *Pèse-nerfs* d'Artaud, où cherche à s'exprimer la même nostalgie d'une force intangible et pourtant efficace, l'espoir vraiment fou de transformer le monde par des voies sympathiques, comme dans la magie. Mais chez Bataille, afin de mieux s'écrire, cette attitude donne lieu à une position. A la fin de sa conférence sur le pouvoir Bataille prend à cœur de lever ce qu'il appelle une "équivoque": "Il doit être possible, écrit-il, de prétendre que je viens de faire la critique de ce que j'appelle le pouvoir; mais il ne serait pas impossible cependant d'affirmer que j'en ai fait l'apologie", et il poursuit:

> D'un bout à l'autre ce que j'ai à dire ne peut avoir dans l'ensemble que la valeur d'une affirmation de l'existence et j'entends par là du "mouvement d'ensemble" qui l'anime ex-

térieurement aux intérêts individuels. Or la définition que je viens de donner du *pouvoir* le désigne comme une altération fatale de ce mouvement. Il y a le plus souvent lutte entre l'agitation créatrice de formes sacrées et l'autorité conservatrice de l'altération, de l'*aliénation* qui l'a primitivement constituée. Cela n'implique pas d'hostilité à l'égard de la puissance qui se dégage du jeu de force humain, mais une aversion profonde contre tout ce qui capte cette puissance au bénéfice de la conservation. (Bataille, II, 343)

Position proprement intenable que cette apologie critique du pouvoir, mais que Bataille, unique parmi les trois, saura seul tenir. Lucidité-limite d'une position où se manifeste la volonté d'en finir avec "un vieux système de comédie et de tricherie" (Bataille, II, 480), c'est-à-dire avec le *système du choix,* avec tous les choix quels qu'ils soient, avec l'idée même de choix, par définition *facile.* "Je ressens comme une grâce une sorte de rage qui m'oppose à la facilité" (Bataille, V, 234). Ce qui manque ce n'est pas la totalité mais le désir qu'on en a et la force de volonté que ce désir provoque. Le choix qui résout en la satisfaisant cette reconduction, qui tranche en la limitant cette tentation et tentalisation d'un désir dont le mouvement est celui même de l'existence, le choix qui se repose, équivaut à une amputation consentie. La survie en conserve, l'acceptation résignée au nom de l'alibi d'un manque originel ou d'une finitude, ou, ce qui revient au même, d'un soi-disant principe de réalité, c'est tout ce que refuse l'*Apprenti sorcier*: "Quelques savants ont des soucis artistiques et politiques; des politiciens, des artistes peuvent aussi bien regarder en dehors de leur domaine: ils ne font qu'additionner trois infirmités qui ne font pas un homme valide" (Bataille, I, 529). La portée de ce rejet du choix se lit dans *Acéphale*: quand la force de la fascination exercée par le fascisme, retournée contre elle-même, en produit la critique la plus radicale. L'exigence infinie de ce retournement est dans chacun des termes et dans chacun des mouvements de la question que pose alors Bataille.

Comment avoir "pour fin / ce qui unit et s'impose avec violence / *sans aliéner la vie*" (Bataille, I, 481).

Autrement dit comment répondre, dans un geste qui ne soit ni un acte, ni une parole, ni une prière, à ce que Jacques Derrida appelle (appelait il y a déjà vingt ans) *énigme de la différance*.

Comment penser *à la fois* les deux sens, les deux directions et les deux économies, du verbe latin *differre*. L'une indiquant le retard, l'évitement, le délai calculé, donc la maîtrise, et visant à assurer au sujet le gain de son désir, à le confirmer, à l'encrer dans l'idée de sa permanence ou de sa suffisance. L'autre indiquant au contraire le travail et la mouvance d'une transformation incessante, la fuite en abîme d'un mouvement de dépense non-productif visant à dissoudre ce sujet, à le déposséder en tant que tel (responsable et maître de ses œuvres) en le privant de son identité; mais, et du même coup, visant aussi peut-être à le sacraliser ou le diviniser par l'affranchissement de ses propres limites.

> Comment penser *à la fois* la différance comme détour économique qui, dans l'élément du même, vise toujours à retrouver le plaisir ou la présence différée par calcul (conscient ou inconscient) et d'autre part la différance comme rapport à la présence impossible, comme dépense sans réserve, comme perte irréparable de la présence, usure irréversible de l'énergie, voire comme pulsion de mort et rapport au tout-autre interrompant en apparence toute économie? Il est évident — c'est l'évidence même — qu'on ne peut penser *ensemble* l'économique et le non-économique, le même et le tout-autre, etc.[20]

La lucidité-limite c'est précisément la pensée/la pesée de cette "évidence", et le refus de s'y plier. "Nous touchons ici au point de la plus grande obscurité", prévient Derrida, et Bataille: "Nous sommes là dans le domaine le plus obscur de la connaissance" (Derrida, *Marges,* 20; Bataille, II, 300). Raison de plus pour s'asseoir, plus de raisons pour se lever: d'un texte à l'autre, déplacement de la limite.

Montrer que les destins de nos trois hommes se sont tracés à partir de cette énigme de la différance et des réponses qu'ils y ont apportées. Montrer que cette énigme est celle du pouvoir et du sacré, et qu'elle partage l'être à ce point qu'elle le fonde. Telle est la tâche, certainement vaniteuse et aveugle, que nous voulons fixer.

---

[20] J. Derrida, *Marges* (Paris: Minuit, 1972), 20.

PREMIERE PARTIE

DU SURREALISME AU COLLEGE

Dans *Surréalisme et transcendance* (appendice à *Sur Nietzsche*) Bataille écrit:

> Le mouvement qu'exprima le surréalisme n'est peut-être plus dans les objets. Il est, si l'on veut, dans mes livres (je dois le dire moi-même, sinon qui s'en apercevrait). (Bataille, VI, 205)

Il est en effet curieux que la critique, si diserte à propos de Bataille, ne se soit jamais penchée sur le glissement de ce double mouvement. Car enfin, si les trois principaux fondateurs du Collège sortent du surréalisme, ou tout du moins, dans le cas de Bataille, s'y sont largement frotté, on peut attendre plus qu'une coïncidence.

LEGITIME DEFENSE

En juin 1932, à Paris, un trio de jeunes étudiants martiniquais, Etienne Léro, René Mesnil, Jules Monnerot, fait paraître le premier et unique numéro de la revue *Légitime Défense*. Placée sous le patronage de Marx et de Freud relus par Breton, la revue est essentiellement dévouée à la libération des peuples coloniaux. Cependant cette libération ne peut s'annoncer dans la prose lénifiante du discours politique traditionnel. Pour atteindre à sa pleine force il lui faut revêtir une forme particulière, capable elle-même de communiquer l'expérience profonde de la vie dans les Iles.

La partie polémique est dirigée principalement contre "la bourgeoisie de couleur française" vendue à l'Occident, "le dos courbé de l'esclave noir devenant l'échine à courbettes du bourgeois coloré, distingué et salueur, à qui ... auraient poussé un complet veston et un chapeau melon". Mais à travers cette sous-catégorie ethnique et sociale, c'est toute la bourgeoisie, "une et indivisible", qui est visée, indépendamment de sa race et considérée comme espèce, du "petit fils d'esclaves" au "bourgeois de Dijon, de Boston ou de Brême".[1] Face au bourgeois décadent, parjure à ses origines et à son histoire, négateur de La-Vie, se dresse (déjà) une sorte de surhomme, un "grand Individu": Le *Nègre* "doué d'une imagination sensuelle et colorée", "amoureux des danses inspirées", le Nègre "qui a un potentiel plus généralement élevé de révolte et de joie en tant qu'il a une personnalité ethnique matériellement déterminée".[2] Peut-être s'agissait-il d'une "manière de psychologie naïve et spontanée — donc fausse —" comme le reconnaîtra René Mesnil dans sa préface à la réédition de la revue en 1978 (Mesnil, *Légitime Défense*, préface), il n'empêche, nous aurons l'occasion d'apprécier la survivance de cette psychologie par l'usage que Monnerot saura en faire.

Dans l'ensemble, c'est néanmoins la composante esthétique qui l'emporte. La revue apparaît essentiellement un greffon du surréalisme français. "Expression passionnée d'une faim de littérature (qui ne parvient pas) à l'unité du monde de la vie matérielle et du monde de l'imaginaire", concède Mesnil dans sa préface, *Légitime Défense* semble répéter à un niveau mineur l'échec de ce surréalisme auquel elle a fait acte d'allégeance. Le seul effet des cinq cents exemplaires de cet unique numéro sera de provoquer une indignation tempérée de la part de la bourgeoisie et des autorités locales. Sanction à la mesure de ce petit scandale, les participants seront privés de leurs bourses d'études mais sans que la revue soit elle-même interdite.

Après le semi-ratage de *Légitime Défense*, Monnerot adhère directement au groupe surréaliste où il rencontre Caillois. Tous deux collaborent aux numéros 5 et 6 du *Surréalisme au service de la Révo-*

---

[1] J. Monnerot, "Note touchant la bourgeoisie de couleur française" dans *Légitime défense* (Paris: J.-M. Place, 1979), 3-4.

[2] R. Mesnil, "Généralités sur l'écrivain de couleur antillais" dans *Légitime défense*, 7-8.

lution et participent aux "Recherches expérimentales sur la connaissance irrationnelle de l'objet" (Recherches sur "les possibilités irrationnelles de pénétration et d'orientation dans un tableau", sur "la vie à une date quelconque", sur "l'embellissement d'une ville"). La rupture de Caillois avec Breton — que Caillois date très soigneusement du 26 décembre 1934 — a lieu à la suite de l'épisode des "haricots sauteurs", sur lequel nous reviendrons. Quant à Monnerot, sa sortie semble avoir été parallèle, puisqu'on le retrouve avec Caillois, en compagnie d'Aragon et de Tzara, au directoire de la revue *Inquisitions* ("Organe du groupe d'études pour la phénoménologie humaine") dont le premier et, encore une fois, unique numéro, paraît en juin 1936 en même temps qu'*Acéphale,* la revue de Bataille.

INQUISITIONS

Le monde brisé

Les quatre directeurs d'*Inquisitions* partagent la même expérience. Tous quatre sont passés par le surréalisme, tous quatre en sont sortis poussés par la même déception impatiente. Face à la crise intellectuelle et sociale, que souligne avec force l'introduction, le surréalisme agit peu et mal: infidèle à son vœu de mutation totale, il ne répond pas. "Il est à peine utile de noter l'incroyable faiblesse de la poésie comme genre à une époque tant soit peu catastrophique dans un pays plus ou moins bouleversé"[3] écrit Monnerot. Les articles de Caillois, "Pour une orthodoxie militante" (qui deviendra la conclusion du *Mythe et l'homme*), de Monnerot, "Rapports entre la poésie comme genre et la poésie comme fonction", et de Tzara "Le poète dans la société", ont un seul thème. A l'unisson ils dénoncent le caractère insuffisant, anachronique et narcissique de l'art dans ses formes avancées, qui rend nécessaire un passage à l'action efficace. Chacun à sa façon ces articles témoignent pour la conversion d'Aragon dont le ralliement au Parti Communiste prend dans ces conditions la valeur d'un symbole.

Cependant cet accord au sommet n'est que théorique. Il ne parvient pas à supprimer le phénomène des classes d'âge si important

---

[3] J. Monnerot, "Rapports entre la poésie comme genre et la poésie comme fonction", dans *Inquisitions,* n° 1 (Paris, 1936), 19.

quant aux suites de la revue. Au directoire d'*Inquisitions* il y a deux générations. En regard de leurs aînés, Caillois et Monnerot sont des tard-venus. Ils adhèrent au surréalisme au début des années trente, c'est-à-dire à la fin de la période qu'on a coutume d'appeler "raisonnante",[4] alors que le groupe se mettant au service de la révolution s'efforce de négocier un engagement qui lui sera fatal. Aragon et Tzara sont les premiers artisans d'une révolution primordialement esthétique réfutée par l'histoire. Caillois et Monnerot, eux, sont frais, neufs, sans remords ni regrets, et vierges de mauvaise conscience, d'où, probablement, la violence passionnée et métallique de leurs textes. Cet échec n'est pas le leur. Il ne clôt pas un parcours. Au contraire il a fonction d'exemple et d'avertissement, il joue comme un défi et commande un départ. Ces deux jeunes hommes appartiennent déjà à un autre temps et regardent monter une autre guerre. Intellectuels tous deux ils ont reçu une autre formation que leurs aînés, qu'ils n'utilisent pas pour corriger, après coup, l'histoire, mais pour la prévoir en attendant de la faire. Ce ne sont pas à proprement parler des *futuristes,* mais ce sont bien des hommes du futur, d'un futur incertain tracté par ses possibles: sans nostalgie, des prospecteurs.

C'est donc avant tout parce qu'il est tardif que leur passage par le surréalisme est déterminant. Caillois le reconnaîtra en 1973: "De mon passage dans le groupe surréaliste, j'ai gardé une empreinte qui, si elle a subi d'assez longues éclipses, ne s'est jamais effacée" (Caillois, *Approches de l'imaginaire,* 1). Ce passage est la voie royale qui les mène à un autre monde. A un monde brisé, scindé en deux zones étagées sur deux strates, qui ne sont pas simplement antagonistes, mais farouchement incompatibles, inarticulables à l'intérieur d'une même dialectique. D'une part ces hommes expérimentent les pouvoirs de l'imaginaire, d'autre part et simultanément ils sont contraints de constater le peu de poids de ce pouvoir, son incapacité à transformer efficacement *ce qui est,* cette "dure réalité" dont Caillois, citant Rimbaud, veut qu'elle soit "à étreindre". Ce qu'ils vivent intensément, et sans doute assez mal, c'est ce que Victor Crastre appellera

---

[4] M. Nadeau, *Histoire du surréalisme* (Paris: Le Seuil; "Points", 1964), 92-137.

le "drame" surréaliste, drame de "l'opposition entre le monde de l'esprit *a priori* et le monde des faits".[5]

Le grand vœu du surréalisme était aussi de recoller les morceaux du monde, de reconstituer la totalité à partir d'un "certain point de l'esprit" ("d'où la vie et la mort, le réel et l'imaginaire, le passé et le futur, le communicable et l'incommunicable, le haut et le bas auraient cessé d'être perçus contradictoirement").[6] Mais précisément ce vœu n'était qu'un vœu, d'une piété impuissante. Le "point suprême" du *Second Manifeste,* rebelle à l'engagement, n'était qu'un *point de l'esprit,* et décidé à le rester: l'Esprit, ce "Grand Moyen" qui "à tort se prend pour un être", écrit maintenant Monnerot avant de dénoncer le caractère scandaleusement anachronique du métier poétique lorsque l'histoire s'emballe (Monnerot, *Inquisitions,* 16). Dans ce cas, à quoi bon continuer à interroger ou à critiquer l'art, à quoi bon perpétuer une réflexion sur les belles formes qui ne peut que les vivifier? On peut se demander pourquoi Caillois et Monnerot ne sont pas passés sans plus tarder à l'acte ou au militantisme. Liée au fait que des êtres d'élection — des grands Individus — ne forment pas cellule, il y a une autre raison, majeure, à cet acharnement.

LA POESIE SYMPTOME

"La poésie n'est que par l'affectivité humaine" (Monnerot, *Inquisitions,* 19) écrit Monnerot. Par son origine et malgré comme à cause de son insuffisance formelle et politique, la poésie moderne fait signe vers la force, vers l'énergie profonde. Ses formes évanescentes en refusant de prendre, de se réaliser, font elles-mêmes un symptôme. Symptôme sociologique qu'est l'art non-mimétique en accusant le vide, le caractère factice d'une réalité privée de référents. Mais aussi symptôme au sens psychologique et même psychanalytique, puisque ces formes explosées, mortes avant d'être prises, manifestent l'avidité d'un désir moins refoulé que rejeté, contraint à circuler en marge de l'histoire sans pouvoir s'investir. *La poésie moderne et le*

---

[5] V. Crastre, *Le Drame du surréalisme* (Paris: Editions du Temps, 1963),
[6] A. Breton, *Les Manifestes du surréalisme* (Paris: Gallimard, "Idées", 1969), 76-77.

sacré de Monnerot, dont l'article d'*Inquisitions* est la première mouture, se veut clairement une symptomatologie de la poésie depuis Rimbaud en général et du surréalisme en particulier.

> Le surréalisme est une critique des moyens humains consacrés à résoudre les problèmes cardinaux de l'existence humaine, singulièrement imparfaite et qui vaut plus par l'existence même et le symptôme qu'elle est que par le contenu qu'elle présente. Il est peu de critiques dont le contenu soit plus critiquable. Il n'en est guère non plus de meilleure ... Ses tâtonnements douloureux vers une issue semblent enfin montrer l'absence de cette issue, mais décèlent en même temps qu'une telle absence ne saurait être acceptée comme un *fait* dont on puisse prendre son parti. (Monnerot, La poésie moderne et le sacré, 175-76)

Par excès ou défaut de son texte, la poésie moderne prend toute la valeur d'une incantation. Produit trop pur de l'affectivité, son rituel impuissant manifeste l'existence d'un reste de sacré en société profane. Symptôme, cette poésie est donc aussi tremplin. A partir de son foyer de signes elle indique la nécessité d'une quête et d'une issue dont les voies et le lieu exigent de briser les limites homogènes. Au moment d'*Inquisitions* ce n'est pas un *autrement* des formes que quêtent Caillois et Monnerot; de ces formes ils visent l'*après,* non l'*au-delà.* Ils cherchent le passage qui mène de la représentation, ce qui veut dire ici de son impasse, à l'action efficace.

La symptomatologie de l'art a en effet pour corrélat une pathologie, qui n'est pas seulement celle de la société productrice de formes névrotiques, mais de ces formes elles-mêmes. Quand Monnerot dit que "le poète est malade", cette maladie est une maladie de la volonté et/ou du pouvoir, le diagnostic étant une crise aiguë de complaisance ou de narcissisme. Si le poète et la poésie sont malades, c'est avant tout d'eux-mêmes. Le poète est malade en tant qu'individu, individualité s'adonnant à une activité réservée, comme la poésie l'est d'être ce vain rituel, le résultat privé de cette activité. "La grande poésie contemporaine, écrit Monnerot, oscille entre la complaisance mystique (narcissique) et le document clinique.... Cuisine pour flatter les palais choisis, rhétorique à soi-même" (Monnerot, *Inquisitions,* 18). Par la nature de la force qui l'anime, la poésie est également *poison,* "poison sacré", charme, mais plus précisément elle est *anesthésiant.* Indistinctement pour qui la crée et pour qui la consomme, elle intervient comme un retardement, et, bientôt, comme un substitut à la décharge pulsionnelle et à sa suite maîtrisée: l'action utile ou efficace. C'est à Monnerot encore qu'on doit cette définition:

> Poésie: toutes les satisfactions substitutives que l'homme invente pour l'homme à l'amour, à la haine ... tous les moyens compensateurs et "gratuits" par lesquels l'homme exprime son affectivité en dehors de l'action utile.... On peut comparer la poésie ... à un stupéfiant dont l'intensité active est, en raison directe de la sensibilité pathologique du stupéfié. (Monnerot, *Inquisitions*, 16)

Suivant le titre de l'article de Monnerot, l'idée centrale d'*Inquisitions* est que la poésie comme "genre" trahit son origine et pervertit sa "fonction". Processus de dérivation et de transformation énergétique, elle fait de la force profonde qui nourrit le pouvoir un narcotique bourgeois, ou, comme le dit Caillois, l'élément d'un "vain jeu" (Caillois, *Inquisitions*, 9). Mais le jeu tourne à l'aigre, en privant le social de son ultime chance de résurrection. La "poésie de refuge" (Caillois, *Approches de l'imaginaire*, 76) représente ainsi pour Caillois le vice du "grand Individu" ou le cancer de la "cellule-mère". Cette poésie constitue à la fois l'outre-monde et le théâtre jalousement privé à l'abri duquel cet Individu peut penser ou écrire, représenter une critique du social qu'il n'agira jamais de façon pragmatique. Lorsqu'il dénoncera au Collège une "crise de l'individualisme", Caillois se montrera sans pitié. Qu'il s'agisse de Sade, "imaginant ses débauches entre les murs d'un cachot", de Nietzsche à Sils-Maria, "solitaire et maladif théoricien de la violence" ou de Stirner, "fonctionnaire à la vie réglée, faisant l'apologie du crime", tous, et pourtant "les plus grands parmi les individualistes, précise Caillois, ont été des faibles, des mineurs, des inadaptés" (Caillois, *Approches de l'imaginaire*, 75-76).

Crise de l'individualisme et maladie de l'art moderne, intimement liées, sont les deux aspects d'un même phénomène de désocialisation et de déterritorialisation contre lequel Caillois propose un seul mais double remède: refuser à la poésie, à l'art en général, "le droit à l'autonomie", et opposer à "l'imagination diffluente" qui nourrit cet art une "dictature de la rigueur" (Caillois, *Approches de l'imaginaire*, 25-34). D'une part il faut faire servir l'art, le traiter, comme le veut

Monnerot, en "moyen", et le "mettre au service d'une vision du monde" (Monnerot, *Inquisitions*, 18). D'autre part il faut le diriger et le faire servir de façon rigoureuse, c'est-à-dire radicale. Il ne s'agit pas d'utiliser la surface de l'art, la pléthore de ses formes décadentes, mais le matériau affectif brut, ou, comme écrit Artaud à la même époque, "la force qui est dessous" [7] dont ses formes ne sont que les témoins. C'est à quoi répond chez Caillois la décision de fonder une "sociologie littéraire" qui ne garderait de la littérature, "sans égard au style, à la puissance ou à la beauté" que "sa portée pratique sur l'imagination, la sensibilité et l'action", afin d'en "tirer un profit immédiat pour une efficacité de l'action" (Caillois, *Le Mythe et l'homme*, 151). Cette réquisition politique et sociale de l'art n'a donc rien à voir avec un réalisme socialiste. *Le Mythe et l'homme*, dont Caillois achève le manuscrit l'année où sort *Inquisitions*, vise à faire à l'envers le trajet séparant le langage, système abstrait de signes-images, de l'origine terrestre, physique et pulsionnelle dont il est l'avatar. "D'un côté, instinct réel, de l'autre, instinct virtuel", d'un côté "l'insecte agissant", de l'autre, "l'homme mythologisant", et Caillois poursuit: "La fiction (chez l'homme) quand elle a de l'efficace, est comme une hallucination naissante — les images fantastiques surgissent à la place de l'acte déclenché" (Caillois, *Le Mythe et l'homme*, 69-70). Le trajet de cette mythologie des profondeurs est un trajet d'époque. Entre autre il provient directement des *Deux Sources de la morale et de la religion* de Bergson que Caillois cite abondamment dans *Le Mythe et l'homme;* mais on y retrouve encore, amalgamés, l'idée nietzschéenne d'un langage qui serait le descendant d'une "excitation nerveuse",[8] le réseau de correspondances psycho-physiologiques sur lequel repose "l'athlétisme affectif" d'Artaud, et l'anthropologie sociale de Mauss (dont Caillois et Monnerot suivent les cours), qui, revendiquant "une sorte de biologie mentale, une sorte de psycho-physiologie", finit par déclarer: "Les exaltations, les extases, créatrices de symboles, sont des proliférations de l'instinct" (Mauss, *Sociologie et anthropologie*, 299). De cette toile de fond culturelle *Le Mythe et l'homme* est indétachable, au point qu'on

---

[7] A. Artaud, *Le Théâtre et son double* (Paris: Gallimard, "Idées", 1964), 119.
[8] F. Nietzsche, *Le Livre du philosophe* (édition bilingue) (Paris: Aubier/Flammarion, 1969), 177.

se demande qui, du projet ou de l'objet du livre, est le plus mythique. Il n'en reste pas moins qu'il est cru dur comme fer au succès, soit à la réalisation matérielle de ce projet. "Des mythes humiliés aux mythes triomphants, écrit Caillois, la route est peut-être plus courte qu'on ne l'imagine. Il suffirait de leur socialisation" (Caillois, *Le Mythe et l'homme*, 32).

Priver la poésie de son autonomie, ce n'est donc pas du tout la désacraliser. Plutôt le contraire. C'est en reverser le matériau et la teneur au creuset de la Terre, aux sources du pouvoir, pour la faire contribuer non plus à une petite mort éthérée, solitaire, un onanisme cathartique, mais à la fête, à la vaste copulation sociale d'où sortira le mythe.

LA SCIENCE CONCORDATAIRE

Mais la fête n'est pas une anarchie, ni le mythe une simple et parfaite explosion. Promesse et résultat d'une "dictature de la rigueur" ils sont la mise en actes et en œuvre des rites scientifiques d'une magie moderne.

L'anecdote est révélatrice, du malentendu Caillois-Breton autour de ces haricots sauteurs du Mexique que Breton craint d'ouvrir, car y trouver un vers détruirait le mystère, alors que Caillois, lui, structuraliste avant la lettre, veut savoir comment c'est à l'intérieur, comment ça marche (Caillois, *Approches de l'imaginaire*, 1). Ce que Caillois reproche au surréalisme ce n'est pas sa passion pour l'irrationnel, mais sa fascination; c'est de céder et de succomber aux charmes d'un domaine essentiel de l'expérience humaine par impuissance à le gérer. Caillois reconnaît "dans l'homme une nappe d'ombre qui étend son empire nocturne sur la plupart des réactions de son affectivité comme des démarches de son imagination", mais pour affirmer aussitôt que la fonction inestimable de cette "nappe d'ombre" n'est pas d'inhiber mais de provoquer et de fertiliser "l'intraitable curiosité de (cet) homme" (Caillois, *Inquisitions*, 8). La nappe n'est qu'un voile, non un tissu opaque. Il n'y a pas de non-explicable, seulement du non-encore-expliqué. Et la science qui lèvera ce voile fera venir au jour, en promouvant le mythe, le mystère du social: les modes et les voies de son énergie propre.

Nous avons dit qu'au sortir du surréalisme et à partir de son "drame", *Inquisitions* reprenait à son compte le vœu du "point suprême" pour le durcir en fait. Il s'agit bien toujours de reconstituer une totalité, de recoller les morceaux du monde brisé, mais au moyen d'un empirisme et d'un pragmatisme. La représentation spatiale et mécanique que Monnerot donnera de ce monde, de ses fractures et de ses strates, est assez explicite. "En haut" il place "l'entendement", qu'il appelle "la machine complexe", et "en bas" "le moteur" (le corps et ses pulsions, ses décharges physiques), nourrit de "carburant" (branché sur la Nature) et "source d'énergie" (Monnerot, *Sociologie du communisme*, 2ème éd., 223). Ce qui fait problème n'est pas la stricte identité de ces machines mais la délimitation de leurs domaines respectifs, et, surtout, le réglage de leur communication, la maîtrise parfaite du jeu de leurs échanges, de leurs correspondances. Somme toute le surréalisme est tombé naïvement dans le piège métaphysique par excellence. En s'opposant purement et simplement, en échos et reflets, aux valeurs homogènes, en entretenant et reconduisant le jeu des contraires, il s'est fait l'allié objectif et, jusqu'à un certain point, le défenseur, de ce qu'il croyait détruire. Paraphrasant Jacques Derrida on peut dire du surréalisme que, "révolution contre la raison", "continuant d'opérer à l'intérieur de la raison", il est resté dans la marge ou dans la limite "de ce qu'on appelle, précisément dans le langage du ministère de l'intérieur, une agitation" (Derrida, *L'Ecriture et la différence*, 59). C'est-à-dire ici une dépense bridée et limitée, une distraction ou un luxe homogène, un délicieux frisson bourgeois (Aragon traite les surréalistes "d'écrivains pour les snobs"), voués à la pire récupération. C'est ce que Monnerot a fort bien compris et qu'il ne pardonnera jamais au groupe de Breton:

> L'Insolite surréaliste est conçu *contre* la société ... Il ne puise pas sa force dans un consensus social contraignant, mais au contraire tire sa valeur d'être une entreprise d'opposition à ce consensus, entreprise qui fait de lui un reflet (image réelle renversée) trop fidèle de ce qu'il hait. (Monnerot, *La Poésie moderne et le sacré*, 134)

Pour sortir du cercle vicieux, il faut faire dérailler l'économie du même en renvoyant dos à dos ces faux antagonistes qui ensemble composent et entretiennent ensemble l'image du monde brisé. C'est domaine des responsabilités: elles ne portent plus sur le définitif et l'achevé, sur le passé. *Elles rattrapent le temps*, pour ainsi dire, et mettent en lumière des évolutions qui n'ont pas encore vu leur fin, si bien que sans changer de nature, elles apparaissent non plus *indicatives*, mais *impératives*. (Caillois, *Le Mythe et l'homme*, 11)

Avec *Inquisitions* la quête du "point suprême" surréaliste s'est muée en quête de la bonne position. Position ubiquitaire d'où l'on peut être, tout en un, sujet/objet de l'expérience, ou, comme écrit Monnerot de façon plus lyrique, "au-dessus et dans le tourbillon: victime, acteur et spectateur" (Monnerot, *Sociologie du communisme*, 2ème éd., 147). De cette position on voit se co-respondre, comme dans la magie, le signe avec la chose; on voit la totalité de l'intelligible faire cause et corps communs avec la totalité du sensible, au point qu'est oubliée leur éternelle distorsion. Car "rattraper le temps" c'est aussi pour Caillois enjamber l'abîme dyschronique; c'est y jeter un pont affermi de paroles et de gestes rituels ou orthodoxes, pour, d'un seul coup, résoudre l'énigme du pouvoir et de la *différance* dans l'alliance impensable de la dépense vive et de la construction du mythe ou de l'empire.

De quelque côté qu'on l'entende, qu'on y regarde ou qu'on le prenne, ce coup est un coup de maître. Mauss n'a-t-il pas appris à ses fervents disciples qu'"en magie, *savoir c'est pouvoir*" (Mauss, *Sociologie et anthropologie*, 136).

HETEROLOGIE, HETEROTELIE, ORTHODOXIE

Contre-Attaque: conjurer l'icarisme

Inquisitions avait paru la même année, le même été 1936 qu'*Acéphale*. Dans une note de la N.R.F., Jean Wahl opposait alors les deux revues concurrentes: "En même temps qu'*Inquisitions* a paru *Acéphale*, la revue de Bataille et de Masson; Caillois cherche la rigueur, Bataille fait appel au cœur, à l'enthousiasme, à l'extase, à la terre, au feu, aux entrailles".[11] Or après la faillite d'*Inquisitions*, Caillois

---

[11] J. Wahl, *Nouvelle revue française* (avril 1936); cité par D. Hollier dans *Le Collège de sociologie*, 22.

ainsi que Caillois condamne avec une égale virulence zélateurs de la surface et de la profondeur. D'une part "l'esprit abstrait et grossièrement simplificateur" de la science homogène censurant son soi-disant contraire qu'il ne peut intégrer, de l'autre "les forces émotionnelles et sentimentales" d'un romantisme attardé qui se pâment à l'écoute de leur énergie propre mais sans lui résister et sans l'utiliser (Caillois, *Inquisitions*, 8, 9). Pour les inquisiteurs il n'y a pas deux mondes à jamais dissociés mais un seul, diversifié jusqu'à l'extrême, mais dont les strates glissent, s'échangent, s'entretiennent dans un ressac permanent pour produire une forme pleine et complète, un "univers" écrit Caillois (Caillois, *Inquisitions*, 9).

Quant à découvrir la stratégie cryptique de ce mouvement c'est la tâche d'une science tout autre, définie dans l'article de Bachelard "Le Surrationalisme" qui a pour la revue la valeur d'une charte. De ce qui précède il ressort que la bonne science sera nécessairement une science *complète,* qui organisera, pour la mettre en actes, une totalité de l'être et du monde. Complète car elle saura tirer parti simultanément du "haut" et du "bas", de la "machine" et du "moteur", pour les faire concourir ensemble dans une performance optima. Comme l'explique Caillois, le rationalisme étroit, hérité des Lumières, et le surréalisme, avatar du romantisme, souffrent de la même maladie. Chacun est diminué, amputé par un trouble topique. Dans le rationalisme les strates supérieures, par leur goût de maîtrise et de sécurité, renient leur origine (c'est l'idée développée par Mauss d'une science amnésique: "la magie a nourri la science et les magiciens ont fourni les savants" [Mauss, *Sociologie et anthropologie,* 136-37]). Dans le surréalisme, au contraire, ce sont les strates inférieures qui, ivres de leur force, s'emballent, débordant le pilote. Dans les deux cas par une sorte de cancer une instance prolifère à l'excès au détriment de l'autre, jusqu'à ce qu'elle l'étouffe. C'est cette maladie que prétend conjurer l'épistémologie concordataire de Bachelard, tout en un: science-philosophie-morale "orthodoxe". "Quand ce surrationalisme aura trouvé sa doctrine (écrit Bachelard), il pourra être mis en rapport avec le surréalisme, car la sensibilité et la raison seront rendues l'une à l'autre, ensemble, à leur fluidité". Et de cette alliance, de ce pacte parfait, naîtra un nouveau, un autre rapport de l'homme au monde, soit une nouvelle, une autre réalité. Dans le plus bel optimisme Bachelard poursuit: "Le monde physique sera expérimenté dans des voies nouvelles. On comprendra autrement et l'on sentira autrement" (Bachelard, "Le Surrationalisme", *Inquisitions*, 1). Mais il est essentiel qu'il s'agisse d'un *concordat* et non d'un amalgame, que "machine" et "moteur" travaillent de concert sans jamais se confondre; il importe surtout qu'ils n'échangent pas leurs rôles, au risque de se faire passer, de se donner l'un pour l'autre. Nous aurons l'occasion de revenir sur ce trouble topique par inversion et usurpation des strates et de leur fonction, dans lequel Monnerot verra ultérieurement le syndrome type de l'intellectuel. Mais pour l'instant retenons ceci: l'énergie vient "d'en bas" que le "haut" organise pour produire des formes. Isolé, le "haut" est un espace géométrique vide et creux qui ne fonctionne pas, un ensemble de "formes épurées et économiquement agencées par les logiciens". Il faut donc le "remplir psychologiquement" poursuit Bachelard, afin de le "remettre en mouvement et en vie" (Bachelard, "Le Surrationalisme", 3). Inversement, livré à lui-même, le "bas" tomberait vite dans un satanisme anarchique inefficace. Il faut donc le calmer, le "sevrer" dit Caillois, en lui enseignant le patient calcul. Alors que Bachelard parle d'une "fluidité" respective et réciproque de la "sensibilité" et de la "raison", Monnerot place le salut de l'humanité dans la libre harmonie de leurs échanges. "C'est d'une communication et comme d'un libre accès de ceci à cela et du haut vers le bas que proviendrait toute réussite réelle dans le monde réel. L'équilibre mental des individus et des groupes dépendrait de la manière dont s'opère le passage". "Le problème par excellence de la culture est de diriger des énergies, non de les détruire" (Monnerot, *Sociologie du communisme,* 2ème éd., 223).

Le thème général de la mixité orthodoxe des instances est bien autre chose qu'une passade. Il continuera à dominer non seulement la pensée de Monnerot mais aussi celle de Caillois bien après cette époque. Déjà à la fin du *Mythe et l'homme,* le "point suprême" de la machine humaine est atteint par la "mue" positive de Satan en Lucifer. Satan, par une métaphore empruntée à Rimbaud, c'est "le forçat intraitable sur qui se referme toujours le bagne", trop passionné, trop pulsif pour être bon stratège. Lucifer, ce n'est pas Satan refroidi, mais Satan mûri, enrichi par l'expérience et capable de la dominer, une "synthèse agressive", un mixe articulé de violence et de lucidité. Cette transformation, précise Caillois:

correspond au moment où la révolte se mue en volonté de puissance et sans rien perdre de son caractère passionné et subversif, attribue à l'intelligence, à la vision cynique et lucide de la réalité, un rôle de premier plan pour la réalisation de ses desseins. C'est le passage de "l'agitation à l'action". (Caillois, *Le Mythe et l'homme,* 165)

A l'intérieur de cette "mue" on comprend que la science n'ait pas valeur de fin. Simple outil, elle n'existe qu'en fonction de son efficace, pour sa capacité à opérer une recréation préméditée et réglée de la réalité. Cette non-autonomie de la science tient d'une part au parcours circulaire de son origine et de sa visée, et d'autre part à sa nature, au caractère duel de sa composition. Puisque la science concordataire doit reposer, mais aussi bien déboucher sur une nouvelle façon de sentir et de penser le monde, ce monde, elle ne risque pas de l'oublier (comme la poésie) dans une fuite narcissique. Quant à sa nature, s'agissant d'un composé, d'une synthèse propulsée et tractée par de l'énergie affective, elle présuppose, et c'est même ici sa condition d'existence, la possibilité d'être affectée, et plus encore que la possibilité — trop aléatoire et chanceuse — le désir et la volonté, la nécessité de cette affectation. Quand Bachelard écrit: "Si, dans une expérience, on ne joue pas sa raison, cette expérience ne vaut pas la peine d'être tentée.... Autrement dit, dans le règne de la pensée, l'imprudence est une méthode" (Bachelard, "Le Surrationalisme", 5), il invite à remettre en jeu la relation fondatrice de la science par laquelle elle s'est séparée de la magie; tous risques assumés il invite à combler la distance qui sépare le sujet qui observe de l'objet observé. Cette méthode "imprudente" sera reprise par Monnerot pour définir la position et la tâche du "sociologue compréhensif qui, transgressant les principes de Durkheim pour "comprendre" (Verstehen) les faits sociaux "à chaud", devra se comparer au "psychiatre qui sauterait de l'autre côté, qui se convertirait à la folie" (Monnerot, *Les Faits sociaux,* 101).

LA PHÉNOMÉNOLOGIE SOCIALE ET SES RISQUES

En tant que revue *Inquisitions* n'est pas non plus autonome. L'ensemble des textes constitue "l'organe", l'émanation et la superstructure théorique d'un "groupe d'études pour la phénoménologie humaine". Dans le cadre de l'entreprise, la science, le surrationalisme, et la philosophie, la méthode phénoménologique, ne forment pas deux disciplines distinctes possédant chacune son domaine réservé. Apparentées par la fonction instrumentale qui les destine à dégager une connaissance immédiate et pratique de la réalité sociale, elles collaborent au même titre à l'édification d'un savoir total et ressortissent au même vœu de "systématisation en une doctrine unique et cohérente" formulée dans l'introduction. Mais cette identité de fonction est renforcée par une identité de principe, la science et la philosophie revendiquant pour leur démarche propre le principe husserlien du "zu Sachen selbst" (aller aux choses mêmes).

Dans la partie réservée aux notes, Léon Charmet rend compte du livre de R. Aron, *La Sociologie contemporaine allemande*. [9] Cette jeune phénoménologie sociale, que Aron vient d'introduire en France, joue un rôle décisif pour le projet d'*Inquisitions,* et plus encore peut-être pour son rebondissement. La sociologie allemande fournit aux inquisiteurs plus qu'une stricte méthode. "Loin de s'appliquer à objectiver des faits sociaux, comme a tâché de le faire l'école de Durkheim, écrit Charmet, les sociologues essaient de saisir de l'intérieur le phénomène social immédiat". [10] Cette phénoménologie pratique extrapole largement les textes de Husserl. Son principal effort tend en effet à densifier, à nourrir de chair énergétique une phénoménologie trop purement spirituelle, intellectuelle, abstraite. Le lieu et la date d'apparition de cette cure de réanimation et d'alimentation des concepts husserliens, en Allemagne lors de la montée du fascisme, doit également donner à réfléchir. Dans *Les Faits sociaux,* Monnerot se fera le héraut de cette phénoménologie appliquée et de ses travaux pratiques. Sa lecture de Husserl l'amène à revendiquer le retour au vécu comme origine et condition de l'expérience. "Un cogito sans cogitatum est une abstraction analytique", écrit-il après avoir défini l'abstraction comme "ce qui ne se réfère pas au vécu". Le sociologue, avant d'être chercheur ou savant, est "condition humaine située et datée". Qu'il le veuille ou non, il ne peut faire abstraction de sa situation et de sa date. A partir de cette triple surdétermination, psychologique-sociale-historique, Monnerot conclut

---
[9] R. Aron, *La Sociologie contemporaine allemande* (Paris: Alcan, 1935).
[10] L. Charmet, "R. Aron, *La Sociologie allemande contemporaine*", dans *Inquisitions,* 52-53.

que toute situation est "en même temps situation historique et situation affective" (Monnerot, *Les Faits sociaux,* 537).

Le projet phénoménologique qui sous-tend et justifie *Inquisitions,* réclame de la revue qu'à plus ou moins long terme elle se saborde dans une forme d'activisme. Si la réalité est en effet "à étreindre", ces épousailles ne peuvent se mener de loin et à distance, surtout quand cette réalité est sociale, c'est-à-dire, comme s'emploiera à le montrer la *sociologie sacrée* du Collège, quand elle est réalité fondée et formée par le concours et la compétition des énergies humaines. Que les faits sociaux ne soient pas des choses, cela signifie qu'ils sont vivants d'une vie autonome, et qu'en tant que tels, écrit Monnerot, "ils réagissent avec la plus grande énergie contre toute tentative d'analyser leur structure ou leur nature, comme s'il s'agissait de les soumettre à la vivisection" (Monnerot, *Sociologie du communisme,* 3ème éd., 543). Pour celui qui veut les comprendre, les prendre avec soi alors même qu'il est pris par eux, il ne reste qu'à les saisir à l'instant qu'ils se manifestent, à chaud, en acceptant le risque d'être brûlé.

Il est toujours possible de décomposer la démarche de la phénoménologie sociale en deux temps. Un temps de la pratique, intervention directe, participation physique, expérience vécue, et un temps de la théorie, où les traces recueillies au cours de l'expérience, imprégnées dans le corps et l'esprit du chercheur "imprudent" seraient décodées, interprétées et organisées en règles et en lois. On peut encore distinguer un temps de la "compréhension" et un temps de "l'explication", ce que fera Monnerot (Monnerot, *Les Faits sociaux,* 38 et suivantes). Avec Caillois, ces temps on peut enfin les partager en phases, phase satanique et phase luciférienne. Ces couples d'opposés demeurent infidèles au vœu d'*Inquisitions,* qui est précisément d'abolir ou de sauter l'écart qui disjoint deux modes: l'*indicatif,* temps et mode de la science et de la méthode, temps du logos ou de la représentation, de l'*impératif,* temps et mode du phénomène, de l'expérience et de l'action. L'espoir de conjuguer ces modes et leurs temps, de les entrelacer par le biais d'une science est celui qui anime cette page du *Mythe et l'homme.*

> A mesure que l'objet de l'étude se rapproche des réalités contemporaines et participe davantage à la substance des problèmes qui s'y débattent, les formules de conclusion se trouvent, du fait même, chaque fois plus engagées dans le

et Monnerot, qui connaissent Bataille depuis bientôt quatre ans sans avoir jugé bon de fonder une revue en commun avec lui, décident de participer au numéro d'*Acéphale* intitulé "Dionysos" (juillet 1937). Par ce qu'on sait d'*Inquisitions* cette fusion du feu et de la glace n'a rien de surprenant; et puis Dionysos c'est "le dieu de l'extase et de l'effroi", "le dieu ivre", le "dieu dément", mais aussi le dieu de "la contradiction tragique" (*Acéphale*, 3-8) dont les vertus, garantes du plus grand flou théorique, sont capables de satisfaire à peu près également trois hommes unis dans un même dégoût du siècle et un même désir de changement violent. C'est ainsi que le second numéro d'*Acéphale* a pu être le carrefour d'un énorme malentendu, auquel la fondation du Collège donnera sa véritable dimension.

Pour Caillois la sortie du surréalisme s'était faite sur le mode digne ou rigoureux, sortie propre de militant restituant sa carte et son insigne. Pour Bataille on ne peut vraiment parler de sortie, puisqu'en effet il n'a jamais appartenu ou collaboré étroitement au groupe, mais d'une série de rapprochements et de ruptures qui, au contraire, ne vont jamais sans fracas, comme témoignent les épithètes de "vieux bénisseur", "pitre aux yeux clos", adressées personnellement à Breton (Bataille, II, 52-53). Ce que Bataille critique chez Breton représentant du surréalisme, outre d'abord le fait de représenter ce mouvement, de s'en vouloir le "prêtre", c'est, essentiellement, son idéalisme, son "existence *purement* littéraire", son "icarisme"; il lui reproche "sa fuite vers des hauteurs d'où il semble qu'il sera facile de maudire ce bas monde" (Bataille, II, 105-07). Donc en gros à peu près ce que Caillois et Monnerot reprochaient à "la poésie refuge" en fondant *Inquisitions*. Mais en-gros-à-peu-près seulement, car la critique de Bataille, et l'enjeu qu'elle contient, est moins dans les motifs que dans le ton. Il faut lire le *Dossier de la polémique avec André Breton* (Bataille, II, 51-109), pour sentir que sa violence est marquée de dépit, Bataille ayant déjà compris ce qu'il reconnaîtra vingt ans plus tard: que l'échec dont il coiffe Breton est surtout le sien propre.

Cet échec, avant d'en reconnaître le caractère inéluctable et la valeur de tremplin, Bataille a pu croire le surmonter avec la formation du groupe *Contre-Attaque*. Dernière tentative pour se réconcilier avec le surréalisme en le faisant servir la Révolution. Et tentative manquée. Car Breton et ses amis se désolidarisent très vite, et publiquement, d'un groupe dont, selon eux, "le caractère purement fasciste s'est montré de plus en plus flagrant" (Bataille, I, 641, note). Pourtant l'existence éphémère de *Contre-Attaque* est loin d'être anecdotique. Elle fait la preuve plus ou moins irréfutable que pour Bataille, en 1935-36, le seul espoir de conjurer "l'icarisme", la tendance à projeter en mots les réalités politiques, c'est de le faire descendre dans la rue. A cette époque Bataille est convaincu que "ce qu'il faut opposer au gouvernement des capitalistes", ce n'est pas un programme, une stratégie ou, comme Caillois, une science, autrement dit les différentes formes d'une orthodoxie, mais c'est "*directement* la violence impérative", la "violence *immédiate* de l'être humain" (Bataille, II 420, 403-04).

Contre-Attaque est lié aux grands textes de *La Critique sociale* (1933-34): "La Notion de dépense", "Le problème de l'Etat", "La Structure psychologique du fascisme". Il faut considérer la formation d'un groupe "surfasciste", qui entend utiliser "les armes créées par le fascisme": "l'aspiration fondamentale des hommes à l'exaltation affective et au fanatisme" (Bataille, I, 382), comme l'aboutissement, et, plus précisément, comme la théâtralisation de textes dans lesquels la mise en branle et le déferlement des affects de masse, l'angoisse ou le désespoir, apparaissent à Bataille la panacée révolutionnaire. De même il faut voir que l'absence générale de visée et de stratégie politiques du groupe *Contre-Attaque* — qui prétend retourner (ou redescendre) "de la phraséologie révolutionnaire au réalisme" (Bataille, I, 413) — est liée, sur le plan intellectuel et discursif, à l'absence de méthode dont Bataille souligne qu'elle est "le principal défaut" de son article sur la "Structure psychologique du fascisme" (Bataille, I, 339). Drôle de "défaut" qui fait aussi bien le caractère propre de l'étrange objet de cet article, la "différence non-explicable" qui interdit, ou mieux, forclôt ici, en la matière, l'emploi d'une méthode. L'analyse de la structure psychologique du fascisme, l'étude du fondement et du fonctionnement affectifs de la fondation de pouvoir au XXème siècle, exige effectivement une certaine humilité de la science, qu'implique le recours à l'expérience vécue. Ainsi la note par laquelle Bataille introduit son texte est-elle destinée à pallier toute forme de carence méthodologique: "Il est cependant possible d'insister sur le fait que les descriptions suivantes se réfèrent à des *états vécus* et que la méthode psychologique adoptée exclut tout recours à l'abstraction" (Bataille, I, 339).

Fuite en force des formes

Par ailleurs le pouvoir n'est pas objet unique de l'hétérologie. La permanence des préoccupations politiques de Bataille pendant cette période répond aussi à une urgence historique datée. Fondamentalement le pouvoir, comme les acteurs qui l'incarnent, manifeste une force qui lui est antérieure et qu'il n'épuise pas, dont il n'est même pas sûr qu'il soit le véhicule privilégié. Ainsi au même moment et de façon conjointe l'art constitue l'autre pôle hétérologique qui mobilise la pensée de Bataille.

Bataille le dira à plusieurs reprises, notamment dans "Le Sacré", cet article essentiel paru dans *Cahiers d'Art* (1939), et dans *La littérature et le Mal* (1957): l'art n'est pas représentatif mais expressif, il n'est pas "sacré formellement mais profondément" (Bataille, IX, 303). Déjà en 1935 dans "La Notion de dépense", où la passion politique semble culminer, Bataille voit dans "une certaine poésie", un "résidu extrêmement rare" de ce que le mot de poésie "sert à désigner vulgairement", un des grands modes de "dépense non symbolique". Par sa signification profonde: "création au moyen de la perte", cette poésie est l'équivalent réel du *sacrifice* (Bataille, I, 307). La permutation de l'esthétique, du religieux et du politique peut s'effectuer dans le texte de Bataille parce que la poésie et le pouvoir ont ceci en commun: ils n'expriment rien-qui-soit-nommable, ou représentable; ils ex-priment ce *rien* qui (est) une pénurie de la valeur en société profane, la manifestation simultanée *d'un* et *du* manque à représenter. Mouvement communiel des mots et mouvement communiel des corps sont liés en ce que ces mots émanent de ces corps branchés sur une Terre dont ils invoquent et évoquent, dans une même convulsion, la force et la nostalgie qu'ils en ont. Par le caractère évanescent et chanceux de ses formes, l'art moderne s'oppose à l'art représentatif comme les composantes militaires et religieuses s'opposent dans le pouvoir. Cet art ne prend pas davantage en chef-d'œuvre achevé que le pouvoir ne peut se prendre par conquête ou décret. A l'instar de la réalité hétérogène une "certaine poésie" échappe à la présence et répond au seul ordre de "la force ou du choc". Vestiges ou restes calcinés d'un "instant privilégié", le poème ou le tableau modernes, écrit Bataille dans "Le Sacré", "évoquent mais ne substantialisent pas". Il poursuit:

> Il est nécessaire d'insister sur le fait qu'il n'a jamais pu être question de quelque réalité *substantielle* et que, tout au contraire, il s'agissait d'un élément caractérisé par l'impossibilité qu'il dure. Le nom d'*instant privilégié* est le seul qui rend compte avec un peu d'exactitude de ce qui pouvait être rencontré au hasard de la recherche. (Bataille, I, 56)

Exactement à la même époque Monnerot voit également dans la poésie moderne une esthétique et une symptomatologie de l'absence de formes, le choc sans retard et sans retour possibles d'un "instant privilégié". Ainsi peut-il considérer l'activité surréaliste comme l'homologue parodique, c'est-à-dire moderne et civilisé, d'un rituel primitif (Monnerot, *La Poésie moderne*, 114). De la façon la plus frappante son article d'*Inquisitions* semble annoncer, avec trois ans d'avance, "Le Sacré" de Bataille.

> Rien de commun avec une *chose* qu'on puisse *prendre et garder tranquillement*. La poésie ... procède par coup de chance. Un livre, une toile, un piano sont fils conducteurs chargés — ou non — d'un *flux* qui envahit tel homme un instant — puis tout est fini —. (Monnerot, *La Poésie moderne et le sacré*, 23)

Ce caractère hallucinatoire confère à l'art sans œuvre la réalité d'une surrection capable d'abolir à l'instant les repères homogènes, mais il en fait aussi la plus pauvre des irréalités, la preuve intangible, et par là même insurpassable, d'une dépossession. Alors que Monnerot compare "le sillage d'amertume que la poésie laisse derrière elle" à la retombée qui accompagne et suit "l'acte érotique" (Monnerot, *La Poésie moderne*, 23), Bataille dans "Le Sacré" parle d'"un mélange de malheur et d'exaltation, de dégoût et d'insolence", car "rien, poursuit-il, n'est plus désirable que ce qui va aussitôt disparaître, mais en même temps le froid du dénuement fait trembler celui qui sent que ce qu'il aime lui échappe" (Bataille, I, 560). L'art sans œuvre est moins un médium qu'une provocation. S'il est un narcotique ce n'est que secondairement, ou mieux, à retardement. Il endort la virilité de celui qui s'attarde ou persiste à faire œuvre, qui s'acharne à percer le mystère qui l'envoûte pour mieux le mettre en forme. Vain, puéril et lâche acharnement qui ne peut que tourner très vite au compromis, ce que signifie chez Bataille le mot de "tricherie" et chez Monnerot l'expression "soumission narcissique". Car l'adjectif *moderne* attaché au mot art n'a pas dans leurs textes le sens et la valeur que saura lui donner notre *modernité*. Il ne signifie pas insistance et reconduction d'une limite, dessin et preuve absurdes d'une finitude qui se trace et se mire dans sa prison de langage. L'adjectif *moderne* a ici une valeur mais aussi une fonction contraires à celles qui lui sont attribuées dans le dernier chapitre des *Mots et les choses* de Foucault.¹² Valeur/fonction d'invite à un débordement. L'art *moderne* n'est pas pousse à l'œuvre comme à l'absence d'œuvre et à son commentaire, mais pousse à l'acte: signe vers la sortie des représentations. Ainsi quand Monnerot compare la poésie à un "poison sacré" on doit saisir le rôle ambigu de ce poison qui, imprégné de sacré, *diffère* l'être, le tire, mais en deux directions opposées et inverses. Poison bivalent qui peut avoir l'effet d'un charme anesthésiant, mais aussi bien celui d'un excitant. Là encore Bataille et Monnerot sont d'accord pour reconnaître à Rimbaud le mérite exemplaire d'avoir su s'arrêter à temps: avant de (se) décharger dans une esthétique pour s'y fossiliser ou s'y abstraire. "La grandeur de Rimbaud est d'avoir mené la poésie à l'échec de la poésie" (Bataille, III, 532); "le caractère d'exceptionnelle perfection de l'œuvre de Rimbaud, c'est ce qu'elle a de rigoureusement éphémère. Il entre dans la notion de Rimbaud de n'avoir pas écrit 'Les Nouvelles Illuminations'" (Monnerot, *Inquisitions,* 17).

SCIENCES HETEROGENES, SCIENCES TRAGIQUES

Evocation, manifestation chanceuse et éphémère d'une pointe, ou, en pensant à Barthes, d'un "punctum" affectif,¹³ rien qui puisse apparaître, dans le poème ou le tableau moderne, le résultat d'un faire, le projet d'une volonté ou le produit d'une technique, et donner prise à une science. Entre l'esthétique provocatrice de Bataille et de Monnerot et cette "esthétique sévère" que Caillois développe dans *Les impostures de la poésie,*¹⁴ on trouve tout ce qui sépare l'*hétérologie* et l'*hétérotélie* de l'*orthodoxie;* tout ce qui fait hétérogène l'une à l'autre la reconnaissance lucide et fascinée d'une "tache

---

¹² M. Foucault, *Les Mots et les choses* (Paris: Gallimard, 1966), 355-98.
¹³ R. Barthes, *La Chambre claire* (Paris: Editions de l'Etoile, Cahiers du cinéma, Gallimard / Le Seuil, 1980), 73-78.
¹⁴ R. Caillois, *Approches de la poésie* (Paris: Gallimard, 1978), 28-42.

aveugle" (Bataille, V, 129) au bout de la conscience, et la certitude rassurée d'une "dictature de la rigueur".

Il est certain que vers 1930 la poésie n'apparaît pas à Bataille une voie acceptable; mais pour la juger "aussi déclassée que la religion" il lui reconnaît néanmoins "une grande valeur": "en ce qu'elle permet d'accéder à un monde entièrement hétérogène" (Bataille, II, 67). Par nature et par fonction cette poésie n'est pas susceptible d'une "sociologie littéraire" à la manière de Caillois. Il n'est pas davantage possible d'ouvrir de l'extérieur la toile ou le poème que de prétendre accéder au monde hétérogène en homogénéisant la voie qui y conduit. Traiter l'art à des fins d'efficace en le soumettant à une réduction technico-scientifique, c'est, du même coup, en ignorer et en rompre la puissance et le charme. Pour Bataille l'expérience poétique vaut, en tant que défi, dans l'unique mesure où elle excède toutes les mesures possibles, soit dans l'immesure où sa structure intime reste identique à la structure d'un inconscient non-lacanien pour échapper absolument aux ruses d'une conscience ou d'un langage. Selon *Les Principes d'hétérologie pratiques* la Poésie et la Révolution sont parfaitement interchangeables quant à leur fonction. "Le caractère sacrificiel d'une Révolution reste profondément inconscient, écrit Bataille, ... c'est pourquoi il est possible d'employer le mot de Révolution entièrement dépouillé de son contenu utilitaire sans lui donner un contenu idéaliste" (Bataille, II, 67). On peut dire de même de la Poésie: qu'elle n'est ni plus ni moins utilitaire/idéale que la Révolution, excédant la dialectique binaire de ce faux conflit dont la raison d'être est celle même du langage. Appliquer à la Poésie les principes rigoureux d'une sociologie ou filtrer et tempérer la Révolution à travers un programme, relève d'un seul geste. Imbriquées, la "sociologie littéraire" et l'"orthodoxie militante" de Caillois forment l'équivalent esthétique et politique d'un véritable exorcisme, dans lequel se dissout la magie convoitée.

Pour s'affranchir de cette réduction humiliante la Poésie doit mériter son nom, son titre majuscule. Pour cet effort elle ne peut être facile, elle ne peut être un pur mais paresseux déchaînement passionnel. Dans "Le Problème de l'Etat" la Révolution est explosion finale, bouquet des énergies liées et liguées dans l'angoisse au terme d'un long temps de désespoir. Suivant le même rythme et le même trajet la Poésie atteint son sacre à la fin d'un calcul, au bout de tous les comptes, au terme d'un supplice; lorsque dans une orgie de signes auto-agonistiques son langage déferle dans le rire. Si au moment d'*Acéphale* nous ne sommes pas encore au cœur du supplice (dont les *antécédents* datent pourtant de 1926), la science hétérologique en a déjà dressé le chevalet.

Jouant sur la duplicité étymologique du mot *sacré* qui peut signifier en même temps *souillé* et *saint,* Bataille associe l'hétérologie à une *"agiologie",* ou science du sacré, et à une *"scatologie",* ou "science de l'ordure". Or bien qu'elle comprenne ces "sciences", l'hétérologie également les déborde toutes deux, car elle n'est pas elle-même, précise Bataille, "la science de l'hétérogène". Ceci pour la plus simple et pour la plus déroutante des raisons: l'hétérogène étant ce qui, "tout-autre", demeure irréductible aux critères d'une science (Bataille, II, 61-62-63). Mais c'est aussi pourquoi l'hétérologie est et doit être science. Science de se constituer *pour,* mais aussi *contre* la totale altérité de son objet. Science à seule fin d'amener la conscience au point où sa sérénité se fend, se déchire et produit la preuve silencieuse de son insuffisance. La visée hétérologique n'est pas la maîtrise de la chose hétérogène, la prise de possession de la force secrète d'un déchet glorieux, mais la démonstration *a contrario* de ce que l'idée de maîtrise, de prise-possession-installation-conservation, gouvernée par le principe de l'utile, a nécessairement de vaniteux et d'infirme. Ainsi cette visée peut se nourrir de science, utilisant pour matériau l'anthropologie de Mauss, la théorie freudienne du mouvement des foules ou la biologie de Rabaud (Bataille, II, 291-306), mais c'est alors pour retourner sur et contre elle-même chacune de ces sciences et la forcer à générer dans l'allant de sa conquête la dépense et la mort du principe qui la soutient. C'est à ce prix que la science en général, et ces sciences trop humaines en particulier, garderont la valeur de limite à franchir ou d'ultime tabou à transgresser. Ce prix est celui de leur *subversion.* Il faut entendre le mot de *subversion* au sens précis que lui donne Bataille: processus violent d'inversion des valeurs ou des pôles, passage du — au + ou du gauche au droit, de telle sorte que ce qui était "en bas" vienne "en haut" (Bataille, II, 217). C'est ainsi qu'à l'intérieur d'un monde où rien n'apparaît plus incontestablement sacré l'hétérologie assure une fonction vitale, puisque contraignant la conscience à fabriquer ses propres déchets, son propre résidu, sa propre "tache aveugle", elle intervient dans ce monde tel un dispositif producteur de sacré.

Dans *Acéphale* la stratégie subversive d'une méta-science, ou science des limites de la science, inspire également l'article de Monnerot, "Dionysos Philosophe". La science est d'abord louée pour ce qu'elle manifeste de capacité conquérante et d'avidité. Avec l'esprit scientifique apparaît le vœu prométhéen d'embrasser et de maîtriser la totalité du réel par lequel l'homme se lance un défi à lui-même. Mais là encore ce défi est duel, s'adressant en deux directions opposées, d'une part à l'impatience d'une *nature* qui ne supporte pas les frais de quelque long détour, et, d'autre part, à une *conscience* tragiquement lucide de sa finitude. "Nature, mais savante et philosophante" (Monnerot, Dionysos philosophe", *Acéphale*, 18), le Dionysos de Monnerot c'est l'ivresse et la démence mais bridée, ce qui veut dire aussi sur-excitée, par son contraire: la recherche patiente d'une forme de maîtrise. A l'instar du couple Satan-Lucifer chez Caillois, la science établit une sorte d'équilibre entre ces tendances antagonistes. Elle est ce qui "sèvre" une nature sans l'humilier ou la dominer. Mais ce point d'équilibre est aussi trop parfait, s'il venait à être atteint il s'éteindrait incontinent dans la paix d'un confort. C'est pourquoi la valeur seconde et véritable de la science, par laquelle elle adhère à son origine, la magie, est de tendre de façon maxima et optima vers la limite d'une suprématie, de s'efforcer jusqu'au bord intérieur et inférieur de cette limite, sans jamais la réaliser. Le caractère agonistique de l'esprit de la science n'est pas sans rappeler ici le jeu actif de la *différance,* qui est aussi point de tension entre les deux directions opposées, l'une économique liée à la conservation et l'autre anéconomique liée à la dépense, du verbe *differre*. Dans la démarche scientifique également, à l'extrême lucidité d'une finitude qui recherche sa protection, répond la volonté folle de forcer cette finitude et de faire rendre au sujet plus et autre chose que le projet craintif de sa conscience:

> La science met au service de la vie des matériaux d'une si riche diversité! Cruelle, aiguë comme une chasse à l'homme très raffinée, elle met en œuvre l'agressivité humaine sous sa forme la plus lointaine, la plus étrangère, la plus distante. (Monnerot, "Dionysos philosophe", 13)

Mais, poursuit Monnerot citant Nietzsche,

> la science n'est pas autonome ... elle ne possède pas un but, une volonté ... elle est maintenant le refuge de toute

sorte de mécontentement, d'incrédulité, de remords, de *despectio sui*, de mauvaise conscience — elle est l'inquiétude même du manque d'idéal, la douleur de l'absence d'un grand amour, le mécontentement d'une tempérance forcée. (Monnerot, "Dionysos philosophe", 13)

Avec le temps la science mûrit à travers les textes de Monnerot. En 1969, dans *Les Lois du tragique,* elle a pris une autre ampleur, et, pourrait-on dire, une autre dignité. Sans cesser d'être interprétée à partir de Nietzsche, elle est devenue l'équivalent moderne du tragique.

Paradoxalement, deux motifs fondamentaux de la symphonie nietzschéenne se confondent ... l'esprit tragique et la lucidité scientifique ... L'esprit scientifique reçu par la sensibilité de l'homme actif qu'aucun dogme ne tétanise, c'est la lucidité tragique ... Agir sans se faire d'illusion sur les résultats, sans que cette absence d'illusion nuise à l'action. (Monnerot, *Les Lois du tragique,* 125)

"L'esprit scientifique et l'éthique tragique deviennent ici indiscernables", comme le conclut Monnerot, parce que, sous des formes différentes, la tragédie et la science portent le même enjeu existentiel et en tirent la même fonction. A la fascination par l'Ordre supérieur qui commandait au héros d'accomplir son destin, la science substitue un processus d'exténuation de la conscience contraignant le sujet à "la décision dévorante d'agir sans fin" (Monnerot, *Les Lois du tragique,* 125). Mais de la Grèce antique jusqu'à nous ce qui apparaît au terme d'une série de choix nécessairement inefficaces, c'est la limite d'une même condition humaine soumise à *la loi d'hétérotélie.* En révélant une inadéquation irréductible entre force-sens, sensible-intelligible, physique-métaphysique, la loi d'hétérotélie manifeste l'existence d'un blanc, d'une hétérogénéité absolue entre la visée consciente du sujet et la réalisation vécue de cette visée. "La finalité que l'observateur peut induire des actes d'un sujet, écrit Monnerot, *est autre que* celle, est *hétérogène* à celle que révèle ou que pourrait révéler, l'intention consciente de cet être" (Monnerot, *Les Lois du tragique,* 5). L'hétérotélie comme loi présuppose la "tache aveugle" comme fait et comme donnée (Monnerot emprunte d'ailleurs souvent l'expression "tache aveugle" à Bataille). Dans *Les Lois du tragique,* à trente ans de distance, la notion d'*inscitia* répond à celle d'*invidia* développée dans "Dionysos philosophe". Si l'invidia était "*noble* ressentiment", colère sacrée de "qui ne sait pas se résigner", énergie passionnelle de qui *veut* le tragique (Monnerot, "Dionysos philosophe", 14), l'inscitia, comme lucidité-limite, "connaissance d'une inconnaissance" (Monnerot, *Les Lois du tragique,* 26), est mesure et tympanisation des risques encourus par ce vouloir originel.

Ce qui importe dans la dialectique auto-agonistique du tragique n'est pas la réalité objective de la limite — de même que le *mana* n'a aucune espèce de réalité scientifiquement déterminable —, mais simultanément le *sentiment* et la *conscience* qu'on peut avoir de cette limite. Ce qui importe par-dessus tout c'est l'expérience vécue pouvant être faite, à certains instants effectivement privilégiés, d'un dilemme indépassable entre le *sentiment* et la *conscience,* soit entre l'inconscient et le conscient ou le plaisir et la réalité. Quand il parlera de la "situation de détresse" sur laquelle il voit pousser le fascisme, Monnerot fera remarquer de cette situation qu'elle est "beaucoup moins réellement subie, qu'imaginée" (Monnerot, *Sociologie de la révolution,* 515). De façon parallèle, si, pour Bataille, la prévision, la théorie ou le programme apparaît en matière de mobilisation des masses "vanité accomplie" (Bataille, I, 335), c'est que ce qui vaut dans la situation révolutionnaire est exclusivement son caractère irréel; le caractère obscur, abscons, opaque qui rend cette situation irreprésentable et/ou insoutenable *en conscience,* et qu'une clarification et une organisation auraient tôt fait de supprimer. L'idée-force de *Contre-Attaque* revient à énoncer qu'une situation n'est pas révolutionnaire en et par elle-même (comme ont tort de le croire les marxistes), mais du fait qu'elle agit indissociablement comme un révélateur et un catalyseur affectifs. Révélateur d'une tension insupportable non pas entre deux réalités (cette erreur est cette fois celle des surréalistes), mais entre deux ordres ou deux niveaux de réalité. Entre ce qui est effectivement et affectivement *vécu,* et ce qui est *conçu* ou prévu en conscience, et cela à l'intérieur et à partir d'une seule réalité. La valeur unique du *sacré* est de solliciter ce glissement de strates pour déclencher un concours de forces antagonistes. Aussi bien le succès épistémologique que connaît aujourd'hui la notion de *différance* lui vient-il de vouloir penser, de la façon la plus précise et la plus lointaine, l'origine et le mouvement de ce concours.

Il n'y a qu'une limite, la limite du supportable, et c'est à s'y frotter que doivent sortir, pour Bataille, la Poésie et/ou la Révolution, et pour Monnerot, l'Acte. Réalités complices, produits directs de la conflagration d'un mélange explosif, la Poésie, la Révolution, l'Acte, communiquent en deçà de leurs formes, au niveau de leur origine où se manifeste la nécessité impérative d'un rapport exigeant de l'homme et du monde. "Toute limite est aussi tremplin" remarque Monnerot dans Les Faits sociaux (Monnerot, Les Faits sociaux, 100). La limite est tremplin vers une pleine réalisation, vers une totalité de l'être. Mais elle est encore davantage *rampe de lancement:* pour une expérience intervenant au bout et à la suite de tous les choix et intégrant, pour mieux les déborder, toutes les poses de la conscience et du savoir. Telle est la portée de cette citation de Jaspers qui fait le leitmotiv, et, précise Monnerot, le "postulat", des *Lois du tragique*: "Wir werden wir selbst, indem wir in die Grenzsituationen offenen Auges eintreten" (Monnerot, *Les Lois du tragique,* 12).

Quant à savoir ce qu'il y a après la limite, ce qu'il peut y avoir de l'autre côté... L'enseignement du Collège est d'avoir prétendu répondre, et même d'avoir voulu être cette réponse inouïe. Enseignement sans égal d'un Collège qui n'a, peut-être, jamais existé, mais dont l'absence active continue de briller dans chacun de nos livres.

ORTHODOXIE ET OPTIMISME

L'*hétérologie* comme science et l'*hétérotélie* comme loi sont comparables à des panneaux paniques plantés à la charnière de la *différance,* d'où elles indiquent l'opacité d'un destin. Science et loi de la limite et de la rupture, elles vont à l'encontre de l'orthodoxie pour qui la passe aveugle d'un *differre* à l'autre a la simplicité d'un changement de mode et peut être explorée, et à la fois franchie, par l'effort sur mesure d'une volonté.

La conviction qui sous-tend et propulse l'*orthodoxie* de Caillois est que la science ne restera pas sur sa fin. Rassurée quant à la perfectibilité de l'esprit humain, elle doit parvenir tôt ou tard à expliquer, c'est-à-dire, selon l'étymologie que rappelle Monnerot (Monnerot, *Sociologie du communisme,* 2ème éd., 218-19), à *déplier,* la totalité d'un monde exposable aux Lumières dans ses moindres replis. Pour Caillois il n'y a pas d'hétérogénéité absolue. L'orthodoxie n'est pas une hétérologie mais, précisément ce de quoi se méfie Bataille, une *science exacte de l'hétérogène*. Les deux ordres ou les deux niveaux de réalité ne sont pas irréductibles l'un à l'autre. En fait même leur dualité n'est qu'apparente, due essentiellement à une lacune ou à un défaut extérieur gênant la perception de leur continuité. En somme il s'agit d'un brouillage, d'une panne superficielle et passagère dont un surcroît de savoir, de temps et de volonté, devrait venir à bout. C'est le credo d'*Inquisitions* repris en conclusion dans *Le Mythe et l'homme*.

> On voit mal quel principe peut permettre de conclure de l'incompris à l'incompréhensible: c'est à tout le moins faire bon marché de la perfectibilité de l'esprit et s'attacher aux cadres actuels de la pensée, que l'on suppose imprudemment inextensibles. D'autre part il est peu probable qu'un monde qui se présente de toutes parts comme un univers, comporte une hétérogénéité insurmontable entre l'aperçu et les formes de l'aperception. (Caillois, *Le Mythe et l'homme*, 177)

Pour être une science et une technique, une entreprise de réduction et d'utilisation de l'hétérogène, l'orthodoxie ne peut accepter la *loi d'hétérotélie*. Et en effet, chez Caillois, de l'acte projeté à l'acte réalisé il n'y a pas le moindre écart ni le moindre retard. "La contemplation pénètre l'action, le même énonce la règle et meut le bras séculier" (Caillois, *Approches de l'imaginaire*, 59). Cette phrase qui résume la démarche et le programme de la *Sociologie du clerc* indique assez la distance entre l'optimisme conquérant de l'orthodoxie militante et la science tragique de Monnerot, où l'acte demeure au contraire irréductible, hétérogène à la pensée de la force: "L'acte réel n'est pas en fait une 'partie' de l'acte conçu. Il est autre chose" (Monnerot, *Les Lois du tragique*, 17). En dépit d'une affinité apparente les couples Satan-Lucifer et Dionysos-philosophe restent donc profondément incompatibles. Le Dionysos de Monnerot est simultanément et de façon indissociable Dionysos/philosophe. Entité déchirée, sacralisant sa dépense de la contrer, il n'évolue pas, il vibre. Sur un mode plus rentable le Satan de Caillois fait son apprentissage sur la ligne du temps. Par un privilège accordé à la conscience, au savoir et à la volonté, il *devient* Lucifer et se résout en lui comme en sa forme achevée, définitive et parfaite. Caillois prend soin de préciser qu'au cours de cette mue le même passe à l'autre — ou plutôt l'autre au même — "sans changer de nature", "sans rien perdre de son caractère passionné et subversif" (Caillois, *Le Mythe et l'homme*, 152). Il n'empêche que la mue est loin d'être magique. Elle se fait dans le respect et sous la surveillance d'une "activité unitaire de l'esprit" dont le caractère strictement orthodoxe homogénéise et les voies et les modes de la transformation qu'elle permet.

Caillois aura beau opposer un "rationalisme *ouvert*" au "rationalisme *fermé*", et distinguer autant qu'il est possible le surrationalisme d'un positivisme abstrait et grossièrement simplificateur" (Caillois, *Le Mythe et l'homme*, 175), ces mises au point insistantes ne suffiront pas à convaincre Monnerot du bien fondé de la solution orthodoxe, même surrationnelle. Car la science dionysiaque est réfractaire à l'idée de solution ou de résolution interne des tensions. Quand elle rêve d'autonomie au point de se prendre pour fin, quand elle projette son succès ou son pouvoir en *terminus ad quem*, la science n'est plus tragique. D'autant plus violente qu'elle se sait impuissante, elle réunit alors dans une même pratique les figures réactives de l'exorcisme et du renoncement. La science, écrit Monnerot, "supprime la profondeur. ... (elle) exorcise de la profondeur le monde et l'être.... *Il n'y a pas de profondeur, il n'y a que des difficultés....* La science est un excellent exemple de ce que l'on peut obtenir si l'on sait renoncer à *comprendre* l'être" (Monnerot, *Sociologie du communisme*, 2ème éd., 219-20). Nul doute que l'orthodoxie ne soit apparue très vite à Monnerot un tel renoncement à la *compréhension*, à la saisie à chaud du phénomène vif, et, quoiqu'elle en ait, malgré ses allures martiales, une forme de repli frileux sur l'*explication*.

Cette opposition radicale entre Caillois et Monnerot vient compliquer le rapport des forces qui composent *Acéphale*. On comprend mal pourquoi tous deux ont plus ou moins fait équipe contre Bataille, dont Monnerot, par ses positions, apparaît finalement si proche. De même la présence de Monnerot à *Inquisitions* devient ambiguë puisque les prétentions surrationalistes de Caillois auraient dû interdire la collaboration. Et pourtant une ligne de démarcation semble passer maintenant entre *hétéro* (hétérologie, hétérotélie) et *ortho* (doxie), séparant de façon tranchée la passion et/ou la compréhension vive de la réalité hétérogène, et sa réduction ou son explication. Il faut donc revenir aux textes du second numéro d'*Acéphale* où se trouve également annoncée la fondation et l'ouverture prochaine d'un *Collège de Sociologie*.

ACEPHALE

Ce numéro 3-4 de juillet 1937 est placé sous le signe de Dionysos, mais aussi, comme le précédent, sous le signe de Nietzsche. Dionysos c'est le dieu fou mais le dieu *rendu fou:* affolé par la contradiction mystérieuse de sa double naissance qui le contraint à incarner l'association du céleste et du terrestre, de la souveraineté et de la finitude. Le collage des citations de Walter Otto [15] est composé de manière à accentuer le caractère agonistique de la naissance d'un "dieu à l'essence duquel il appartient d'être fou".

> Il était l'enfant de Zeus et d'une mortelle. Mais avant de l'avoir mis au monde, celle-ci fut brûlée dans le feu de Tonnerre son fiancé céleste ... Dans sa conception l'élément terrestre avait été touché par l'éclat du ciel divin. Mais dans l'association du céleste et du terrestre ... le caractère lourd de larmes de la vie humaine n'était pas levé mais maintenu en contradiction brutale avec la splendeur surhumaine. (*Acéphale*, 1937, 3)

Dionysos est ainsi à Nietzsche ce que le dieu de la contradiction tragique est au penseur impossible de cette contradiction. Dieu/philosophe de la *différance*, de l'alliage impossible du Ciel et de la Terre ou de la finitude provoquée par son Autre.

Les textes de Bataille: "chroniques nietzschéennes", de Caillois: "les vertus dionysiaques", et de Monnerot: "Dionysos philosophe", se développent également autour de cette contradiction. Le premier pour l'interroger, ce qui sera nécessairement la reconduire, le second pour la supprimer, ou la réduire, le troisième enfin pour la déborder. Mais ce débord ne suit pas les sentiers subtils de quelques dialectiques. Pour Monnerot, déjà dans *Acéphale*, déborder la contradiction c'est en sortir vraiment: en écrasant son *nom* ou en le reléguant aux accessoires fragiles de la métaphysique.

---

[15] W. Otto, *Dionysos* (Francfort, 1933).

Chroniques nietzscheennes

La première partie du texte de Bataille est d'une belle transparence. Sa démarche est ponctuée par les titres en gros caractères qui introduisent chaque section (Bataille, I, 477-81). L'APOGEE D'UNE CIVILISATION EST UNE CRISE QUI DESAGREGE L'EXISTENCE SOCIALE. De cette désagrégation naît LA RECUPERATON DU MONDE PERDU, ou plutôt le désir et la volonté de cette "récupération". La nécessité affectivement vécue de créer les valeurs sacrées à partir desquelles se formera *le mythe,* l'espace social plein et vibrant qui marquera la mort de la Gesellschaft. C'est à ce point que le texte s'inquiète. Car l'enjeu porte sur la nature ou l'origine, sur la forme ou le mouvement et sur la direction ou le destin du mythe. Le mythe sera-t-il tourné vers le passé, re-création comme restauration ou réaction au sens politique? Ou bien sera-t-il, en sens opposé, création immanente, production prospective? Avec une vigueur qui exclut toute ambiguïté, Bataille dénonce d'emblée LA SOLUTION FASCISTE. Bien avant Baudrillard le fascisme est décrit comme un "scénario rétro": un "retour au passé" qui se fait par récupération et utilisation "à d'autres fins qu'elles-mêmes" des "valeurs affectives mises en jeu". Face à ce "ressemelage" opéré au prix de la pire violence, Bataille, préfigurant *l'énigme de la différance,* interroge non les conditions d'existence mais les chances de réalité d'une communauté "exigeant d'avoir pour *fin* ce qui unit et s'impose avec violence *sans aliéner la vie*" (Bataille, I, 480-81).

La section suivante, DU CIEL CESARIEN A LA TERRE DIONYSIAQUE: LA SOLUTION RELIGIEUSE, précise cette "fin" dont l'atteinte incertaine détermine la nature, la forme et le destin de la communauté qui la vise. L'opposition du Ciel et de la Terre recouvre ici l'opposition des deux composantes du pouvoir, la militaire et la religieuse, que Bataille avait esquissée dans "la structure psychologique du fascisme" et qu'il reprendra plus nettement au Collège.

> D'un côté se composent l'aversion du péché et la clarté du jour, la gloire et la répression militaire, la rigidité imprescriptible du passé; de l'autre, la grandeur appartient aux nuits propices, à la passion avide, au rêve obscur et libre: la puissance est donnée au mouvement. (Bataille, I, 422)

La communauté n'a pas pour fin de résoudre cette opposition mais au contraire de l'activer: de l'intégrer et de l'incarner pour en vivre. Les membres ne sont pas ligués autour d'un chef dans le but de réaliser le Ciel ou d'installer et d'imposer "le monde perdu". Le lien qui les unit est beaucoup plus ténu et par là même aussi est-il indestructible. Il se forme par le sentiment éprouvé en commun de la fragilité terrestre et, simultanément, par la "volonté d'être" forçant ce sentiment au-delà des limites que lui trace la peur. Ce lien se tisse par exaspération de la finitude. Il se forge dans le sacrifice d'une finitude lancé au Ciel comme un défi où se joue le mouvement éperdu des particules humaines à l'orée d'une limite absolue. L'en deçà de cette limite marque le manque à être, quant à son au-delà, dans l'aura du tout-autre, il annonce également la fin de la partie" "L'ELEMENT EMOTIONNEL QUI DONNE UNE VALEUR OBSEDANTE A L'EXISTENCE COMMUNE EST LA MORT" (Bataille, I, 489).

Nous aurons l'occasion d'y revenir mais remarquons déjà que ce texte indique un déplacement capital dans la stratégie et l'économie de Bataille. La réponse à l'*énigme de la différance* n'est plus envisagée en termes hétérologiques couplés. Elle n'est plus proposée en termes d'expulsion et/ou de Révolution: expulsion et anéantissement de l'homogène par l'hétérogène ou, compte tenu de la stratégie subversive, expulsion et anéantissement du groupe au pouvoir (homogène ou hétérogène "par en haut") par le groupe révolutionnaire (hétérogène "par en bas"). Aux tentatives successivement décevantes pour constituer un "mouvement organique", une "organisation de forces cohérentes et disciplinées" propres à la reconstitution du pouvoir (Bataille, I, 422), la communauté substitue une éthique tragique qui, exigeant "d'avoir pour fin ce qui unit et s'impose avec violence *sans aliéner la vie*", exige l'impossible. Cette éthique du non-choix ou de la non-solution condamne dans un même geste l'homogénéisation ou l'extinction du mouvement d'ensemble social — *l'a-pathie* ou l'*in-différance* des forces qui le composent — et l'exploitation de ce mouvement, l'utilisation de ces forces à des fins extérieures au jeu libre de leur propre dépense. — Cette fin fût-elle, aussi peu *utilitaire,* celle d'une Révolution sans but et sans programme. Ce sont désormais l'atélie et l'acéphalité de la communauté qui en maintiennent la nature souveraine: "A L'UNITE CESARIENNE QUE FONDE UN CHEF S'OPPOSE LA COMMUNAUTE SANS CHEF LIEE PAR L'IMAGE OBSEDANTE D'UNE TRAGEDIE" (Bataille, I, 489).

Si la communauté est *tragique* c'est de viser uniquement à extraire le Ciel de la Terre. C'est d'intérioriser, ce qui veut dire ici répéter et entretenir rituellement, entre Ciel et Terre, la tragédie native du dieu souffrant. Dès lors le fondement et le ferment du social ne seront plus cherchés par Bataille dans la solution définitive qu'aurait été la dépense meurtrière d'un "grand soir", mais dans *l'expérience communautaire d'un auto-sacrifice*.

LES VERTUS DIONYSIAQUES

En regard de la "Chronique nietzschéenne" de Bataille, qui occupe le tiers de la revue, "les vertus dionysiaques" de Caillois paraissent assez pauvres. Un texte de deux pages reprenant pour l'essentiel les positions d'*Inquisitions*. La dernière section du texte de Bataille s'intitulait "Les mystères dionysiaques", là où Caillois, lui, parle de *vertus*. Il faut y voir plus qu'une coïncidence. De ces *mystères* à ces *vertus*, dont la *Sociologie du clerc* donnera le bon usage, on retrouve ce qui sépare l'*hétérologie* et l'*orthodoxie*.

A nouveau Caillois s'efforce de trouver un équilibre, une forme de compromis au jeu hétérodoxe de la *différance*. Dans son texte la Terre et le Ciel sont opposées comme "les ivresses et l'intelligence", quoique "l'histoire, note aussitôt Caillois, donne à penser que cette opposition ne comporte aucun caractère absolu" (Caillois, "Les Vertus dionysiaques", *Acéphale*, 25). Pourtant les "ivresses" sont reconnues pour ce qu'elles sont. Elles correspondent en gros à tout ce que le terme d'*hétérogène* recouvre chez Bataille: l'ensemble des manifestations de nature affectives, des "turbulences souveraines" écrit Caillois, qui, avant d'être rejetées à la périphérie de la Gesellschaft dont elles menacent le contrat, formaient "le ciment unique de la communauté dionysiaque" (Caillois, "Les Vertus", 25). Et c'est en tant que telles que ces "turbulences" sont revendiquées: en tant que déchets violents constituant par leur impétuosité même une "force de *sursocialisation*". D'où le titre *vertus dionysiaques* où vertu signifie "*ce qui lie*" et vice "*ce qui dissout*" (Caillois, "Les Vertus", 25).

En apparence la rigueur inquisitoriale a mis une veilleuse, et Caillois, qui va jusqu'à user de l'expression "état total", semble concéder à Bataille. En apparence seulement. Car cette réinjection de forces dans l'organisme social ne peut se faire que par le biais ou l'entre-mise de la raison, soit sous sa dictature. Les "ivresses" sont "forces de sursocialisation" dans la mesure où elles peuvent être intégrées, fonctionnalisées — voire fonctionnarisées: Sociologie du *Clerc* — à l'intérieur d'un système social qui représente leur finalité et se nourrit de leur dépense. On retrouve le même équilibre inégal que dans la science concordataire de Bachelard. C'est "dans la mesure précise où l'esprit s'impose une très étroite discipline et des lois *au moins très sévères* (qu'il pourra) tenir un compte équivalent des ivresses" (Caillois, "Les Vertus", 25), reconnaît Caillois. Autrement dit, c'est dans la mesure où l'ivresse *se met à la mesure* et/ou *se plie aux mesures* de l'esprit, ou de la raison, qu'elle sera tolérée. Il s'agit encore d'un marché de dupes, d'une équivalence assez hypocrite pour qu'une ivresse limitée, une hétérogénéité sous contrôle, puisse être utilisée à des fins qui lui demeurent radicalement étrangères, telles ici la formation planifiée et l'installation durable d'une société.

L'incompatibilité entre la communauté de *mystères* et la communauté de *vertus* éclatera plus nettement et plus violemment au Collège dont elle commandera vite la fermeture. Cependant si les textes de Bataille et de Caillois sont en opposition par leur contenu, ils se rejoignent par un certain tour, un certain ton. Ils sont liés à travers une exigence d'écriture où pointe une inquiétude et une nostalgie qui ne s'avouent pas mais filent, et s'ouvrent en interrogation. Même le texte de Caillois, de beaucoup le plus rassuré, reste finalement très littéraire. Textes non-transparents s'écrivant dans un état d'attente, qui ne proposent rien, ne tranchent pas. Il en va tout autrement du texte de Monnerot.

Dionysos philosophe

"Dionysos philosophe" a la structure propagandiste du manifeste. Au constat d'une carence ou d'une faiblesse correspond l'antidote d'un remède proposé. Pourtant Monnerot n'innove pas. Il reprend la question de la nécessité du pouvoir en tant que réalité sacrée. Seulement cette question il ne la pose pas — ou plus. Il refuse de la reprendre et de l'entretenir dans sa forme de question, à l'infini d'un commentaire métaphorique. Le caractère de son texte est tout dans le rythme et la brièveté de l'introduction. "Dieu dispose. A Dieu vat. Mais Dieu est mort. Il faut donc poser à cette succession vacante une candidature qui risque de prévaloir" (Monnerot, "Dionysos philosophe", *Acéphale,* 9). Entendons: pas de société sans pouvoir, pas de pouvoir sans incarnation, pas d'incarnation sans individu et pas d'individu sans mana. Avis. La deuxième partie du texte est précisément consacrée à la réalisation de ce pouvoir plein, c'est-à-dire à l'actualisation du mythe. Pour Monnerot, avant de faire son apparition dans l'histoire le mythe doit se démarquer de ses faux-semblants. De l'art d'abord, qui est en même temps que le "beau sarcophage", le "cimetière" du mythe effervescent (Monnerot, "Dionysos philosophe", 13); mais aussi de la science. La science est "un instrument précieux entre tous" (Monnerot, "Dionysos philosophe", 13) mais elle n'est que cela, un *instrument,* dont la valeur dépend des mains qui l'utilisent. Ces mains seront ici celles du *séducteur.* "Les séducteurs sont 'déraisonnables', (ils) jouent un jeu d'enfer, écrit Monnerot.... Ils sont sur terre comme s'ils obéissaient à l'impératif: 'meurs ou crée'. Mais ils n'obéissent pas. Ils sont le pouvoir. Il leur appartient de créer" (Monnerot, "Dionysos philosophe", 13). Là encore on pourrait être tenté de confondre le séducteur avec Lucifer; la différence est pourtant considérable. Le séducteur utilise la science mais ne se laisse pas subordonner par elle. Il l'utilise essentiellement comme offrande: dans la mesure où la pliant à sa volonté il peut la vouer à un destin. Car si la science semble précéder l'acte créatif, elle ne l'accompagne pas. Le but atteint de cette création reste impensable au présent parce que, prospectif, échappant aux préméditations d'un savoir, il ne peut se réduire en texte. Nous avons vu qu'*hétérologie* et *hétérotélie* dessinaient un mouvement identique d'exaspération et d'exténuation de la conscience. Et cela reste vrai. A condition de préciser maintenant qu'elles le dessinent en directions exactement inverses. Direction *centrifuge* de l'hérérologie qui, dès *Acéphale,* conduit à un tragique par *intériorisation* des tensions — acéphalité non par oubli ou dépassement de la tête mais par son *implosion* —. Direction *centripète* de l'hétérotélie comme la loi d'un tragique à caractère sadique qui *s'extériorise,* se dépense, mais en actes et aux frais d'autrui.

Aperçu de l'autre cote

Pour éclairer les lois (et surtout les courants) de ces affinités agonistiques, les trois textes d'*Acéphale* doivent être lus en perspective, dans un jeu de renvois qui les éclairent réciproquement. Ainsi en opposant son mythe effervescent à l'art et à la science, au mythe sujet de littérature et à une science éprise de son autonomie, c'est Bataille et Caillois que Monnerot entend directement viser. De même lorsqu'il prône "la colère sacrée propice aux créations", "l'existence catilinaire" et termine, citant Nietzsche: "Catalina, forme préexistante de tout *César*" (Monnerot, "Dionysos philosophe", 14), il reprend l'opposition de Bataille entre Ciel césarien et Terre dionysiaque, mais il la reprend pour y répondre en inversant ses pôles. Enfin "le mythe moderne et nietzschéen de Dionysos" (Monnerot, "Dionysos philosophe", 12) semble ici faire écho à "la vieille maison du mythe" évoquée dans l'*Apprenti sorcier* (Bataille, I, 536). On sait que dans ce texte de 1936 le mythe est déjà pour Bataille *absence* de mythe, de même que "l'absence de communauté" sera bientôt "le fondement de toute communauté possible" (Bataille, III, 394). Le mythe ou la communauté sont absence comme ils sont tragédie. Ils sont absence tragique comme désir et volonté de cet impossible qui fera naître l'écriture. Or pour Monnerot le mythe a un tout autre poids. "Création de toute réalité" il a le poids de l'origine. Depuis-toujours-déjà sur le point d'exister, "cherchant l'incarnation qu'il guette, il rôde, prêt à faire flèche de tout bois" (Monnerot, "Dionysos philosophe", 12). Ni restauration ni représentation, ni nostalgie ni mimesis, le mythe existe mais à l'état latent, toujours prêt à surgir dans sa présence vive pour activer l'histoire: "Il faut donc que le mythe sollicite le fait, l'envahisse, le mine et le métamorphose" (Monnerot, "Dionysos philosophe", 12).

A travers ce qui n'est déjà plus une image du mythe nous commençons à percevoir ce qu'il peut y avoir de l'*autre côté*, passée la limite de la conscience qu'ont dessinée conjointement la science et la loi hétérogènes. Pour Bataille il y aura — exemplairement dans *Le Coupable* — ouverture sur une "interrogation infinie"... Jusqu'au rire, jusqu'à la dérision du "savoir absolu" (Bataille, V, 376-81). Il y aura maintien et entretien de l'*énigme de la différance* dans une poésie auto-sacrificielle dont cette énigme fait en même temps l'objet et la condition. Pour Monnerot au contraire, l'échec calculé de la conscience indique moins l'éternité de cette énigme que la nécessité de son oubli: en tant qu'énigme, en tant que texte. Passer la limite ce sera donc passer à l'acte, ou, ce qui revient au même, adhérer à la violence d'un pragmatisme politique.

A partir de ce double mouvement en directions inverses s'opère la rupture qui ouvre le Collège. Pour le dire vite cette rupture passe entre la *représentation,* dont Bataille (mais Caillois aussi, bien que différemment) continue d'approfondir la clôture, et *l'action* ou la création vive, qui n'est pas le franchissement abrupt, la défonce vulgaire de cette clôture, mais de manière autrement dangereuse, son *déplacement.* A peine métaphorisée, cette rupture, ce déplacement de la clôture, centre le texte de Monnerot.

> Il faut que la tragédie retournant à ses origines, oublie la fonction de spectacle qui l'isole misérablement, en sorte qu'abandonnant l'esthétique pour *l'esthésie,* le créateur ne crée pas de l'art, mais de l'histoire, qu'il ne joue plus une pièce mais une partie dont l'enjeu n'est pas quelque ciel mais la terre.... Il ne faut plus que le séducteur, voué à dionysos, soit rejeté de la communauté tel un déchet dont la présence met en cause la vie même de l'organisme qui s'affole de l'avoir produit. Mais, qu'il débouche désormais, sans sortir de son mythe, en plein soleil, en pleine société. (Monnerot, "Dionysos philosophe", 12)

LES TROIS DESTINS

"Le College de sociologie ou le probleme interrompu"

Depuis peu nous connaissons l'histoire de la double et sinueuse fondation du Collège. On se limite donc à retracer les faits.[16]

Dans un texte pour le moins tardif de 1979, *Le Collège de sociologie ou le problème interrompu,* placé en annexe de la troisième édition de *Sociologie du communisme,* Monnerot se révèle comme le fondateur d'un Collège auquel il n'a jamais participé. La raison de cette non-participation semble avoir, pour emprunter l'expression à

---

[16] J.-M. Heimonet, "Le Collège de Sociologie, un gigantesque malentendu", dans *Esprit* (mai 1984), 39-56.

Bataille (Bataille, I, 529), "la simplicité d'un coup de hache". Le Collège initial, tel que le concevait Monnerot, devait avoir la forme d'un "organisme de recherche" sérieusement politique, une sorte de "fondation", au sens anglo-saxon, solidement charpentée, organisée et financée, beaucoup plus efficace que les groupes éphémères, "dissidences dans une dissidence" écrit Monnerot, auxquels avait déjà participé Bataille (Monnerot, *Sociologie du communisme,* 3ème éd., 542-544). En effet, à l'injonction de la phénoménologie sociale de l'époque — pour qui les faits sociaux ne sont pas des choses — priorité est faite à l'efficacité. L'organisme mènera des recherches pratiques et appliquées dont la preuve ne sera pas établie en laboratoire mais arrachée directement sur le terrain. Monnerot parle à la première personne:

> Si, disais-je, le programme du "Collège de Sociologie" comporte l'approche des "sujets brûlants", il faudra nous attendre à être nous-mêmes brûlés par ces matières inflammables. Décrire la politique *in the making* de manière véridique et avec pertinence, c'est déjà intervenir. (Monnerot, *Sociologie du communisme,* 3ème éd., 543)

Ce programme emporte l'adhésion de Bataille et de Caillois. Du moins au départ, et tant que le programme reste encore un projet; car par la suite les choses traînent sans vraiment aboutir et Monnerot comprend que ces amis, "tout doucement", sont en train de s'engager sur une autre voie: celle de "l'insignifiance littéraire" et du "cabotinage sui generis" qui dessinent la piste d'un "cirque intellectuel". Monnerot conclut:

> Sous un ciel historique qui se chargeait de nuées, des exhibitions de ce genre auraient été plus qu'inconvenantes (le tout à grand renfort de palabres et de gesticulations, risquait d'aboutir, une fois de plus ..., à une sorte de succédané, mais chagrin et rébarbatif, du surréalisme. ... Je déclarais tout de go à Bataille ... que je ne participerai pas à l'entreprise dans ces conditions. (Monnerot, *Sociologie du communisme,* 3ème éd., 543-44)

Cet épisode permet de comprendre pourquoi le nom de Monnerot, qui figurait parmi les signataires de la Note fondatrice parue dans *Acéphale,* a disparu au sommaire du Collège. Il donne également un relief particulier au numéro *Dionysos* dont les textes portent la marque de cette sécession.

L'ENQUETE DES DIRECTEURS DE CONSCIENCE

D'ailleurs Monnerot ne rompt pas absolument avec le Collège, puisque celui-ci fonctionne déjà depuis deux ans lorsque paraît dans *Volontés*, en février 1939, "L'Enquête sur les directeurs de conscience". Adressée à certaines personnalités du monde intellectuel, politique et religieux, l'enquête s'ouvre sur une question centrale.

> Il y a toujours eu des Directeurs de Conscience en Occident: Papes, prêtres, réformateurs, pasteurs; pensez-vous que la direction de conscience soit une fonction organique dans les collectivités humaines? Ou au contraire que la société, la communauté historique dont nous sommes membres, ait atteint une sorte d'âge adulte qui lui permette de se passer de directeurs de conscience? (*Volontés*, numéro 14, février 1939)

Une réponse est suggérée par les précisions données ensuite sur le sens de la question. Jusqu'au XVIIIème siècle la religion catholique a détenu le monopole de la direction de conscience. Depuis lors, affaiblie par le rationalisme, cette religion n'a cessé de péricliter. Dans ces conditions qu'en est-il de la direction qu'elle assumait: a-t-elle carrément disparu, ou, au contraire, a-t-elle survécu et évolué en de nouvelles formes que représenteraient: A - "les meneurs, leaders et hommes politiques" écoutés des masses; B - les intellectuels; C - les journalistes, "surtout des journaux à gros tirage"; D - les éditeurs "qui donnent ou refusent l'imprimatur comme le faisait jadis le pouvoir spirituel"; E - les médecins, "et singulièrement les psychanalystes qui sont, entre autres choses, des confesseurs"? (*Volontés*). La seconde question s'articule sur cette survivance et ce *déplacement* du religieux. Il s'agit de savoir si les grands mouvements nationaux de l'après-guerre, "communisme russe, fascisme italien, socialisme allemand", répondent au schéma marxiste: s'ils sont "l'effet de cause avant tout économiques", ou si, différemment, ils sont liés à des causes de nature plus profonde: s'ils sont "les manifestations d'un inconscient (religieux?) refoulé par la vie moderne" (*Volontés*). La troisième question, qui fait aussi la conclusion de l'enquête, tend à prendre l'allure d'une sommation. A supposer qu'aucun de ces mouvements ne donne au retour du religieux une forme acceptable, comment, c'est-à-dire, par quel moyen, "les éviter, dépasser et dominer".

Là encore la réponse est passablement orientée car Monnerot précise: "croyez-vous nécessaire l'irruption dans l'histoire occidentale d'un Universalisme nouveau?" *(Volontés)*. Soigneusement enchaînées, les deux questions mènent à ce constat: le monde est vide, le religieux ou le sacré existe, comment l'*utiliser*?

Par sa sécheresse la réponse collective du Collège laisse à penser que les rapports ne s'étaient pas améliorés depuis la rupture initiale. Après avoir souligné que l'enquête était un plagiat du programme et des intentions du Collège, ce qui étant donnée l'identité de l'enquêteur n'est pas fait pour surprendre, cette réponse se termine ainsi: "Le Collège de Sociologie rappelle à cette occasion qu'il considère comme sa seule tâche de *fournir* une réponse aux questions posées par votre enquête et qu'il met son ambition à *être*, dans la mesure de ses moyens, cette réponse" (*Volontés*, numéro 18, juin 1939). La contre-réponse de l'enquêteur est encore plus violente et surtout plus blessante: "Le Collège, etc., ne saurait sans puérilité prétendre à quelque monopole que ce soit, et sans forfanterie soutenir qu'il répond par sa seule présence aux questions ici posées. Ces manières ne sont pas ce que l'époque attend de nous" (*Volontés*, numéro 18).

On voit qu'il y a comme une compétition, une sorte de surenchère pour savoir qui des deux Collèges donnera la réponse; qui des deux incarnera le mythe ou "l'Universalisme nouveau" en donnant corps à ce que Monnerot appellera, dix ans plus tard, un "Ordre à l'échelle de la terre" (Monnerot, *La Guerre en question,* 233). D'ailleurs l'interventionnisme latent impliqué par les recherches pratiques de Monnerot est aussi le point nodal et la raison d'être du Collège, dont les membres rappelleront au lendemain de la crise de Munich "qu'il s'était réservé à sa fondation l'éventualité d'être autre chose qu'un organisme de recherche", à savoir "un foyer d'énergie" (Bataille, I, 540). Si l'on s'en tient au contenu des textes il n'y a donc pas deux Collèges mais un. Cela parce que ce qui sépare ces Collèges ne doit pas être cherché au seul niveau de l'intention mais également, nous l'avons dit, au niveau de l'exigence ou du style. Si les textes de Bataille, de Caillois et de Monnerot semblent souvent dire la même chose, quêter le même objet, ils l'*écrivent* différemment. Style de l'*esthésie,* style incisif et précis de l'enquête ou de l'inquisition, tendu vers l'efficace d'une prise en chair. Style de l'*esthétique,* style comme esthétique, qui souffre à s'écouter et qui ne vise à rien si ce n'est à châtier sa propre insuffisance. Enfin style mitigé, ambigu de Caillois — sans doute comme tout style qui se veut et se sait — dont la martialité souhaitée ne parvient pas à gâcher la belle rhétorique. *Hétérologie-orthodoxie-hétérotélie,* rien n'est jamais clair et rien n'est jamais pur, car le partage ne se fait pas simplement entre *hétéro* et *ortho,* mais passe aussi par *logos, doxa, tèlos.* Or *doxa* et *tèlos* sont les attributs du logos; et le logos, s'il peut, parfois et à grands frais, sembler *hétérodoxe,* n'est jamais *atélique.* La différence entre ces textes et entre ces Collèges n'est pas dans leur visée. Elle est surtout dans la force qui (malgré eux?) les anime: dans la qualité, l'intentionnalité infiniment secrète de cette force.

Pourtant le partage semble se décider avec ces lignes qui concluent l'enquête:

> Ce qui s'impose, écrit Monnerot, plutôt qu'une orthodoxie, c'est, simultanément, d'une part, une "élucidation", de l'autre une "orthopraxie". Toutes deux sont de l'ordre de l'action (l'intelligence ici est un acte comme le geste) et doivent être des actions liées. (*Volontés,* n° 18)

Unies, l'*hétérotélie* et l'*orthodoxie* forment une formidable machine de guerre. Machine totale pour une guerre totale qui ne sera ni première, pulsive ou satanique, ni seconde, retardée, calculée ou luciférienne. Ni l'une ni l'autre, ni l'une ou l'autre mais, dans une plénitude essentielle, *les deux, indissociablement.* Avec ce couple a-dialectique dont ne rend compte ni une "hétéropraxie" ni une "orthotélie", *se trouvent réunies les deux composantes du pouvoir mais aussi les deux pôles de l'hétérologie et les deux directions du verbe differre.* Réuni ce que tout *tèlos* a nécessairement d'orthodoxe, et partant d'*homogène,* et ce que toute *praxis,* comme expérience vécue, "instant privilégié", a nécessairement d'*hétérogène.* En ce qui concerne la biographie de Monnerot, l'*orthopraxie* apporte, en un acte et un geste, toutes les réponses. Elle comble les vœux d'*Inquisitions* en favorisant la concordance des instances "haut" et "bas" qui assure le régime optimus du moteur et de la machine. Elle permet la levée de l'échec surréaliste: par concrétisation et actualisation du "point suprême". Enfin l'orthopraxie vient réaliser le vieux rêve gnostique: "l'incarnation de la lumière divine, du Logos, dans la matière ténébreuse",[17] qui hante les textes de Monnerot. Rêve gnostique de la

---

[17] S. Hutin, *Les Gnostiques* (Paris: P.U.F., "Que Sais-je?", 1978), 31.

fusion du sensible et de l'intelligible mais aussi rêve alchimique de l'union des contraires évoqué par Mauss dans *Théorie générale de la magie*: "Un est le Tout et le Tout est en Un" (Mauss, *Sociologie et Anthropologie*, 66). Seulement il ne s'agit plus maintenant de vœu, de rêve, d'attente, de projections ou de représentations, mais de la manifestation incarnée de la force.

Derrida a probablement raison: "Dire la force comme origine du phénomène, c'est sans doute ne rien dire" (Derrida, *L'Ecriture et la différence*, 45). S'acharner à la dire c'est immanquablement, comme Bataille, aboutir au *silence*. Aussi est-ce précisément pour ne pas dire ou écrire la force que Monnerot décide de changer de scène en passant de l'*esthétique* à l'*esthésie*, de sorte que "le créateur ne crée plus de l'art, mais de l'histoire" (Monnerot, "Dionysos philosophe", 12). Alors le séducteur ne sera plus "le forçat intraitable sur qui se referme toujours le bagne", mais Hitler ou Mussolini. La "communauté seconde" ne sera plus inspirée de l'ordre nietzschéen ou de *L'Histoire des treize* de Balzac,[18] car le *Bund* en effet se passe de modèle, il pousse magiquement aux entours des guerres. Enfin la scène de cette cruauté totale ne sera plus celle de quelque théâtre, et par exemple l'arrière-salle des *Galeries du livre* où avaient lieu les réunions du Collège, mais de plain-pied et à vif, la société et l'histoire elles-mêmes. C'est au cours de ce changement de scène que "l'Universalisme nouveau" va prendre pour Monnerot la forme du "mythistoire" fasciste.

De l'organisme a l'absence de communaute

Dans le même temps et le même espace, dans le même lieu historique que Monnerot, Bataille opère un mouvement symétriquement inverse. Comme nous avons commencé de le voir à propos des "Chroniques nietzschéennes" d'*Acéphale*, ce mouvement est un mouvement de *dématérialisation* et d'*irréalisation* particulièrement sensible dans l'évolution de la communauté.

Même si les limites n'en sont ni aussi franches ni aussi infrangibles, il reste possible de diviser l'histoire de la communauté en

---

[18] Voir Caillois, *Le Mythe et l'homme* (Paris: Gallimard, "Idées", 1981), 165.

trois époques. La communauté *politique,* ou "crypto-politique", de *Contre-Attaque.* Bataille pense alors à un "mouvement organique se développant indépendamment des cadres politiques établis, en hostilité déclarée à l'égard du parlementarisme, moins à partir d'un programme basé sur des intérêts rigoureusement définis qu'à partir d'un état d'émotion violente" (Bataille, I, 473). La communauté *religieuse* d'*Acéphale,* formée par "un lien de fraternité ... noué entre des hommes qui décident entre eux des consécrations nécessaires" (Bataille, I, 482). Enfin la communauté *absente* du Collège où, dans la dernière conférence, qui est aussi la conférence de la rupture, Bataille accorde la valeur primordiale au *sacrifice* et non au "souci étroit de la communauté pour laquelle il est fait": "Le sacrifice devenant en lui-même un but prétend au-delà de l'étroitesse communautaire à la valeur universelle" (Bataille, II, 372). On sait que pour Bataille ce sacrifice prendra la forme d'une écriture.[19] Six ans après, *L'Expérience intérieure* et surtout *Le Coupable* répondent aux lignes de "La Notion de dépense" où Bataille reconnaissait à la poésie une équivalence de fonction avec le sacrifice; plus précisément avec *l'auto-sacrifice,* puisque cette poésie résiduelle voue celui qu'elle possède "aux formes d'activité les plus décevantes" en l'engageant "à la poursuite d'ombres inconsistantes qui ne peuvent rien donner que le vertige ou la rage" (Bataille, I, 307). Ce glissement ininterrompu de la communauté militaire à la communauté religieuse puis esthétique, correspond chez Bataille à une véritable *entrée en écriture* consacrée par deux textes presque contemporains. Le premier de ces textes est celui de la dernière conférence prononcée au Collège, dans lequel l'appareil hétérologique, vidé de la violence qu'impliquait son déséquilibre, sert à reprendre et à poser en clair l'*énigme de la différance* ébauchée dans *Acéphale:*

> L'*être* est constamment sollicité dans deux directions, l'une conduit à la formation d'ordonnances durables et de forces conquérantes, l'autre conduit par l'intermédiaire de dépenses de force et d'excès s'accroissant à la destruction et à la mort. (Bataille, II, 371)

---

[19] J.-M. Heimonet, *Le Mal à l'œuvre: Bataille et l'écriture du sacrifice* (Marseille: Editions Parenthèses, 1987).

Avec ce passage d'un *sociologie* à une *ontologie,* ce n'est plus le bourgeois, le mauvais maître homogène qui est condamné et offert au dieu de la Révolution pour prix de la santé sociale, mais c'est l'être, fendu et déchiré dans sa totalité, tendu jusqu'à se rompre, qui *entre en différance.* Quant au second texte, de façon plus radicale encore, il voit disparaître le vocabulaire et la dialectique hétérologiques auxquels se substitue le *double mouvement* qui règle l'écriture du *Coupable.*

> Mise en action et mise en question s'opposent sans fin, d'un côté, en tant qu'organisation au profit d'un système fermé, de l'autre en tant que rupture et déséquilibre du système. (Bataille, V, 385)

Ce qui fonde à parler ici d'affinité stratégique entre le *double mouvement* et la *différance* derridéenne, c'est le rythme oscillatoire et la tension soutenue qui activent les termes de chacun de ces couples, interdisant l'arrêt ou le choix entre l'action et la question ou entre l'une et l'autre des deux directions et des deux dimensions du verbe *differre;* mais ce qui autorise la comparaison c'est aussi surtout la valeur de *mise* créée par ces partages qui ne tranchent pas. Dans l'espace ambigu ainsi ouvert le sujet *se mise,* au sens pris par le mot dans les jeux de hasard; le sujet se mise, c'est-à-dire qu'il se risque en tant que sujet. Il se tend, écrit Bataille, en direction, ou plutôt vers l'espace, d'une "interrogation infinie" dont la dernière énigme est celle de la mort. Ecrire c'est alors mesurer patiemment en même temps que les limites de mon savoir, celles de mon pouvoir et de ma finitude. C'est retarder, différer le plus longtemps et le plus loin possibles cette dépense absolue et définitive qu'est la mort en acte.

Les choix de Caillois

On veut à tout prix que ce soit la guerre qui ait mis fin au Collège. Mais trois semaines avant sa déclaration, la conférence du 4 juillet 1939 s'ouvre déjà par un constat d'échec. "Les questions posées par le différend qui s'élève entre Caillois et moi, écrit Bataille, touchent davantage aux fondements qu'aux formes d'une activité (Bataille, II, 366).

Ce qui caractérise l'itinéraire de Caillois, quand on le compare à ceux de Bataille et de Monnerot, est un formidable immobilisme. De la sortie du surréalisme au Collège les positions de Caillois restent identiques; plus même, elles se durcissent. Toute sa pensée s'articule en couple fonctionnant par exclusion: du plus faible des deux termes par le plus puissant. Au moment où Bataille semble abandonner l'hétérologie, Caillois se lance dans une série de choix de plus en plus violents. Il chosit le "chamanisme" contre le "manisme", la "magie" contre la "mystique" (et/ou la poétique) (Caillois, *Le Mythe et l'homme,* 8-9), la "Wissenschaftlehre" contre la "Naturphilosophie" (Caillois, *Approches de l'imaginaire,* 25 et suivantes). Il donne Lucifer gagnant contre Satan, c'est-à-dire l'efficace contre l'"abandon", la "conquête" contre l'"effusion", la "rigueur" contre l'"intuition vague" ou l'"obscur pressentiment confus et tâtonnant" (Caillois, *Le Mythe et l'homme,* 174-76). Le contenu de ces termes est beaucoup plus réaliste — ou beaucoup moins métaphorique — que celui de leurs homologues dans l'hétérologie. Ce réalisme s'harmonisant d'ailleurs avec la volonté lucifèrienne de quitter la désuétude littéraire tout en utilisant la matière affective qui s'y trouve investie. Et de fait, quand Bataille renonçant à la communauté historique entame la critique d'un pouvoir qui est nécessairement dérivation et accaparation des forces tragiques, Caillois, lui, pense encore à l'"entreprise unitaire idéale" que fonderait un pouvoir musclé face auquel "le respect même de la loi est caduc".[20] On insiste souvent sur la sympathie de Caillois à cette époque pour le parti communiste. C'est oublier un peu vite qu'*Inquisitions* paraît deux mois après le triomphe du Front Populaire, ce qui n'empêche pas son directeur de commencer ainsi son article: "L'examen du monde moderne est fait pour apporter à qui s'y livre, à peu près tous les dégoûts" (Caillois, *Inquisitions,* 6). Comme l'a fait remarquer D. Hollier, l'internationalisme de Caillois est un "internationalisme de hiérarques", dont les sympathies peuvent aussi bien aller à *La Gerbe des forces* d'A. de Chateaubriand et au *Nietzsche* de T. Maulnier (Hollier, *Le Collège de sociologie,* 77-78, note 2). Car en effet la longue série de couples qui vient d'être énoncée est dérivée par rapport à un couple original jouant un rôle de matrice et de foyer.

---

[20] R. Caillois, "L'Exercice du pouvoir", dans *NRF* (octobre 1937). Cité par D. Hollier, *Le Collège de sociologie,* 233.

"La Hiérarchie des êtres"[21] est fondée sur un stricte partage naturel qui inspire à Caillois la métaphore biblique, "fruits intacts" d'un côté, "fruits malades" de l'autre (Caillois, *Approches de l'imaginaire*, 78). D'un côté les "maîtres" ou les "producteurs", "créateurs par destin", de l'autre, les "esclaves" ou "consommateurs", "improductifs par eux-mêmes, digérant seulement, parasites d'autrui" (Caillois, *Approches de l'imaginaire*, 80). En parlant de "l'opposition éthique essentielle d'au moins deux classes d'êtres, aux réactions aussi différentes que s'ils appartenaient à des espèces animales dissemblables" (Caillois, *Approches de l'imaginaire*, 78), Caillois lève le doute quant aux a priori qui fortifient sa conception du monde. Une société, comme un organisme sain, "doit savoir éliminer ses déchets" (Caillois, *Approches de l'imaginaire*, 78).

Chez Caillois il s'agit bien aussi d'une forme d'hétérologie. Mais d'une hétérologie simplifiée et rationalisée à l'extrême, lavée de son mystère et de son inquiétude, et pour laquelle le terme d'"hétérodoxie", *doxa* des personnes et des choses hétérogènes, n'est pas absolument inexact. Somme toute, la dictature de la rigueur est autrement violente que la Révolution. En matière de pouvoir Caillois ne s'embarrasse pas des réticences de Bataille. Le pouvoir pour lequel il milite ne révèle pas d'un chamanisme à fonds perdus. Du côté de la magie, et non de la mystique, il est lié comme elle à "l'intelligence et à la volonté de puissance" (Caillois, *Le Mythe et l'homme*, 9). En même temps ce pouvoir, incarné par Saint Just, diffère du modèle établi par Bataille. Contre toute attente, il n'est pas négation du tragique ou pétrification des forces qui l'exigent. Au contraire, "manifestant son aspect impératif *sans intermédiaire ni perte d'énergie*", le monde du pouvoir reste pour Caillois "le monde même de la tragédie": du fait "qu'on ne peut y revenir sur aucun acte une fois accompli".[22]

En 1972 l'académicien Roger Caillois dénoncera "le ton outrecuidant et faussement pathétique" (Caillois, *Approches de l'imaginaire*, 59) de ces textes de jeunesse. Mais il aura aussi l'honnêteté de ne pas les renier: en reconnaissant que, "chez certains écrivains

---

[21] R. Caillois, "La Hiérarchie des êtres", dans *Les Volontaires* n° 5 (avril 1939).

[22] R. Caillois, "L'Exercice du pouvoir", dans *NRF* (octobre 1937). Cité par D. Hollier, *Le Collège de sociologie*, 233.

beaucoup plus de choses qu'on ne croirait se trouvent contenues dans leurs premiers aveux. ... Chaque écrivain, même le plus secret, ne cesse de rédiger une autobiographie: son œuvre" (Caillois, *Approches de l'imaginaire,* 8).

Trois destins: "le butor arme", "l'homme de la tragedie", "l'homme de la loi et du discours"

Dans sa conférence: "Confréries, ordres, sociétés secrètes, églises" (mars 1938), il semble que Bataille ait voulu donner la topique et la dynamique des forces en présence au Collège. Il distingue trois sortes d'hommes. Le "butor armé", qui dirige au dehors les forces qui l'agitent, "l'homme tragique", qui à l'inverse intériorise ces forces et vit de leurs tensions, enfin "l'homme de la loi et du discours" que son vœu de maîtrise et de sécurité transforme en allié objectif du "butor", dont consciemment, volontairement ou non, il consolide le pouvoir. A partir de cette trilogie se définissent deux mondes antagonistes:

> Je tiens à insister de toutes mes forces, sur l'opposition entre d'une part un monde religieux, un monde de la tragédie et des conflits *intérieurs* et d'autre part un monde militaire radicalement hostile à l'esprit de la tragédie et rejetant sans cesse l'agressivité au-dehors. (Bataille, II, 349)

Deux mondes pour trois types humains. C'est la preuve que le "butor" et "l'homme du discours" forment un même monde. La partition de Bataille rend compte de la très vieille complicité qui existe entre la violence et le discours de vérité. Dans la mesure où tous les deux obéissant à la téléologie de l'efficace ou de l'utile visent un arraisonnement de l'histoire et du monde, qui, réglé ou non, s'opère toujours aux frais d'autrui. A quoi il faut ajouter que ces formes liées de solution ou d'extériorisation des tensions et des forces, supposent l'oubli et/ou la transparence du sujet, autrement dit sa glorification, voire sa divinisation, mais jamais son sacrifice.

Et en effet ce que Caillois a fourni à Monnerot c'est l'idée d'une science totale, qui remise entre les mains puissantes du séducteur servira à la fois de tremplin et de catalyseur au "mythistoire" fasciste. Mais par ailleurs il ne faut pas sous-estimer le propre apport de Bataille, lorsqu'avant d'être le "roi du bois" ou "l'homme du tragique" il se rêvait grand prêtre d'une Révolution. Car cette fusion du feu et de la glace que distinguait Jean Wahl, soit l'union incarnée de l'hétérologie et de l'orthodoxie, c'est en remplaçant ses anciens amis — décidément trop artistes — par deux "maîtres" que Monnerot va tenter de la réaliser. Le premier de ces maîtres est Sorel, le phénoménologue fasciné mais aussi le sociologue prophétique du mouvement de foule, et le second Pareto, actualisation du "savant idéal" décrit dans "Dionysos philosophe". [23]

En juillet 1939, quand le Collège fermera des portes qu'il n'a jamais vraiment ouvertes, les trois destins sont noués.

---

[23] Pour donner une idée de la solidarité intime qui associe les théories de Sorel et de Pareto et le développement de l'idéologie esthético-sociale de Monnerot, le mot traditionnel d'*influence* serait bien mince. De *La Poésie moderne et le sacré* (1936-1940) à *Intelligence de la politique* (1976-1978), tous les textes de Monnerot portent la marque — aussi bien au sens de tatouage que de poinçon ou d'estampille — de ces auteurs. Cependant un article, un texte et un livre leur sont plus particulièrement dédiés. Pour Sorel: "Georges Sorel ou l'introduction aux mythes modernes", qui ouvre le recueil *Inquisitions* (9-47). Dans cet article, partiellement publié dans *Les Mélanges en l'honneur de Raymond Aron* (Paris: Calmann-Lévy, 1971), Monnerot prolonge l'analyse mythographique débutée par Caillois dans *Le Mythe et l'homme* en s'efforçant de dégager le potentiel socialement et politiquement activiste du mythe. Pour Pareto: "Pourquoi Monnerot n'a-t-il pas attrapé la maladie" (plus particulièrement la première partie, intitulée: "Les lumières de Lausanne et le corps du délit"), troisième texte d'*Inquisitions* (75-84) où Monnerot, évoquant la rédaction de *Sociologie du communisme,* pendant l'été 1948 sur les bords du Léman, présente Vilfredo Pareto comme son "maître". *Intelligence de la politique*, tome II *Introduction à la doxanalyse: Pareto-Freud.* Associées à celles de Freud, dont elles sont censées pallier le manque de rigueur scientifique, les théories de Pareto permettent à Monnerot d'élaborer une nouvelle méthode d'analyse sociale — non sans rapport avec l'orthodoxie de Caillois —: la doxanalyse (Cf. ici même "La 'doxanalyse': le savant et le séducteur" 157-160).

Dans le cadre de cet essai il ne saurait être question d'épuiser le vaste et complexe réseau des correspondances entre Sorel, Pareto et Monnerot. En fait, une lecture minutieuse des textes de celui-ci à partir des théories de ceux-là fournirait amplement matière à une recherche autonome. Sans prétendre avoir effectué cette lecture, je renvoie aux passages de ma monographie de Monnerot concernant plus précisément les rapports Monnerot-Pareto, Monnerot-Sorel, et, également, le fondateur (ou le catalyseur) de la pensée sorélienne qu'est Vico.

J.-M. Heimonet, *De la pensée à l'acte: Force et représentation dans l'œuvre de Jules Monnerot* (Lille: A.N.R.T., 1984)

Pareto: 370 à 377 — 427 à 429 — 443 à 446 — 574 à 577;

Sorel: 496 à 500 — 591 à 607;

Sorel et Vico: 619 à 633.

Pendant la guerre, qui aura sur lui l'effet d'une rupture, Bataille, selon ses propres termes, va "s'enfoncer dans la conscience" (Bataille, VII, 391), ce qui veut dire dans l'écriture. Ce seront, simultanément, l'*Expérience intérieure* (hiver 1941, été 1942), *Sur Nietzsche* (février à août 1944), et *Le Coupable* (septembre 1939, octobre 1943). Le prière d'insérer à la première édition de ce livre (1944) insiste à nouveau sur la dynamique tragique par intériorisation des tensions qu'annonçait la conférence sur les ordres. *Le Coupable,* écrit en effet Bataille, "c'est une sorte de jeu sans refuge, égarement, angoisse au départ, *essentiellement violence rentrée*" (Bataille, V, 493; nous soulignons).

A cette époque Caillois a quitté la France pour l'Argentine d'où il publie *La Communion des forts* mais aussi certains textes très justificatifs comme *Naturaleza del Hitlerismo,* une réquisition contre le nazisme dont la naïveté n'a pas manqué de frapper Walter Benjamin.[24] Par la suite Roger Caillois fera la carrière que l'on sait, consacrée par le titre d'académicien, mais en même temps il restera le sage, quêtant la "tache aveugle" dans l'*Ecriture des pierres*.[25]

Pour Monnerot on sait peu de lui, de ses activités pendant comme après la guerre, sinon que, recherché par les allemands, il fut hébergé un moment par Bataille.[26] Le seul indice, la seule trace ce sont ses textes, douze livres et de nombreux articles écrits au long d'un demi-siècle. D'ailleurs Monnerot tient jalousement à ce secret. Refusant obstinément les contacts avec le monde intellectuel, il se présente comme la victime d'une machination, d'une censure d'autant plus efficace qu'elle est impersonnelle, et dont le but serait d'entraver la publication et la diffusion de ses textes. Cependant, dernier témoin vivant du Collège, aujourd'hui même il continue d'écrire, de militer plutôt, comme le prouvent certains articles récemment parus dans *Le Figaro.*[27]

---

[24] Lettre de W. Benjamin à Gretel Adorno. Cité par D. Hollier dans *Le Collège de sociologie,* 573-74.
[25] R. Caillois, *L'Ecriture des pierres* (Paris: Skira, 1978).
[26] J. Monnerot, *Sociologie du communisme,* 3ème édition, 545.
[27] Alain de Benoist, "Monnerot: celui qu'on 'pille' depuis trente ans". *Figaro* (samedi 24 mars, 1979), 68-69.

Le Collège inavouable

Pour lever le secret — ou peut-être à l'inverse pour le maintenir — *Le Collège de Sociologie ou le problème interrompu* se termine ainsi:

> Le Collège de Sociologie a pris figure à mes yeux de "problème interrompu". Non pas au sens hypocrite où l'on prend aujourd'hui une expression comme "interruption de grossesse", alors que la grossesse est supprimée. Non. Réellement interrompu. Pouvant être repris. En attendant j'ai tâché, et tâche encore, de traiter, très imparfaitement, comme le pouvait un homme seul et réduit à ses seuls moyens, une partie des sujets prévus par le programme du "Collège de Sociologie", et ce sont mes livres, et par exemple celui dont je trace ici la dernière ligne. (Monnerot, *Sociologie du communisme*, 3ème éd., 545)

Force est donc de laisser la parole à cet autre Collège pour écouter ses textes, au centre desquels cette *Sociologie des fascismes* où viennent se ramifier toutes les lignes d'un parcours. Mais auparavant il peut être bon de préciser les raisons qui commandent cette enquête, et même lui confèrent une certaine nécessité. Dans son texte sur la fondation du Collège, Monnerot souligne en note que l'article de Bataille, "Le Sens moral de la sociologie",[28] compte rendu très louangeur de *Les Faits sociaux ne sont pas des choses,* est "omis dans les *Œuvres complètes* du même auteur, parues aux Editions Gallimard" (Monnerot, *Sociologie du communisme*, 3ème éd., 539). Bien sûr cette prétendue omission peut être expliquée de façon très simple, par le fait que les Œuvres complètes de Bataille sont actuellement en cours d'édition. Cependant, quant à cette édition, on peut s'étonner de la chronologie retenue pour la présentation des textes, puisqu'en effet des articles postérieurs à celui évoqué figurent déjà dans les précédents volumes; de même pour le retard que les deux derniers volumes (X et XI) mettent à voir le jour, les neuf premiers étant tous parus entre 1971 et 1979). Quoiqu'il en soit on ne peut que regretter qu'un texte de cette importance, indispensable à la cri-

---

[28] G. Bataille, "Le Sens moral de la sociologie", dans *Critique* n° 1 (juin 1946), 39-47.

tique, n'ait pas fait l'objet d'une publication séparée.[29] Indépendamment de ces arguties auxquelles on se garde ici de donner une interprétation définitive, plus significative semble être l'obscurité dans laquelle a été tenue la fondation du Collège par ses principaux acteurs eux-mêmes.

Sur cette fondation pas une ligne de Bataille. Quant à Caillois, lorsqu'il évoque, en 1974, "la sinueuse fondation du Collège", il ajoute aussitôt que "ce n'est pas ici l'occasion d'en rapporter les épisodes souvent tumultueux" (Caillois, *Approches de l'imaginaire*, 58). Alors que le caractère autobiographique de son texte, "Paradoxe d'une sociologie active" (Caillois, *Approches de l'imaginaire*, 57-94), créait au contraire cette occasion. Dans ce même texte où il parle abondamment de Bataille et des autres membres du Collège, il est également intéressant de remarquer que Caillois ne mentionne pas une seule fois le nom de Monnerot, avec lequel il reste néanmoins en contact. Dans ces conditions on peut comprendre que Monnerot ait jugé bon de faire précéder sa mise au point sur la fondation du Collège par la reproduction de lettres, fort sympathiques, que des personnalités telles Emmanuel Mounier ou le Général de Gaulle lui avaient adressées pour la parution de sa *Sociologie du communisme* en 1948 (Monnerot, *Sociologie du communisme,* 3ème éd., 523-38). Sans parler d'une conspiration du silence on peut remarquer un effet d'amnésie frappant aussi bien le Collège que la période qui le précède immédiatement. Il est certainement curieux qu'un auteur aussi glosé que Bataille n'ait jamais été lu de façon diachronique. Comment, par exemple, risquer une interprétation ou une estimation du *Coupable* sans tenir aucun compte de la situation, indissociablement historique et textuelle, d'où il était sorti? C'est ainsi que l'on veut "aller plus loin" que Bataille, mais surtout sans chercher à savoir à partir de quoi et contre quoi il avait écrit. Reconnue ou non, l'influence de Bataille sur notre modernité ne laisse pas d'être évidente. Y aurait-il là des susceptibilités à ménager pour abriter dans l'ombre la source de cette filiation? Laisser et faire parler le Collège de Monnerot c'est donc essayer de combler des blancs dans l'histoire de notre pensée, afin qu'on ne puisse parler des textes de Bataille

---

[29] Raison de plus pour reconnaître à D. Hollier le mérite d'avoir partiellement cité ce texte essentiel dans les "Marginalia" de son *Collège de sociologie,* 579-81.

aussi innocemment que s'ils étaient des choses en souffrance d'entrer dans les morceaux choisis. Mais c'est aussi et avant tout envisager l'allant et la portée d'un itinéraire, évaluer jusqu'à nous l'enjeu d'un déplacement.

La totalite vive

Aujourd'hui Baudrillard voit dans le fascisme une terreur réactive, voire une défense somme toute légitime: "La résistance à quelque chose de pire encore", à "cette autre terreur qu'est la *confusion du réel et du rationnel* qui s'est approfondie en Occident" (Baudrillard, *Simulacres et simulation,* 72). En fondant le fascisme sur une autre confusion, celle du *réel et de l'irrationnel,* l'itinéraire de Monnerot confirme cette interprétation. Déjà en 1937 dans *Acéphale* Monnerot reconnaissait que: "Le problème de la fiction ou de la vérité ne se pose pas à propos du mythe moderne et nietzschéen de Dionysos qui, prospectif, non rétrospectif, ne se pare des couleurs d'un lointain passé que pour mieux étreindre l'avenir (Monnerot, "Dionysos philosophe", 12). Dans "Georges Sorel ou l'introduction aux mythes modernes" (1971), ce pont jeté sur la dyschronie, d'une rive à l'autre du temps, s'est fortement affermi. Il est alors supporté par une armature théorique qui pèse plus de quarante ans de réflexion, d'expérience et, peut-on penser, de ressentiment.

> Dans l'histoire humaine prise comme totalité, la distinction qui nous est propre, de l'*illusion* et de la *vérité,* est récente et localisée. De plus elle est superficielle. Elle ne concerne, pour parler comme Freud, que les couches psychologiques supérieures, celles où "le principe de réalité" est chez lui. (Monnerot, "Georges Sorel...", 14)

C'est pourquoi "la composition du mot 'mythistoire' se justifie tout à fait" (Monnerot, *Les Lois du tragique,* 109).

Il y aurait beaucoup à dire sur le freudisme stratifié de la première phrase, mais pour l'instant contentons-nous de remarquer que le "mythistoire" est, fondamentalement, le mixe dynamique de ce que l'Occident s'est toujours efforcé de tenir séparé: la fiction (et/ou le plaisir) et la réalité, l'imaginaire et le rationnel, l'inconscient et le conscient (etc....), mais aussi et parallèlement: le corps et l'âme, le concret et l'abstrait, le sensible et l'intelligible, la force et la signification (etc....), ces deux séries de couples se complétant et s'opposant terme à terme comme la Terre et le Ciel dans *Acéphale*. Histoire totale, le "mythistoire" ne semble pourtant pas correspondre à ce "concept de totalité dominant la philosophie occidentale" dans lequel Lévinas aperçoit "la face de l'être qui se montre dans la guerre".[30] Cette totalité n'est pas un totalitarisme; elle n'est pas la totalité de l'Etat moderne dont Bataille écrit qu'il a à la fois accaparé et gelé "toute force vive" (Bataille, I, 332). "Les mythes agitants du fascisme, écrit Monnerot, procèdent d'une *"Foi historique commune aux nationaux et qui les distingue des étrangers"* (Monnerot, *Sociologie de la révolution,* 570). Les mythes se nourrissent de l'énergie produite par les forces vives du social, mais ils ne s'en rassasient pas. Au contraire, loin de geler cette énergie ils en assurent la dynamique, l'entretiennent et la reproduisent. A la différence de l'Etat installé dans sa froideur monolithique, le "mythistoire", travaillé et propulsé *de l'intérieur* par un appétit insatiable de Pouvoir et d'Ordre majuscules, n'est jamais plein et jamais satisfait. Monnerot distingue strictement le fascisme des dictatures traditionnelles maintenues par la force vulgaire. Hitler n'est pas décrit comme un souverain ou un dieu autonome mais comme l'envoyé et le messager élu d'une volonté supérieure vers laquelle il a pour mission de guider le Volk. Si l'on veut définir le style et la nature de cette totalité il faut parler de *totalité vive,* pour indiquer le fait qu'à aucun moment le fascisme valorisé à l'extrême par Monnerot ne semble *sortir de différance*. Déchiré entre le désir sans objet d'une transcendance et la nécessité historique de sa permanence, le "mythistoire", sans se résoudre dans une expulsion de forces violentes, reste écartelé entre deux directions antagonistes, reproduisant ainsi, tendu entre force et présence, dépense et conservation, le "mouvement tragique de l'existence" dessiné par Bataille. Dans le texte de Monnerot le fascisme apparaît en effet comme la transposition et la réalisation de ce mouvement, autrement dit comme la *prise en vif* de la tragédie. On a là le plus bel exemple de déplacement. Car ce n'est pas seulement d'une confusion du réel et de l'irrationnel dont il s'agit, mais d'une *fécondation* du réel par l'irrationnel; le "mythistoire"

---

[30] Emmanuel Lévinas, *Totalité et infini* (La Haye: Nijhoff, 1965), x.

gardant tous les caractères d'excellence du mythe-projection-de-l'imaginaire, et le plus essentiel parmi ces caractères: celui d'être, sans faille ni retard, le lieu clos et vibrant d'une totalité.

Au terme d'une série d'expériences esthétiques et intellectuelles décevantes, *Légitime Défense, Inquisitions, Acéphale,* le Collège... Monnerot refuse de pousser plus loin le jeu de la représentation, soit de faire plus longtemps le jeu de sa clôture. Ce refus est un choix. Choix de ne plus "penser le tragique comme destin de la représentation", selon la phrase célèbre de J. Derrida (Derrida, *L'Ecriture et la différence,* 368). Choix de ne plus *penser* le tragique mais de favoriser sa venue en promouvant le "mythistoire" fasciste. Non plus destin de la représentation, ni même représentation du destin, si l'on désigne ainsi les rares tentatives proprement théâtrales d'Artaud, mais bien matérialisation et incarnation du destin, surgie dans l'histoire d'une opacité séductrice. Alors la *différance* oubliée en tant qu'énigme et vécue, expérimentée en commun comme le lot et le défaut d'une condition humaine, n'est plus productrice de texte, de questions et d'inter-rogations, elle n'est plus productrice de forces s'épuisant et s'épurant, se purifiant dans un texte, mais de violence, ou, plus exactement, de cruauté historique.

La question de la representation

Dès 1936, dans *La Poésie moderne et le sacré,* Monnerot énonce ce que nous avons pris l'habitude d'appeler, depuis vingt ans, problématique du signe ou de la représentation. "Une délivrance de tout l'être, mais paradoxalement précaire, se passe de représentation (...). La poésie a pour condition nécessaire cette possibilité donnée au sentiment de se passer de l'objet, et, à la limite, de tout" (Monnerot, *La Poésie moderne,* 19). Trois ans plus tard cette "problématique" — qui n'a alors reçu ni son titre ni sa forme — se trouve également au centre de l'article de *Cahiers d'art,* "Le Sacré", dont Bataille reconnaît lui-même: "(Ce texte) est le seul où la résolution qui m'anime apparaisse avec une certaine clarté" (Bataille, V, 505). Après avoir souligné la vacuité d'un monde où les valeurs de "Beau", de "Vrai", et de "Bien" ont été dégradées, Bataille poursuit:

> Il apparaît après coup que l'art, n'ayant plus la possibilité d'exprimer quoi que ce soit qui, lui venant du dehors, soit

incontestablement *sacré* — le romantisme ayant épuisé les possibilités de renouvellement — il apparaît après coup que l'art ne pouvait plus vivre s'il n'avait pas la force d'atteindre à *l'instant sacré* par ses seules ressources". (Bataille, I, 561)

Dire que l'art, pour *être,* ne peut plus compter que sur ses seules forces, c'est dire au moins deux choses. D'une part que dans un monde vide, vidé de référent, cet art ne peut plus être mimétique, aucun élément du réel extérieur ne pouvant valoir comme prétexte, valeur forte ou point focal à trangresser ou à valoriser. D'autre part qu'il se place, sans en avoir le choix, au ban de la société et de l'histoire pour apparaître le dernier et le plus décevant refuge d'une "négativité sans emploi". *Art sans œuvre,* chez Artaud théâtre sans texte qui se voudrait sans scène, "auto-présentation du visible et même du sensible purs" (Derrida, *L'Ecriture et la différence,* 349), dont l'unique réalité est celle de la force qui le réclame contre toute raison, tout discours et toute forme. Cette expérience du vide et du silence il faut qu'elle ait été aussi celle de Monnerot pour qu'il puisse écrire de la poésie moderne qu'elle est "prière à l'absence", "magie sans espoir", "croyance nocturne à l'efficace du désir et du sentiment" (Monnerot, *La Poésie moderne,* 17). Cet art incantatoire sans trace ou sans déchet brûle pour abolir toutes les figures de la dualité, pour conjuguer au même temps et sur le même mode les deux voies de la *différance,* réunir les deux "directions de l'être" et reconstituer "l'homme total" de Bataille. Art sans œuvre en rupture de présence, qui est aussi désir sans but ou sans objet, donc sans satisfaction possible. Désir pour le désir, dépense pour la dépense par quoi se réalise le trajet en abîme de la pulsion de mort. L'œuvre est morte deux fois. La première comme *méta-présence,* la seconde comme *catharsis.* Car ce qui demeure, inemployé et disponible, c'est la charge affective que Sa présence — l'espoir impossible ou l'attente de cette Présence —, sans la résoudre tempérait. Hétérogène à l'idée même de représentation, la réalité de l'art sans œuvre se confond désormais avec un instant souverain de plus-value existentielle, où "la force qui est dessous" est ressentie, et sa brûlure supportée, de la façon la plus obscure et la plus vive. "Etat de pureté ou de généralité existentielle ..., expérience vécue non réductible à quoi que ce soit d'intellectuel" (Monnerot, *La Poésie moderne,* 108), écrit Monnerot; et Bataille dans "le Sacré": "moment privilégié d'unité communielle, moment de communication convulsive de ce qui ordinairement est étouffé" (Bataille, I, 562).

Derrida peut bien écrire d'Artaud qu'il a voulu "en finir avec le concept *imitatif* de l'art", avec la *mimesis* (Derrida, *L'Ecriture et la différence*, 344). Mais il faut aussi tirer les conséquences de cette volonté. Vouloir en finir avec la mimesis n'est-ce pas du même coup vouloir en finir avec la *catharsis*, en libérant et déchaînant la force afin qu'elle surgisse "en plein soleil, en pleine société". Rappelée à ses origines la scène de la cruauté quitte alors le théâtre pour l'histoire elle-même. C'est ce risque d'une esthétisation du politique que Benjamin a su mesurer au Collège, dont il accuse les membres de "faire le jeu d'un pur et simple esthétisme préfascisant" en pratiquant une "surenchère métaphysique et politique de l'incommunicable préparant le terrain psychique favorable au nazisme".[31] D'ailleurs la tentation d'un tel déplacement n'est pas l'apanage du Collège. On la retrouve à la même époque chez Artaud pour qui le théâtre doit rechercher "dans l'agitation de masses importantes, mais jetées l'une contre l'autre et convulsées, un peu de cette poésie qui est dans les fêtes et dans les foules, les jours, aujourd'hui trop rares, où le peuple descend dans la rue" (Artaud, *Le Théâtre et son double*, 130).

Au cours de la décennie qui précède la guerre l'art et la violence, l'art et la mort mènent un flirt inquiétant. De façon inextricable l'art sans œuvre semble noué au contexte politique et social contrasté que nous avons décrit. Dans ce contexte où la Gesellschaft de Blum ou de Lebrun est opposée et comparée sans équité aux grands mouvements nationaux, la poussée de l'irrationnel et la poussée créatrice — cette "grande quête" dont parle aussi bien Bataille que Monnerot (Bataille, I, 559) — apparaissent simultanément et sont inséparables. Face à un pouvoir et une société qui désespèrent de leurs fondements rationnels et contractuels, cette poussée prend l'aspect apocalyptique d'une révélation et d'une recréation. Car la quête est menée afin de mettre à jour une force humiliée dont la libération verra l'avènement d'une seconde genèse. C'est en effet lorsque le réel est apathique et/ou amorphe, dans un état achevé d'indifférenciation, que l'art et le mal, la création de formes et la création de forces, viennent à se confondre. Ce que signifie le modèle de la Gesellschaft ce n'est pas

---

[31] Propos de W. Benjamin rapportés par Pierre Klossowski dans *Le Monde* (31 mai 1969). Cité par D. Hollier dans *Le Collège de sociologie*, 586.

la disparition ou la mort des grands référentiels, ni même leur oubli, mais (et à la fois) leur dérision et leur gommage. On comprend trop bien pourquoi le premier point du programme en marge d'*Acéphale* est la formation d'une "communauté créatrice de valeurs créatrices de cohésion" (Bataille, II, 273). Il s'agit bien de création et non de rétablissement ou de restauration. La nouvelle mythologie prospective suppose au moins la mort du plus ancien des mythes: celui de l'Age d'Or. En l'absence définitive de modèle, tout, la totalité reste à faire; et son histoire à inventer. Pourtant cette création ne s'effectue pas absolument ex nihilo. Simultanément nouvelle donne et nouveau donné, nous savons qu'elle exige pour terrain d'élection et élément vital un retour au chaos dans la forme moderne de la Révolution. Les ruines du vieux monde, en cela qu'elles témoignent de la violence aveugle de forces souterraines, prennent alors la valeur d'un autre réel plus réel que le réel, d'une Ur-realität comme humus propice à la poussée du mythe.

Création du monde à partir de la terre, création du pouvoir à partir de ses origines magico-religieuses, création de l'art à partir d'un "moment de communication convulsive": la volonté de néantisation et "la volonté d'être avide et puissante" semblent se conjuguer. Mouvement de création et mouvement de destruction sont enchaînés pour la plus impeccable et la plus implacable des stratégies, quand la mort tentalise le débord de vie qui veut la provoquer. Car cette création ne saurait commencer avant que la clôture éclate, sous les échos de coups trop longtemps répétés. Est-ce un viol ou un hymen? De quelque façon il sera toujours beaucoup trop tôt (ou tard) pour décider. Mais nul mieux que Bataille n'a ressenti l'importance de cet accouplement de l'art et du réel, mieux estimé le caractère fatal de ce coït suprême et monstrueux. Voici les dernières lignes du "Sacré":

> Dieu représentait la seule limite s'opposant à la volonté humaine, libre de Dieu, cette volonté est livrée nue à la passion de donner au monde une signification qui l'enivre. Celui qui crée, qui figure ou qui écrit ne peut plus admettre aucune limite à la figuration ou à l'écriture: il dispose tout à coup *seul* de toutes les convulsions humaines qui sont possibles et il ne peut pas se dérober devant cet héritage de la puissance divine — qui lui appartient. Il ne peut pas non plus chercher à savoir si cet héritage *consumera* et

> *détruira* celui qu'il *consacre*. Mais il refuse maintenant de laisser "ce qui le possède" sous le coup des jugements de commis auxquels l'art se pliait. (Bataille, I, 563)

Pour nous, après ces lignes, la question reste ouverte. D'où viendra la consécration et par conséquent quelle forme prendra-t-elle? L'auto-sacrifice du sujet sera-t-il suffisant pour briser l'homogénéité, l'état d'in-*différance*? Dans ce cas l'art sans œuvre est la dernière grande manifestation, le baroud du religieux, et les textes d'Artaud ou de Bataille, hétérogènes au commentaire critique, exigent le respect dû à l'hagiographie. Au contraire cette consécration viendra-t-elle d'une libération du sujet, de sa déification par franchissement de la clôture qui le maintient déchiré entre son vœu et son fait, le condamnant à vivre en représentation? Alors le matériau de l'œuvre n'est plus le vide, le silence ou l'absence, mais le grand corps débile d'une société à laquelle il faut inoculer de force — mais pour son bien — le sens du sublime. D'une de ces consécrations et d'une de ces religions à l'autre, on a toute la distance qui sépare le *coupable* du *séducteur*.

DEUXIEME PARTIE

SOCIOLOGIE DES FASCISMES

Juste après la guerre, Monnerot ouvre son Collège en publiant *Les faits sociaux ne sont pas des choses* (1945). Inspiré par la phénoménologie sociale allemande et la sociologie sacrée du Collège, le livre est un traité particulièrement virulent de sociologie compréhensive. Contre Durkheim et son Ecole pour qui sociologie et psychologie doivent rester sans interférences, Monnerot revendique que toute théorie, et *a fortiori* la théorie sociologique dans laquelle le chercheur est nécessairement "en situation", se fonde sur de l'affectif. Sous le nom de "clairvoyance pathique" il propose une méthode d'investigation et/ou d'intervention sociologique dans laquelle la validité de l'hypothèse apparaît directement proportionnelle à l'intensité du choc émotif dont elle résulte. C'est cette thèse du primat de l'énergie affective qui va être appliquée dans *Sociologie du communisme* pour diagnostiquer le marxisme.

En 1933, dans "Le problème de l'état", Bataille avait déjà noté que "l'admirable confiance de Marx" se justifiait "affectivement et non scientifiquement" (Bataille, I, 334). Il semble que Monnerot fasse écho en s'efforçant de démontrer que la théorie marxiste est "une offre intellectuelle répondant à une demande affective" (Monnerot, *Les Faits sociaux*, 234-36), de même que le pouvoir qui la réalise est une religion se donnant pour une science, ou, en termes hétérologiques, de l'hétérogène camouflé en homogène pour des raisons d'ordre stratégique (Monnerot, *Sociologie du communisme*, 2ème éd., 234-36). Dans cette perspective le communisme constitue l'aboutissement logique et le résultat énergétique du vaste courant de rationalisation né en France au XVIIIème siècle. En particulier il est l'œuvre, la construction patiente de ceux qui, à cette époque, se sont acharnés à désacraliser le pouvoir pour en faire l'exercice rationnel d'une fonction, les intellectuels. Le texte de Marx étant, dans son ensemble, la conséquence d'un refoulement, d'une censure et d'un déplacement, l'analyse de Monnerot se présente comme une symptomatologie. Les carences théoriques, les failles historiques du marxisme ont la valeur de véritables lapsus. D'une part ils indiquent la présence du symptôme et par là même la prégnance de l'affectif, d'autre part ils réclament une interprétation, c'est-à-dire une lecture corrective livrant leur vérité. Pour Monnerot il s'agit de montrer que tout pouvoir, quel que soit son travestissement théorique, repose sur une force de nature affective appariée au sacré. Ainsi le communisme qui se donne pour radicalement scientifique, profane, homogène, est en réalité une autre religion, immanente et séculière, un "Islam" écrit Monnerot dans *Sociologie du communisme* (72-143), dont les dieux nommés Raison, Progrès, Histoire, réclament et justifient d'autres sacrifices. La conclusion, plutôt imposée que proposée par le livre, est alors la suivante: censurer la nature sacrée du pouvoir, soit en déplaçant le caractère magico-religieux de son origine, comme dans le communisme, soit en prétendant carrément l'exorciser, comme dans les démocraties occidentales, aboutit nécessairement à une catastrophe énergétique. Dans le premier cas l'avènement d'un système totalitaire clos et figé, une religion séculière étayée par un dogmatisme tentaculaire et, dans le second, la réalisation, par hyperhomogénéisation, d'un système régulé où les individus, réduits à leur fonction et à leur valeur d'échange, circulent à l'instar de marchandises.

Le "bon" pouvoir suggéré par *Sociologie du communisme* prendra un an plus tard, dans *La Guerre en question*, la forme d'un "ordre à l'échelle de la terre" (Monnerot, *La Guerre en question*, 233-59) destiné à contrer l'impérialisme marxiste. Puis, pendant presque vingt ans Monnerot ne publie rien. Ce n'est qu'en 1968 (peu avant les événements de mai) que paraît *Sociologie de la révolution*. La dernière partie du livre: "Sociologie des fascismes" (489-664), est à tous égards fracassante. Reprenant les analyses du sacré et du pouvoir menées au Collège, versant plus ou moins à son compte le couple homogène-hétérogène, citant "La Structure psychologique du fascisme" de Bataille à l'appui de sa démonstration, Monnerot, en deux cents pages, donne au fascisme la forme éminemment positive d'une apothéose éphémère.

Malgré un écart de vingt ans les grandes articulations de *Sociologie des fascismes* restent celles de *Sociologie du communisme*. Le livre est construit autour de deux idées centrales, celles du refoulement-censure, œuvre de l'homme du ressentiment et de la représentation, l'intellectuel, et celle de la production-exploitation de l'affectif. Cette seconde idée est elle-même rattachée à deux formes de travail complémentaires. Un travail brut ou passif d'une part, une production immanente d'énergie en provenance de la terre qui permet d'établir un rapport de l'homme à la nature que Monnerot qualifie d'héraclitéen. D'autre part un travail actif qui est maîtrise et exploitation de cette énergie — au sens technicien de ces termes — en vue de sa récupération et de son adaptation politique et sociale. Modernisée, c'est la vieille dialectique moteur/machine d'*Inquisitions* qui décide maintenant du double recours que fait Monnerot à Sorel et à Lebon, tous deux virtuoses en matière d'énergie collective, mais aussi à Pareto dont la théorie des résidus et des agrégats lui fournit les éléments de sa très actuelle "doxanalyse" (1979), sorte de sémiologie pratique, instrument anti-censure idéal propre à révéler les lignes de faiblesse des démocraties. En particulier la "doxanalyse" fonctionne de façon terriblement efficace dans ce véritable traité du "Bon usage de la force en société homogène" que forment les deux tomes d'*Intelligence de la politique* (t. 1, *L'Anti-providence*, 1977; t. 2, *Pareto-Freud*, 1979).

Tout se tient. La haine de l'intellectuel, et donc, plus ou moins nécessairement à cette époque, la haine de l'artiste, avec le dégoût de l'esthétique qu'elle implique, est liée directement au refoulement-censure, alors que le privilège accordé au pragmatisme d'une certaine science ressortit aux possibilités de réalisation du mythe. On voit comment *Sociologie des fascismes* prolonge les préoccupations de l'époque du Collège pour constituer, à point nommé, un *faisceau*, dont chaque ligne est représentée par un texte antérieur de Monnerot. Dans la trame de ce faisceau on retrouve bien sûr les grandes catégories sociopsychologiques des *Faits sociaux,* les modèles de Gesellschaft, Gemeinschaft et Bund, et le couple hétérogène-homogène, mais on retrouve aussi les aspirations esthétiques de la période surréaliste qui apparaissaient dans *La Poésie moderne et le sacré,* ou même dans les *Fictions*,[1] comme par exemple l'image du jaillissement ou du geyser affectif.

Mais si *La Sociologie des fascismes* est le résultat d'un *déplacement*, de l'esthétique au politique, ou à l'"esthésique", elle est aussi, et de façon plus inquiétante, celui d'un *changement de signe*. Ce texte illustre en effet le passage du pôle négatif de la répulsion au pôle positif de l'attraction, décrit par Caillois comme spécifique de la dialectique du sacré (Caillois, *L'homme et le sacré*, 41-44).

En 1948, dans *Sociologie du communisme*, le fascisme est critiqué sinon aussi longuement, du moins aussi violemment que le communisme. Il est critiqué en tant que "monarchie de l'inconscient" et "souveraineté d'ordre irruptif". En particulier, comme le communisme, le fascisme "souffre éminemment du vice caractéristique des religions séculières: l'absence de transcendance" (Monnerot, *Sociologie du communisme*, 2ème éd., 344-45). Cependant dès cette époque Monnerot insiste sur une différence considérable, une différence de *nature* entre ces deux "religions". Alors que le communisme repose sur un rationalisme, un rationalisme certes erroné et pervers mais dont il tient par dessus tout à conserver les apparences, le fascisme, lui, est exactement ce pour quoi il se donne, à savoir une promotion de l'irrationnel. C'est à partir de cette découverte de l'irrationnel, qui se fait non plus à travers l'étude des tableaux de Chirico mais en prise directe sur l'histoire, que le changement de signe peut s'opérer sans qu'on puisse l'assimiler et le réduire à un retournement de veste. Mis en présence d'un phénomène hétérogène, le fascisme, Monnerot réagit conformément aux théories du sacré développées au Collège et passe de la répulsion à l'attraction sans qu'*aucune raison* puisse rendre compte de ce passage. D'ailleurs toute critique est désamorcée puisque Monnerot prévient que:

> Nous sommes là (avec le fascisme) dans *le monde du penser alogique, du penser "antérieur"* ... où l'exclusion réciproque des catégories de l'identité et de la contrariété n'existe pas ... comme nous le voyons dans la formation des rêves et des mythes, dans le processus de la création littéraire. (Monnerot, *Intelligence de la politique*, t. 1, 184)

---

[1] J. Monnerot, *On Meurt les yeux ouverts*, précédé de *L'Heure de Fallandra* et suivi de *La Nuit ne finira pas*, *Fictions* (Paris: Gallimard, 1946).

Du point de vue de l'efficace cette élasticité des catégories hétérogènes représente une véritable aubaine. Excédant toute forme de connaissance, et donc de morale, ce laxisme logique où le sujet séduit s'abolit en tant que sujet, autorise et corrobore cette totalité de la violence qui commence aussi là où finit l'impérialisme, "la guerre seconde" du *logos* (Derrida, *L'Ecriture et la différence,* 191). Dans ce monde "alogique", le mythe, défini comme "Expression des convictions d'un groupe en langage de mouvement" (Monnerot, "G. Sorel", *Inquisitions,* 31), apparaît invincible et indestructible. Echappant à "l'alternative du vrai et du faux" — par le mouvement précisément — il se passe de validation; ou, plus exactement, il s'autovalide, d'emblée, de fait, selon le potentiel de sa propre force que ne peuvent entamer les arguments fragiles d'une réfutation. Ce que Monnerot semble vouloir dévoiler au cours de cette conversion, c'est le "secret des grands politiques" dont parle Baudrillard: que le pouvoir est "effet de nostalgie" et que "son sang frais lui vient du désir" (Baudrillard, *Oublier Foucault,* 83). Comme il l'avait compris de l'art, Monnerot comprend maintenant du pouvoir qu'il n'est pas affaire de contrat ou de substance, de représentation, mais de *séduction:* de force ou d'énergie affective passant comme "la charge" ou la "valeur hétérogène" de Bataille, "d'un objet à l'autre d'une façon plus ou moins arbitraire" (Bataille, I, 347). Enfin, ce qui donne à ce changement de signe sa véritable portée, c'est qu'il a lieu à froid, c'est-à-dire après guerre. Condamné sans appel dans *Sociologie du communisme,* le fascisme exerce sur Monnerot une fascination posthume. Si bien que ce n'est plus contre la société française des années 30 que s'érige le "mythistoire", mais contre notre société actuelle.

LE PROCESSUS DE CREATION ET DE FONDATION DU POUVOIR

Les renards et les lions

Phénomène de séduction, le fascisme suppose la perte de la force sacrée et, conséquence obligée de cette perte, la nostalgie et le désir de cette force, son manque, au sens toxicomaniaque du mot. Monnerot donne à ce manque deux causes d'ordre différent: une cause d'ordre politique, correspondant à ce que Pareto diagnostique comme trouble de la circulation des élites, et une cause d'ordre crypto-politique, qui est l'opacité même, la réalité historico-affective de la situation où apparaît ce trouble.

Analysant la classe dirigeante allemande à l'époque qui précède l'avènement du fascisme, Monnerot-Pareto dégage deux types. Le type *renard* caractérisé par "la prédominance des combinaisons", et le type *lion* caractérisé par "la persistance des agrégats". De ces deux métaphores suggestives, la première renvoie à la bourgeoisie marchande dont l'intérêt privé est responsable de l'affaiblissement du pouvoir politique et du relâchement du lien social. Le type renard est en effet lié à la Gesellschaft, à la société homogène rationaliste et profane. A l'inverse, la seconde désigne les détenteurs des "valeurs stables" caractérisant les ordres militaires, comme le respect de la virilité martiale et le culte de la force nue (Monnerot, *Sociologie de la révolution*, 492-97). Le type lion se situe donc résolument du côté des sociétés d'hommes établies en vue de la guerre, c'est-à-dire du côté du *Bund*, où il attend sa chance de créer le *mythe*.

Après la guerre de 1914 les renards — que Monnerot appelle également les "combinards" — ont accaparé le pouvoir au détriment des lions. Pour la plupart les hommes qui ont signé le traité de Versailles sont des politiciens de métier qui n'ont pas fait la guerre, qui ne l'ont pas expérimentée en éprouvant leurs forces dans l'action. Or la situation à laquelle ils doivent faire face ne correspond ni à leur formation ou à leur culture ni, et surtout, à la forme de leur sensibilité. La profondeur des troubles politiques et sociaux qui traversent alors l'Allemagne réclame d'autres qualités que l'art de manier la rhétorique politicienne. Cette situation réclame non plus des qualités de renards, mais des qualités de lions; en particulier un ensemble de "réflexes appris" qui est le fait, précise Monnerot, non de ceux qui sortent de "l'Ecole de Guerre", mais de ceux qui sortent de "l'école de la guerre". Le fait, ou le *mana*, de "Kampfnaturen" pour qui la proximité de la violence et de la mort constitue effectivement une sorte de seconde nature (Monnerot, *Sociologie de la révolution*, 496). Il y a donc écart, distorsion maximum, entre la réalité de la situation et les qualités de ceux qui sont censés la dominer. Dépassés ou débordés par cette situation, confrontés à un fragment d'histoire hétérogène aux ruses de leur raison, les renards sont pris à leur tour à ce "piège historique" écrit Monnerot: ils demeurent renards quand la situation exige d'être lion. Ils sont soumis à un "examen sauvage" qui ne respecte aucune convention et dans lequel "l'examinateur est la situation". Il s'agit d'une sélection naturelle. A la sortie de l'examen le pouvoir passe, ou plutôt revient, à qui de droit: aux lions, qui "comprennent" (verstehen) la situation et entretiennent avec elle un rapport non plus représentatif, contractuel et/ou intellectuel, mais directement sympathique, au sens magique du mot. A situation hétérogène, personnel hétérogène, tel est le but de la démonstration. Aux politiciens compromis, empêtrés dans leurs sophismes, vont être préférés spontanément les hommes de sac et de corde "sélectionnés et entraînés par la guerre" qui formeront une "nouvelle élite violente" (Monnerot, *Sociologie de la révolution,* 492 et suivantes).

Le processus de circulation des élites obéit au partage établi par Monnerot entre deux formes de culture antagonistes. Une culture au sens moderne d'apprentissage, accumulation de savoir, de connaissances déterminant des compétences dont l'exercice présuppose une certaine docilité de l'histoire. Une culture au sens étymologique et nietzschéen, qui est *culture profonde,* labourage, tatouage des corps en pleine chair, et *culture-réflexe,* constitution d'un réseau de marques, de traces, formant une mémoire charnelle toujours à la merci d'une réactivation. Ces deux valeurs (et/ou valences) de la culture, recouvrent les deux sens et les deux directions du verbe *differre:* conservation-dépense. Une culture *homogène* de renard qui est calcul, retard, représentation et réduction intellectuelles de la situation vécue. Une culture *hétérogène* de lion qui est résonance et concordance affectives à l'unisson de cette situation, dépense immédiate, production immanente d'un mouvement d'ensemble social au rythme et selon les voies qu'elle exige.

L'ECLATEMENT DE LA STRUCTURE

Cependant cette alternance de personnel ne rend pas compte du fascisme en tant que phénomène. Ce passage des démagogues aux chefs de corps francs et aux hommes de commandos n'est que le résultat ou l'épiphénomène d'un processus beaucoup plus complexe qu'il ne recouvre pas. Monnerot y insiste:

> Le fascisme c'est non seulement un changement de qualités dans la classe dirigeante ... mais encore un processus de reconstitution du pouvoir sous sa forme pleine, qui fait partie de la réaction globale d'une société nationale ou d'une unité politique mise en question par les événements. (Monnerot, *Sociologie de la révolution*, 498)

A l'origine de la fondation de pouvoir, et condition sine qua non de cette fondation, il y a le choc, le "trauma historique" qui va créer la "situation de détresse", équivalent de la fête dans son analogie avec la guerre que nous avons vue chez Caillois. Mais ce retour éternel à l'origine ou au chaos n'est lui-même pas si simple, si immédiatement magique. Il n'est que le troisième temps, si l'on veut l'*Aufhebung*, d'une triple réaction en chaîne.

A la différence du mythe qui est compacité opaque car indécomposable, Monnerot définit la Gesellschaft comme une *structure* dont la stabilité et le fonctionnement requièrent que chaque élément demeure à sa place assignée, prescrite par les règles du contrat. Le premier effet du "trauma historique" est de bouleverser cette structure.

> Quand les troubles sociaux dépassent un certain seuil, en tant que la société est une structure (définition: correspondance relative des positions des éléments), cette structure s'altère, c'est-à-dire que les éléments deviennent mobiles, se déplacent, ils ne retrouvent plus la place qu'ils se connaissent. Comme la structure réside dans la position respective des éléments les uns par rapport aux autres, elle se défait. (Monnerot, *Sociologie de la révolution*, 499)

Il est significatif que Caillois dans *L'Homme et le sacré* ait envisagé également la société profane, la société en temps de paix, comme la disposition harmonieuse d'éléments agencés linéairement dans le temps et l'espace; la fête, à l'instar du "trauma historique", survenant pour briser cette harmonie paisible.

> Celui-ci (le monde profane) se comporte comme un cosmos régulier régi par un ordre universel et fonctionnant selon un rythme régulier. La mesure, la règle le maintiennent. La loi est que toute chose se trouve à *sa* place, que tout événement arrive en son temps. (Caillois, *L'Homme et le sacré*, 128)

Mais pourquoi et comment la fête ou le "trauma historique" font-ils éclater réellement, physiquement et non symboliquement, la structure? Car ce n'est pas la guerre ou la révolution en tant que chocs ou cataclysmes naturels qui provoquent cette dissolution — de même que la cruauté chez Artaud n'est pas "synonyme de sang versé" de chair martyr, d'ennemi crucifié".[2] Société rationnelle, contractuelle ou abstraite, la société homogène ne peut être vaincue dans ce qu'elle n'a pas, un corps ou une matière. C'est pourquoi elle sera attaquée dans sa seule réalité, celle de son texte, où se lie l'ordre de ses représentations ou de ses simulacres. Si le "trauma historique" a cet effet proprement catastrophique, c'est qu'il est le détonateur de la saute brusque d'un langage — d'une écriture et d'une culture — à un autre, où va être révélé et, par là même, libéré, ce que Monnerot appelle "un inconscient collectif, génétique et antéhistorique". Dans la "situation de détresse" où il apparaît que les faits sociaux ne peuvent plus être traités comme des choses, il apparaît aussi que les mots et les choses ne correspondent plus. Les faits ne peuvent pas plus être expliqués et maîtrisés que les choses répertoriées, étiquetées, organisées comme autant de concepts. L'effet central du choc c'est, suivant l'expression d'Artaud, de *stupéfier* la langue, de provoquer un analphabétisme généralisé en réactivant les hiéroglyphes affectifs de la mémoire profonde. Tout est joué dans le temps d'un passage essentiel. Passage de la culture qu'on *a* à la culture qu'on *est,* à la culture réflexe de cet "homme primitif" qui est selon Monnerot, "l'homme rendu soudain primitif, primitivisé par les coups de révélateur des grands traumatismes affectifs" (Monnerot, "G. Sorel", *Inquisitions,* 16). C'est très exactement lors de ce passage, et à son niveau, que le fascisme est "mythistoire"; qu'il est, comme le mythe, "rassemblement d'images motrices et poème antérieur à l'écriture" (Monnerot, "G. Sorel", *Inquisitions,* 22). Poème antérieur mais aussi infiniment supérieur au texte écrit, celui-ci pauvre texte, pauvre structure fragile privée de souffle comme d'assise charnelle et de supplément d'âme. Poème non plus sur-réaliste, mais, dans une unité compacte, à la fois crypto- et hyper-réaliste. Le "trauma historique" n'est peut-être rien d'autre qu'un banal trauma, un trauma affectif, à cette différence près cependant, qu'il ne se résout pas sur le divan

---

[2] Antonin Artaud, *Le Théâtre et son double* (collection Idées) (Paris: Gallimard, 1964), 154.

mais s'exprime et s'expulse directement en actes. *Acting out*. Après avoir souligné que le "concept opératoire" de mythe s'était imposé à Sorel alors qu'il se préoccupait de la relation entre la pensée et les actes, Monnerot poursuit:

> La réalité centrale du mythe, il faut la chercher premièrement dans ce qu'il révèle d'un aller-retour de l'image à l'idée et de l'idée à l'image, plus rapide qu'une formulation; deuxièmement, dans la facilité maxima du passage de la représentation à l'action ... Les mythes sont des représentations agitantes ayant fortement tendance à se prolonger en actes. (Monnerot, "G. Sorel", *Inquisitions*, 14)

"OEDIPE CONNAIS PAS"

Le fascisme est "mythistoire", non pas mythe *et* histoire. La mémoire et l'acte, le réseau de traces et sa projection matérialisée ne sont pas dissociables. Cette mémoire forme une "pensée d'avant la pensée", un "penser antérieur" que recouvre à peine, telle une pellicule ou un vernis assez mince, un "penser ultérieur", écrit Monnerot. Ce "penser ultérieur" n'est d'ailleurs pas autonome. Ce que nous appelons pensée, comme intériorisation et individualisation du langage, n'est que la traduction édulcorée, retardée et timide, différée, des forces qu'elle s'efforce en vain de maîtriser mais qui en fait la surdéterminent.

> Il y a un penser mythique comme il y a une pensée abstraite, celui-là est d'ailleurs matière première de celle-ci. (Monnerot, "G. Sorel", *Inquisitions*, 19)

> L'antérieur conditionne l'ultérieur, et ceci ne serait rien sans cela. La zone antérieure est la zone nourricière. (Monnerot, *Intelligence de la politique*, t. 2, 51)

Si l'on veut se représenter avec plus de précision ce "penser antérieur" ou mythique, il suffit de revenir, plus près de nous, à la conception de l'écriture chez Deleuze. Inspirée de Nietzsche, l'écriture deleuzienne est en effet labour cruel, écriture charnelle fondatrice d'une mémoire profonde. A l'égard de cette écriture le texte, le logos sous toutes ses formes, opérerait selon les deux grands modes de la censure que sont le refoulement énergétique et le déplacement symbolique.

> Si l'on veut appeler "écriture" cette inscription en pleine chair alors il faut dire en effet que la parole suppose l'écriture, et que c'est ce système cruel de signes inscrits qui rend l'homme capable de langage, et lui donne une mémoire des paroles. (Deleuze, *L'Anti-Oedipe*, 170)

> C'est l'investissement libidinal inconscient qui nous détermine à chercher nos intérêts d'un côté plutôt que d'un autre ... les intérêts et les buts apparents sont seulement les exposants préconscients d'un corps plein social. (Deleuze, *L'Anti-Oedipe*, 413)

Parée de la rhétorique freudo-marxiste d'après 68, on retrouve là la thèse centrale de *Sociologie du communisme* selon laquelle toute idéologie serait "une offre intellectuelle répondant à une demande affective".

Il y a une parenté aussi flagrante que troublante entre le freudisme de Monnerot et celui de Deleuze. Tous deux utilisent Freud alors qu'ils le condamnent. Ils l'utilisent pour ce qu'il a, quand même, découvert l'inconscient, mais ils le condamnent pour avoir d'un même geste recouvert cet inconscient en le théorisant, et en particulier en l'insérant de force dans l'espace oedipien. Pour Monnerot comme pour Deleuze la familiarisation de l'inconscient équivaut à sa désocialisation, à sa privatisation organisée ou contractualisée, autrement dit à sa désacralisation ou à sa censure. A la place de la force on a placé l'image d'un "désir fictif", "les rêves et les fantasmes de l'homme privé. Homo familias", de sorte que "la production désirante (écrit encore Deleuze) se trouve détournée dans des représentations supposées inconscientes" (Deleuze, *L'Anti-Oedipe*, 352). En écho, Monnerot fait remarquer que l'ensemble de la théorie freudienne peut être ramenée à un formidable "mécanisme de projection (où) la toute-puissance psychique ... est projetée au dehors du sujet" (Monnerot, *Intelligence de la politique*, t. 2, 289). Autre coïncidence quand Deleuze parle de l'Oedipe en termes de "représentation subjective abstraite", alors que Monnerot tient à l'interpréter comme "le mégafantasme", obtenu par "introspection ou auto-analyse", de l'individu Freud; en conséquence de quoi, poursuit-il, "le concept opératoire de complexe d'Oedipe ne saurait recevoir une fonction explicative universelle" (Monnerot, *Intelligence de la politique*, t. 2, 289). Paraphrasant Deleuze, on dira que "défaire" ou "cureter" le discours de la psychologie freudienne ou celui de la sociologie durkheimienne pour en tirer une "schyzo-analyse" ou une "sociologie sacrée", c'est, de façon solidaire, briser l'ordre des représentations en vue de libérer l'énergie dont elles viennent mais qu'elles cachent; c'est révéler la puissance du "moteur" ou "le flux germinal intensif", qui sont pour Deleuze "les *représentants réels*, c'est-à-dire *irreprésentables* du désir et (sur lesquels) porte le refoulement" (Deleuze, *L'Anti-Oedipe*, 191). Face au dogme freudien, Monnerot et Deleuze ont une réaction et une attitude jumelles. Dans le jeu triangulaire de représentations où le sujet est à la fois contraint et sommé de réprimer "cela qui le possède", tous deux décèlent le dernier avatar, mais aussi la forme la plus achevée de la catharsis. Ils subodorent tous deux, comme l'écrit Monnerot, "cette tendance à la destruction du sacré par l'action de l'intelligence qui caractérise Freud et le place, avec Marx, dans la lignée des philosophes des lumières décidés à venir à bout de la 'superstition'" (Monnerot, *Intelligence de la politique*, t. 2, 300). Opposés à ces deux grands rationalistes, Monnerot et Deleuze apparaissent effectivement des philosophes des ténèbres — ou, pour reprendre un titre de Monnerot dans *La Poésie moderne*, des "rôdeurs des confins" (Monnerot, *La Poésie*, 134) — De la source profonde d'où provient l'énergie à la scène historique dressée par sa dépense, il n'y a pas d'interruption. Qu'il s'agisse du "fil souterrain de la libido" (Deleuze) ou des "quanta d'énergie pulsionnelle" (Monnerot) on passe sans écart, et aussi sans retard, de la terre à la guerre. Comme quoi Monnerot peut affirmer que:

> La conception du monde professée par le XVIIIème siècle apparaît erronée. Il n'y a pas d'une part l'homme, et d'autre part des forces *extérieures* à l'homme ... les forces "extérieures", "cosmiques", "naturelles", sont aussi en nous. Nous ne sommes pas fermés. L'antérieur fait corps avec le dynamisme psychique. (Monnerot, *Les lois du tragique*, 51)

Il n'y a pas trois instances mais deux, et sans intermédiaire. Le flux des machines désirantes branchées directement sur la "mégamachine" se moque comme d'une guigne de ce "fantoche de surmoi" et sa clique d'interdits. Encore une fois: "la production ... fait appel à des forces qui ne se laissent pas contenir dans la représentation" (Deleuze, *L'Anti-Oedipe*, 356). A quoi il faut ajouter, pour compléter Deleuze, que la production fait appel à des forces qui ne se laissent pas censurer ou projeter, réduire à un inconscient lacanien "structuré comme un langage". Car l'instance censurante n'est pas liée à un certain langage, qui serait celui spécifique de la censure. Il n'y a pas deux langages mais un: le langage en tant que forme originelle et matricielle de la censure. Le langage en tant que *différance* ou mise, mouvement d'indécidabilité et de ré-flexion par quoi sont maintenus disjoints les éléments de la totalité et interdit le mythe. Monnerot ne s'y est pas trompé pour voir dans la rhétorique une "redistribution énergétique", une "réflexion sur ce qui était d'abord spontané", le simulacre refroidi de ces "modes fondamentaux" que sont les tropes à leur naissance (Monnerot, *Intelligence de la politique,* t. 2, 31). Et en effet qu'est-ce que le langage sinon une traduction, un retard infidèle à la restitution de l'origine comme plénitude de la Terre et de La-Vie. Qu'est-ce que la représentation sinon ce que Deleuze appelle à la lettre, en parlant de l'Oedipe, une "opération défigurante et dénaturante menant à l'impasse du social" (Deleuze, *L'Anti-Oedipe,* 352). Souvenons-nous d'Artaud: "Briser le langage pour toucher la vie, c'est faire ou refaire le théâtre" (Artaud, *Le Théâtre et son double,* 17). Or ici c'est aussi avant tout faire l'histoire, c'est-à-dire relancer le social en abolissant l'espace-temps du langage, en comblant à coup de libido l'écart et le retard qui distendent le vif de son représenté. C'est pourquoi, comme le "révolutionnaire" de Deleuze, le fasciste de Monnerot est le premier à pouvoir dire en droit: "Oedipe connais pas!" (Deleuze, *L'Anti-Oedipe,* 115).

MYTHE ET RECONCILIATION

L'espace du mythe, et a fortiori celui du fascisme en tant que "mythistoire", sera donc celui d'une *réconciliation* entre force et sens, plaisir et réalité.

> Le mythe prétend concilier dans l'unité d'une sorte de "cinquième acte" le "principe de plaisir" et le "principe de réalité". Les anticipations du mythe homogénéisent "en psychisme" pour le sujet, la pensée et la réalité. Les mythes sont en quelque sorte l'organe du façonnement par l'homme du monde et de l'histoire..., l'expérience imaginaire qui supprime subjectivement l'hiatus et la distance de la re-

> présentation au réel qu'elle représente, est le moyen par lequel l'homme fait le saut de l'une à l'autre. (Monnerot, "G. Sorel", *Inquisitions*, 29)

Cette réconciliation par aphasie soudaine et levée de la censure n'est pas individuelle ou privée, elle est au contraire largement sociale. Le trauma "donne le branle aux zones de l'affectivité qui relient, non à celles qui isolent et singularisent" (Monnerot, "G. Sorel", *Inquisitions*, 15) écrit Monnerot; et Deleuze indique le même mouvement de socialisation affective quand il parle d'un "inconscient non figuratif, non symbolique ... flux-schizes ou réel-désir pris *en-dessous des conditions minima* d'identité" (Deleuze, *L'Anti-Oedipe*, 421). La perte de l'identité individuelle et la recouvrance d'une macro-identité profonde, est l'élément essentiel du phénomène fasciste. Dans la "situation de détresse", avec les structures sociales de l'ensemble homogène, ce sont les structures langagières identificatoires de ses habitants qui s'effondrent. Les lignes du contrat étant brouillées et bientôt bouleversées, devenues illisibles autant qu'insignifiantes, "l'homme homogène" est privé du référent unique qui le définissait et le déterminait en tant que fonction. Le saccage du texte contractuel, où apparaît le peu de poids du dirigeant "renard", équivaut pour le "common man" ou l'"habitant de l'alvéole" — expressions que Monnerot donne pour synonymes d'"homme homogène" (Monnerot, *Intelligence de la politique*, t. 1, 191-200) —, à la perte réelle de son identité. Le brassage des masses remarqué par Bataille et repris par Monnerot comme caractère distinctif du fascisme, n'est possible que parce que le langage ne fonctionne plus comme repère, c'est-à-dire à la fois comme *code* et comme *censure*. Le langage n'assure plus sa fonction de code social, il n'est plus formateur de subjectivités ponctuelles guidées par l'intérêt de leur conservation. Tous se ressemblent parce que tous parlent la même langue antérieure à leur naissance, à leur apprentissage, à leur histoire respective. C'est ce qui explique le phénomène d'"épidémie psychologique", le fait que le mythe soit "puissamment contagieux".

> Les hommes qui sont plongés dans une situation fondamentale vécue en commun ... se ressemblent; il y a un processus d'assimilation de chacun à chacun (on pourrait dire de socialisation et de nationalisation de l'individu). (Monnerot, *Sociologie de la révolution*, 568)

Du même coup le langage ne fonctionne plus comme code moral. Les éléments hétérogènes traditionnellement censurés ou exclus de la société ne le sont plus. Imprégnés d'une culture profonde dont ils incarnent le crypto-langage, ces acteurs des grands fonds remontent à la surface où ils exercent une véritable séduction, soumettant l'homogène à ce que Monnerot appelle une "hétérogénéisation relative". Il y a d'ailleurs un rapport intime entre l'a-culture, la biffure impérative du langage et du savoir, et l'impact de la séduction; à tel point que l'une et l'autre apparaissent directement proportionnels. C'est ainsi que Monnerot explique le recrutement massivement populaire du fascisme: "Plus l'homme affectif est en cause, plus nous sommes dans le royaume des mythes, plus les couches sociales populaires où l'affectivité prédomine ont d'importance" (Monnerot, "G. Sorel", *Inquisitions,* 14). Mais intervient aussi un phénomène d'un autre ordre. Il ne suffit pas d'être prolétaire, ou même sous-prolétaire pour être hétérogène; le seul fait d'occuper une position humiliée n'est pas le critère de l'hétérogénéité. En fait l'hétérogénéité apparaît chez Monnerot davantage psychologique que sociologique; ou plutôt elle est psychique *avant* d'être sociale. Elle ressort de dispositions affectives particulières liées elles-mêmes à une "structure de l'inconscient" unique, irréductible, propre à tel être, et qui fait que cet être "s'impose" et "loge quelque chose venant de soi comme une balle dans le psychisme d'autrui" (Monnerot, *Les Faits sociaux,* 128). On retrouve une idée familière à Bataille. Cependant, malgré cette proximité théorique, il faut bien voir que le personnel hétérogène a sensiblement changé depuis le Collège. Il ne s'agit plus du fou, de la prostituée ou du forçat, mais d'"un ramassis de souteneurs, de meurtriers, d'homosexuels, d'alcooliques et de maîtres chanteurs (qui) se précipite dans les rangs du parti comme vers un havre naturel" (Monnerot, *Sociologie de la révolution,* 526), drainant à sa suite les classes moyennes et populaires magnétisées par la violence. En tant que phénomène le fascisme est immédiatement lié à ce double effondrement symbolique et social de l'ensemble homogène, qu'il semble suivre, mais qu'aussi bien il provoque et entretient. D'où cette fresque apocalyptique de Monnerot en guise de bilan:

> Comme le mot de fascisme qui évoque l'idée de convergence et d'union le montre, le brassage social et le caractère populaire sont inhérents au phénomène ... Le devant de la scène historique est donc envahi par les "élites violentes". Cela

se fait par infiltration ... Il ne s'agit pas d'enfants de chœur, le flot des démobilisés charrie tout: les classes dangereuses, les éléments troubles se mêlent aux autres: bien des barrières ont cédé, le grand brassage de la situation de détresse mêle étroitement des espèces d'hommes qui en période normale auraient vécu dans des mondes différents. (Monnerot, *Sociologie de la révolution*, 526-28)

LE PHENOMENE D'INCARNATION

Le "trauma historique" défonce les structures homogènes en libérant les flux d'énergie qui vont agréger le groupe en fusion: nous sommes toujours au niveau de la *composante religieuse* du pouvoir, dans la mouvance de ce que Bataille appelle le "mouvement social immédiat" ou "mouvement d'ensemble communiel". Il reste à comprendre comment est possible le gel de ce mouvement, soit, d'une part, comment intervient la *composante militaire*, et, d'autre part, pourquoi elle fonctionne si efficacement. Epidémie de désir, intoxication de force et de violence, la "situation de détresse" constitue l'élément du fascisme, son terreau et son fumier, mais elle ne rend pas compte d'un bout à l'autre du procesus de fondation de pouvoir. En outre elle ne permet pas d'expliquer pourquoi l'absence du pouvoir laissé vacant par les "renards" peut être ressentie comme une perte vitale, comme un manque par l'ensemble de la population. La "situation de détresse" ne dit rien non plus quant au report d'énergie qui voit les couches sociales homogènes (ou "ex-homogènes") s'agglomérer et se concentrer autour de la personne du chef. En étudiant le phénomène de fondation de pouvoir en deux temps, qu'il sépare pour les besoins de la démonstration, on peut dire que Monnerot innove; car le passage du premier de ces temps au second n'a jamais été vraiment réfléchi par Bataille qui se contente, le plus souvent, de commenter les exemples que l'histoire lui propose. De même chez Deleuze, le passage de la "machine territoriale primitive" à "la formation barbare despotique" (Deleuze, *L'Anti-Oedipe*, 227 et suivantes) reste de l'ordre de la description et de la constatation. C'est pourquoi l'analyse détaillée de Monnerot, par les présupposés qu'elle engage sans vergogne, apparaît suffisamment révélatrice.

La clé du succès militaire est à chercher directement dans la personne du chef. Monnerot le redit après Bataille, il n'y a pas de pouvoir plein sans *incarnation*. "Le processus de formation de pouvoir n'est achevé que par l'apparition d'une personne. La caractéristique propre, spécifique, différentielle du fascisme, c'est la *nature de cette personne*" (Monnerot, *Sociologie de la révolution*, 529). Cette "nature", à la fois sociale et psychique, constitue l'hétérogénéité radicale du chef. Socialement cet homme doit être un "paria", un "outcast" (Monnerot, *Sociologie de la révolution*, 530), quelqu'un qui n'a sa place dans aucune des alvéoles organisées et mises en place par le contrat. Ainsi Mussolini et Hitler à leurs débuts dépassent la mesure homogène *par en bas*. Par leur indifférence à l'égard des textes, ils contestent la loi du genre et de la hiérarchie. Sans origine et sans histoire, sans biographie ni état civil, rebelles aux honneurs et aux grades, ayant échappé aux études comme à la profession, leur existence sociale se définit en creux et manifeste un mystère dont la profondeur même défie le commentaire.

> Mussolini ... instituteur révoqué, insoumis, à qui il est arrivé d'être sans travail et sans passeport est rénégat par rapport au socialisme. Hitler qui n'est même pas né dans le Reich, qui n'a pas fait d'études régulières, qui n'a pas de profession civile, qui en quatre ans de guerre n'a pas dépassé le grade de caporal, n'a, lorsqu'il fait irruption dans l'histoire, ni femme, ni ami, ni lien social d'aucune sorte. (Monnerot, *Sociologie de la révolution*, 530)

Mais cette hétérogénéité sociale suppose une hétérogénéité de nature psychique. La marginalité des leaders fascistes résulte de caractéristiques affectives plus intimes. "Hitler, psychologiquement, est un introverti qui s'extériorise d'une manière intermittente, imprévisible, avec soudaineté ... Mussolini (est) un extraverti, un violent, un excessif, un instable" (Monnerot, *Sociologie de la révolution*, 531). La description de Monnerot est ici loin d'être originale. Les traits caractériels supposés des chefs fascistes sont également ceux que Freud, Lebon, Mauss ou Lewitzky dans sa conférence au Collège,[3] accordent de la façon la plus générale aux meneurs, aux chamans ou aux sorciers: "Les meneurs se recrutent surtout parmi ces névrosés, ces excités, ces demi-aliénés qui côtoient les bords de la folie"

---

[3] A. Lewitzky, *Le Chamanisme;* cité par Hollier dans *Le Collège de sociologie,* 422 et suivantes.

(Lebon), "(les sorciers) sont des nerveux, des agités ..." (Mauss), "on ne devient chaman que si on a des dispositions psycho-nerveuses déterminées" (Lewitzky). On a là les lieux communs d'une sociologie des profondeurs dont s'inspire également Bataille quand il écrit que "la force d'un meneur est comparable à celle qui s'exerce dans l'hypnose" (Bataille, I, 348).

Par contre Monnerot nous intéresse davantage quand il reprend l'idée d'une *ressemblance* du chef et de la masse, déjà présente chez Bataille. Pour Bataille cette ressemblance est avant tout sociale. "La profonde valeur significative du chef" est liée au fait "qu'il a vécu l'état d'abandon et de misère du prolétariat" (Bataille, I, 364). Or chez Monnerot si le facteur social garde son importance il ne suffit pas. Une phrase comme: "le chef représente le peuple parce qu'il lui ressemble" (Monnerot, *Sociologie de la révolution*, 543) est à entendre à la lettre. L'affinité entre l'organisme social et le corps du despote, l'attraction réciproque qui les pousse à s'unir, est ici l'expression d'une physiologie qui est aussi une physiophilie.

> Le chef dans le fascisme représente le peuple ... physiquement. Le type physique de Mussolini s'est perpétué en Romagne depuis l'Antiquité. Hitler, fils d'un douanier, homme sans diplôme, aux yeux clairs, représente un type d'homme du *Volk* germanique ... c'est-à-dire d'un *ethnos* ... Hitler donne au terme de Volk une signification biologique et non (et non d'abord) une signification sociologique. (Monnerot, *Sociologie de la révolution*, 543-44)

Gagée sur une biologie la présence du chef est une *présence vive,* dans le sens où nous avons parlé de *totalité vive*. Le fascisme est une monocratie. Le chef ne représente pas le peuple comme son délégué ou son porte-parole, mais comme son *acteur*. Il le représente parce qu'il le met en scène et en actes historiques. "Acteur sacré" d'un "mystère vécu", écrit Monnerot, le Führer *joue* la vérité profonde du Volk. Dans le texte de Monnerot, des expressions telles qu'"un homme sort" ou "la montée du chef" (titre de la section 7), cherchent à rendre l'épaisseur, la densité opaque du phénomène d'incarnation; car ce qui "sort", ce qui "remonte des profondeurs de la masse" (Monnerot, *Sociologie de la révolution*, 530), n'est pas une idée ou une force immatérielle, une représentation ou une projection, mais, sans aucun retard, aucune faille, aucune dissociation, un corps plein autonome, véritable corps de gloire à la fois lesté par le poids de la Terre, auréolé par ses vapeurs de soufre et propulsé par son dynamisme. La présence vive, c'est le vif de la force faite chair dans un corps pour sa contagion et son emploi.

Le "Führer-prinzip"

Dépositaire élu et acteur unique de la force, un tel corps ne saurait être réduit et reconduit en signe. C'est pourquoi le *Führerprinzip*, principe clé de l'hitlérisme comme culte et comme entité politique, vise à entretenir et diffuser l'action de la présence vive sans la représenter. Afin de conserver son caractère magico-religieux, la vivacité, la permanence, l'universalité propres à ce caractère, le "rapport irrationnel et suprême" établi entre le Führer et le Volk suppose, écrit Monnerot, "au-dessous du Führer et au-dessus du Volk, des *chefs moindres* capables ... de servir de relais à l'action personnelle du chef. Sans cette hiérarchie de meneurs, il n'y a pas de fascisme" (Monnerot, *Sociologie de la révolution*, 567). Il s'agit bien de *relais,* non de représentants. Comme le chef dont ils multiplient le pouvoir, ces "chefs moindres", ces mini-führer sont sélectionnés de façon naturelle, ils sortent "à chaud", "révélés par l'action ou l'événement" (Monnerot, *Sociologie de la révolution,* 568). Mais le critère absolu de leur élection est leur ressemblance, physique et psychique, avec celui qu'à leur tour ils incarnent, auquel ils sont liés et à la fois soumis. Sans être des égaux le Führer et ses doubles appartiennent à la même espèce, étroitement unis dans un rapport de sympathie extrême.

> Dans le fascisme, tous les "chefs secondaires" présentent à quelques degrés les qualités dont le Guide fait preuve éminemment, (de telle sorte que) le Führer local désigné d'en haut par le Führer suprême, ne soient qu'une seule et même personne. (Monnerot, *Sociologie de la révolution,* 567)

Cette affinité et cette identité profondes assurent l'entretien et la reproduction de la présence vive. Délégation muette, sans message, délégation de corps à corps par laquelle les bataillons de doubles sont disséminés à travers la masse comme autant d'îlots magnétiques chargés de drainer l'énergie pour l'acheminer, de remise en remise, par un jeu de relais, jusqu'au pouvoir, à l'unité suprême:

> Le principe de responsabilité, pour Hitler, joue de bas en haut: chaque Führer est responsable devant le Führer qui lui est supérieur, et tous sont responsables devant le Führer suprême ... *La chaîne des chefs est continue;* il faut qu'il y ait transmission directe et personnelle. C'est le *Führerprinzip.* (Monnerot, *Sociologie de la révolution,* 568)

Le Führerprinzip est destiné à combler le moindre écart, le moindre espace de jeu où pourrait se loger la représentation. Cela est vrai en ce qui concerne l'invasion et la saturation du corps social par les mini-führer, mais ce l'est encore davantage si l'on considère l'adéquation parfaite, la superposition calquée du chef second au chef suprême. Le rapport qui unit le Führer à son double est exactement celui que décrit Mauss entre le sorcier ou le magicien et son "vicarium daemonem", "ce double (n'est) pas une portion anonyme de la personne du magicien, mais sa personne elle-même. (Si bien) qu'à sa volonté elle (peut) se transporter au lieu de son action pour y agir physiquement" et Mauss poursuit: "Les deux termes du dédoublement sont identiques à ce point qu'ils sont rigoureusement remplaçables" (Mauss, *Sociologie et anthropologie,* 27).

Dans le processus d'incarnation les idées de présence et de totalité vives, plus précisément de "grand Individu" et de forme mythique, s'appellent et se recouvrent. Il ne peut y avoir de totalité sans Individu, le socius apparaissant par attraction et concentration autour du pôle que constitue le corps plein de l'idole; de même il ne peut y avoir d'Individu sans formation d'une totalité, d'une communauté profondément existentielle pour répondre à l'exercice magnétique de son aura. Comme le dit Deleuze, "le corps plein comme socius a cessé d'être la terre, c'est devenu le corps (sans organes) du despote" (Deleuze, *L'Anti-Oedipe,* 171).

LE PARTAGE PROFOND

Fascinant-fascines. La finalite fasciste

La "situation de détresse" favorise l'éclosion et provoque la sortie de ce corps qui agrège autour de lui et entraîne avec lui l'ensemble des forces sociales. Comme dit encore Deleuze "Un objet détaché a sauté hors de la chaîne ... tous les flux convergent en un grand fleuve qui constitue la consommation du souverain" (Deleuze, *L'Anti-Oedipe*, 230). Mais comment ce rapt énergétique est-il possible? En particulier, comment le paria qui provoquait la répulsion peut-il, tout soudain, sans changer de nature, provoquer le mouvement inverse, l'attraction? Quelle est l'économie de ce que Monnerot appelle, à la suite de Bataille et de Caillois, le phénomène de "changement de signe", le "passage du — au +", la "métamorphose de l'élément inquiétant en élément rassurant", la mue de "l'hétérogène subversif en hétérogène impératif" par laquelle le même homme passe de "l'asile de nuit au panthéon" (Monnerot, *Sociologie de la révolution*, 519, 21, 29)? A moins de se laisser subjuguer par des présupposés magico-religieux, il ne suffit pas de constater, comme le fait Deleuze, qu' "Hitler fait bander les fascistes". On doit encore chercher comment cela fonctionne, soit pourquoi l'un *séduit*, pourquoi l'autre *est séduit*.

Avec l'idée de *mana*, Mauss nous dit achopper sur une sorte de "résidu" opaque (Mauss, *Sociologie et anthropologie*, 99). Bataille de même fait ressortir l'hétérogénéité à une "différence non explicable" supposant "l'accès immédiat de l'intelligence à une matière préalable à la réduction intellectuelle" (Bataille, I, 345). Quant à Caillois, ce qu'il retient du pouvoir est sa valeur de "donnée première immédiate" où se manifeste une "anankê stênai impérative" (Caillois, *L'Homme et le sacré*, 111). Dans tous les cas, lorsqu'il s'agit de magie ou de sacré, quelque chose, précisément l'idée composite de *mana*, de force et de milieu, semble échapper, écrit Mauss, "aux catégories rigides et abstraites de notre langage et de notre raison" (Mauss, *Sociologie et anthropologie*, 101). Apparemment Monnerot n'éclaire pas davantage en écrivant que la métamorphose du chef est "le produit d'opérations qui se passent dans la sphère 'antérieure'". "Nous sommes dans le domaine (poursuit-il) où un personnage change de signification et de valeur parce que les investissements affectifs se portant du dehors sur lui ont changé" (Monnerot, *Intelligence de la politique*, t. 1, 202-03). Et pourtant Monnerot va plus loin. Disons qu'il va jusqu'au bout; car il ne se contente pas de décrire la force et les prérogatives du corps fascinant, mais aussi la faiblesse et les carences des corps fascinés.

Reprenant Bataille il le complète. Pour lui la réalité homogène n'est pas simplement celle de l'objet de la science, mais aussi, de façon moins abstraite, le fait d'une nature. Monnerot prolonge à peine le texte de Bataille. Il ne s'arrête pas à poser que l'*élément* (et non pas l'individu) homogène est "fonction de produits mesurables", il tire la conséquence de ce fonctionnalisme. "Fonction de produits mesurables" l'élément homogène est lui-même produit et, de ce fait, équivalent à tout autre produit. C'est à partir de ces deux critères de commensurabilité et de commutabilité que Monnerot définit socialement l'homogène. Mais encore une fois la définition sociale est déduite de caractères psychiques qui la précèdent immédiatement. Si la Gesellschaft est cette société sans lien et sans ciment où la communication tant voulue par Bataille ne peut avoir lieu, c'est que chaque élément renvoyant à l'élément voisin comme à sa copie conforme, à son duplicata labelisé, le jeu de ruptures et connexions de flux, la vaste circulation et copulation des libidos est définitivement bloquée. Comment pourrait-il en être autrement puisque *l'autre,* en l'espèce d'une fonction banalisée par le contrat, revient toujours au *même.* Néanmoins l'atonie de la société reste la conséquence directe de l'apathie de ses habitants. Le fait que la Gesellschaft apparaisse le modèle par excellence de la société sans moteur est la rançon d'une unidimensionnalisation du désir qui suppose elle-même, fondamentalement, une inappétence à vivre, une répulsion à se dépenser caractéristique d'une nature frileuse, passive, aliénée par la nécessité de sa conservation. C'est cette nature que l'hétérogène a reçu pour mission de fouetter, de forcer à l'ek-sistence ou de reconnecter à La-Vie; soit aussi bien de guérir, puisque, pour Monnerot, l'homogène est malade de la pire des maladies: "*l'insuffisance ontologique*":

> L'homogénéité en tant que commensurabilité générale manque de fin (au sens de τελοξ). L'élément homogène renvoie à l'élément homogène, c'est la définition même de l'homogénéité. ... La monade homogène ne trouve donc point sa fin dans l'autre monade homogène: l'homogène en tant que tel ne recèle pas de fin supérieure. ... l'hétérogène apparaît (donc) comme une fin dont l'homogène est le moyen. Tout se passe comme si l'homogène souffrait de ce qu'on pourrait appeler une "insuffisance ontologique" — dont l'hétérogène serait le remède spécifique. (Monnerot, *Intelligence de la politique,* t. 1, 194-95)

Il faut préciser que le tèlos de Monnerot ne correspond pas à la réussite ou à l'installation d'un mythe qui, par nature, rejette tout repos à l'intérieur d'un monde quel qu'il soit. La finalité fasciste est indiquée mais aussi incarnée dans le "corps sans organes" du chef hétérogène: "quasi-cause", "moteur immobile", "source et estuaire du mouvement apparent" — pour paraphraser Deleuze (Deleuze, *L'Anti-Oedipe*, 230). Fin en soi et pour soi, totalité vive et close, cette finalité est en fait expérimentée dans "le rapport irrationnel et suprême existant entre le Führer et le Volk" (Monnerot, *Sociologie de la révolution*, 546) où elle apparaît comme *suprématie de l'irrationnel*, c'est-à-dire comme dépense et valeur absolue, inappréciable et inaliénable de la dépense, triomphe non pas de la pulsion mais de la *passion de mort*. A l'origine et au-delà de tous les buts, le mot *fin* est exactement synonyme de *gloire*, de *sacré* ou de ce "sublime" dont Monnerot écrit, citant Sorel, qu'il est "mort dans la bourgoisie" (Monnerot, "G. Sorel", *Inquisitions*, 44). *Fin* comme mise à mort historique des représentants, déchirure du contrat, et franchissement, débordement du périmètre de la ruche. *Fin* comme réalisation insensée du destin, sortie sans précédent et sans suite hors de la représentation.

Ici Monnerot semble se séparer radicalement de Bataille, car il ne voit pas dans la transcendance fasciste la projection d'une idée ou d'une image extérieure au "rapport irrationnel et suprême" qui se ferait, comme le veut Bataille, "au bénéfice d'un principe" ne pouvant être "objet d'aucune explication exacte" (Bataille, I, 349) et auquel le Rapport serait soumis. La position de Monnerot est conséquente. Etant donné son caractère hétérogène, son antériorité de fait par rapport au discours qui prétendrait en rendre compte, la finalité fasciste ne peut être évaluée suivant le principe rationaliste de l'exclusion des contraires. Dans la sphère "alogique" où se situe cette finalité, les notions antithétiques de transcendance et d'immanence ne se dissocient pas. C'est d'ailleurs ce que reconnaît Bataille lui-même quand il écrit dans *Sur Nietzsche* "Le néant est pour moi la limite d'un être. Au-delà des limites définies — dans le temps et l'espace — un être n'est plus. Ce non-être est pour nous plein de sens.... La *transcendance* de l'être est fondamentalement ce néant" (Bataille, IV, 203). Entre Monnerot et Bataille joue donc, là encore, l'ironie d'une complicité antagoniste. Tout se passe comme si Monnerot conférait au fascisme l'opacité sacrée, la valeur de sommet que Bataille lui refuse pour n'y voir que l'exercice aveugle d'un principe abstrait. Ce qui chez l'un alimente et déchaîne la scène mythistorique, chez l'autre vient se brûler et s'épuiser en texte.

LE BUND ET LA COMMUNAUTE

Entre Monnerot et Bataille on assiste à un décalage plus vaste, quoique similaire par son mouvement, avec la transformation de la *communauté* en *Bund*. La forme sociale de Bund, dont Monnerot écrit dans *Les Faits sociaux* qu'elle est "la forme la plus pure, c'est-à-dire la plus purement sociale" (Monnerot, *Les Faits sociaux,* 161), correspond à une synthèse des différents moments de la communauté qui apparaît chez Bataille tour à tour révolutionnaire, religieuse et tragique. Cette affinité apparente entre Bund et communauté permet de préciser la portée de la finalité fasciste, de savoir en quoi l'hétérogène constitue effectivement "le remède spécifique" de l'homogène en mal ontologique.

Comme la "communauté seconde" de Bataille, le Bund "n'est pas primaire", "il surgit, poursuit Monnerot, comme différenciation d'une société déjà constituée qui lui préexiste" (Monnerot, *Les Faits sociaux,* 161). Que cette société soit une *Gemeinschaft* (groupement par voisinage) ou une *Gesellschaft* (société contractuelle) (Monnerot, *Les Faits sociaux,* 144-52), le Bund s'y oppose également par son mode de formation. Ne "devant rien aux lois du sang" ni au respect de règles contractuelles, il s'agit d'un "phénomène d'affinité fondé, [comme "la communauté existentielle" d'*Acéphale* ou le Collège] sur des exigences affectives" (Monnerot, *Les Faits sociaux,* 153). Le Bund et la communauté ont encore en commun d'être tous deux des "phénomènes d'appartenance" supposant un "engagement". Quand il reconnaît que "le Bund n'est une appartenance que parce qu'il a été un engagement" (Monnerot, *Les Faits sociaux,* 159), Monnerot répond au vœu de Bataille pour qui "l'appartenance de fait ne peut suffire": "nous ne sommes en entier qu'ayant répondu, en nous assemblant, à notre exigence intime", au "total assentiment de l'être" (Bataille, "Le Sens moral de la sociologie, *Critique,* 45). Et en effet on n'est pas jeté dans le Bund, on y entre par un acte de volonté, "un effort où se manifeste la liberté difficile" écrit Monnerot, qui a valeur de rupture définitive à l'encontre de la société d'origine. Ce geste de rupture, accompagné de "serments", est aussi le geste inaugural par lequel le nouvel "initié" pénètre dans le Bund comme dans l'espace du "secret". Quant à ses fins, le Bund partage avec la communauté une liberté et une autonomie souveraines. "Alliance communielle" il reste distinct d'un groupuscule politique ou d'une "société de complot". Mu par la seule exigence de maintenir et renforcer l'état de rupture qui l'a vu naître, il existe en soi et pour soi, produisant à travers la stricte observance de *rites* la dépense affective vitale à sa cohésion.

> L'alliance communielle, le Bund, produit la chaleur de fusion nécessaire à ce que les sociétés se fassent et se défassent. La familiarité, le quotidien, la profanation, lui sont néfastes. Les liens sociaux qu'on lui doit ne se maintiennent que par la *recréation* périodique de l'effervescence. Telle est la fonction des rites. (Monnerot, *Les Faits sociaux,* 157)

Il n'est donc pas abusif de considérer le Bund comme la réplique sociologique de la communauté. D'ailleurs Bataille connaît bien cette catégorie pour l'avoir commentée, et, nous l'avons dit, de façon fort louangeuse, dans l'article consacré au livre de Monnerot. Pourtant sa sympathie ne va pas sans mélange. Aussi légitimes que lui paraissent les préoccupations communielles de Monnerot, il déplore aussi, à la fin de son texte, que ce dernier n'en "donne pas les tenants et les aboutissants", mais "les aborde de façon fuyante". "Il est regrettable, poursuit Bataille, que sociologue, Monnerot n'ait pas explicité le *sens* que prirent dans le milieu où il vécut les catégories qu'il expose" (Bataille, "Le Sens moral de la sociologie", *Critique,* 46). L'allusion est suffisamment franche, comme si déjà à cette époque (1946) Bataille avait su prévoir la direction que prendrait les options politiques de son ami. Il n'en demeure pas moins que le Bund et la communauté se trouvent à présent dans un rapport de complicité qui semble à peine antagoniste. C'est pourquoi il apparaît d'autant plus urgent de les opposer dans le détail de leur forme et dans leur destin.

"Intégrité, rupture",
la violence comme "méthode générale"

Comme les "mouvements organiques" définis par Bataille dans les cahiers de *Contre-Attaque*, mouvements liés à "un état d'émotion violente" (Bataille, I, 422-24), le Bund a pour fonction d'injecter une dose massive de dépense dans l'ensemble homogène qu'il noyaute. Dépense produite spontanément par la discipline sévère que garantissent les rites, "violence d'abord envers soi-même" précise Monnerot, mais dépense dépensée extérieurement à des fins de régénération sociale. Ce mouvement d'implosion-explosion répond à "la trajectoire intellectuelle de Sorel dans sa période la plus féconde", en ce qu'elle est, poursuit Monnerot, "un va-et-vient du *mythe* qui lie les hommes, au *Bund* dans lequel ils se sentent liés, et vice-versa" (Monnerot, "G. Sorel", *Inquisitions,* 16). Par son économie et sa dynamique le Bund forme un point d'harmonie entre les composantes religieuse et militaire. Il se présente comme la manifestation risquée, éphémère, et d'autant plus fascinante, de la nécessité du pouvoir. Car en effet, si

> La morale aristocratique ... correspond à la Gemeinschaft et la morale kantienne à "l'individu isolé dans la société bourgeoise" ..., la morale héroïque, la morale des martyrs, qui est *mutatis mutandis* la morale des militants modernes, correspond à l'alliance communielle, au Bund. (Monnerot, *Les Faits sociaux,* 162)

Or ce qui distingue définitivement le Bund de la communauté, dans chacune des formes qu'elle a pu prendre chez Bataille, c'est que dans le premier le religieux et le militaire ne s'opposent pas mais au contraire s'accouplent, se complètent pour produire une *Aufhebung* de la violence. Le Bund ne s'ouvre pas, il s'extériorise, sort de lui-même pour faire une incursion sociale avant de se replier pour se recharger. Entre le religieux et le militaire, entre la dépense et la conservation conquérante, il n'y a pas tension, *différance,* mais navette, "va-et-vient" comme dit Monnerot. Cette navette est soigneusement hiérarchisée selon la loi du dispositif moteur-machine. Le religieux y apparaît la matière première, soit l'aliment énergétique du militaire. Les rites ont pour fonction d'assurer un "état de déchaînement passionnel" dont le destin est de s'employer ou d'être utilisé pour une transformation du monde. C'est pourquoi le Bund n'est pas souverain: il travaille *en vue* du mythe, dans l'avènement duquel il trouve sa raison d'être.

> La réponse de Sorel, qui est le produit d'un demi-siècle d'investigations et de réflexions sur les débuts du christianisme et de l'Eglise ... tient en trois mots: la *violence*, le *Bund*, le *mythe*. L'essentiel de la théorie sorélienne peut être figuré par un complexe réseau de communication (donc de connexions) entre ces trois astres mentaux qui jouent tour à tour et les uns par rapport à l'autre et aux autres le rôle de soleil et le rôle de satellite. (Monnerot, "G. Sorel", *Inquisitions*, 33)

Le Bund ne s'ouvre pas, il ne communique rien. Il n'est pas un organisme de dépense mais une machine productrice de violence. Cette fausse souveraineté, dont Bataille dirait qu'elle est la souveraineté servile de qui veut la souveraineté pour soi ou "à son solitaire profit" (Bataille, IX, 315), est celle qui s'exerce dans le Bund formé par Hitler et les siens durant la période de gestation qui précède l'accession au pouvoir. A l'intérieur du Bund fasciste les flux d'affinité circulent à sens unique. Les membres "existent *pour* le chef, écrit Monnerot; le chef dispose d'eux intégralement. Ils mettent leur honneur à lui obéir jusqu'à la mort, jusqu'à leur propre mort ou celle des autres, et des serments viennent l'attester" (Monnerot, *Sociologie de la révolution*, 528). Centré, centralisé, clairement *monocéphale*, le Bund fasciste accomplit le destin de la communauté à laquelle Bataille a su renoncer pour lui préférer son "absence": "L'appartenance de toute communauté possible à ce que j'appelle en des termes qui sont pour moi volontiers étranges, *absence de communauté*, doit être le fondement de toute communauté possible" (Bataille, VII, 394). Qu'est-ce qu'un groupe, écrit Bataille en 1948 dans *La Religion surréaliste*, "sinon une opposition de quelques hommes à l'ensemble des autres hommes?" Et qu'est-ce qu'une église "sinon la négation de ce qui n'est pas elle?" (Bataille, VII, 394). Ce que Bataille appelle dans le même texte "l'achoppement fondamental" de "toute communauté fermée", est lié à la double fonction simultanée des rites, par laquelle la communication réduite à des fins domestiques vise à posséder de façon immanente la souveraineté. Alors même qu'il réalise la forme parfaite de l'alliance et de l'unité communielles, le rite trace d'autres limites beaucoup plus rigides, solides et stables, et beaucoup plus terrifiantes, afin de "créer, écrit Bataille, un nouvel individu que l'on pourrait appeler *l'individu collectif*". Le Bund n'est donc pas *un* destin, un destin régional de la communauté, mais son devenir clos, sa fermeture inéluctable. Tant qu'elle n'est pas *conscience*, et conscience exigeante ou "conscience sadique" précise Bataille, la communauté reste exposée au mystère de sa crypte comme à la cécité de sa violence. Tant qu'elle n'est pas *absence*, absence active, attente, différant sa réalisation à l'infini d'une interrogation, sacrifiant ou perlant son ardeur dans un jeu de langage, de représentations, la communauté n'est qu'un Bund.

La fermeture assurée par les rites, par le code de la discipline militaire ou par le maintien du secret, sera précisément ce que revendique Monnerot pour marquer les limites de son Bund idéal. La violence que le martyr exerce sur lui-même provoque un double effet psychologique de "traumatisme" et de "sidération" (Monnerot, "G. Sorel", *Inquisitions*, 33). Mais cette violence n'est pas individuelle, elle ne se consume pas à l'intérieur du groupe. Exercée primordialement sur soi, elle l'est immédiatement et sans délai sur l'autre, sur tous les autres, en ce que les actes qui la constituent sont des "actes de rupture", des "conduites singularisantes" écrit Monerot, "qui donnent à ceux à qui ils sont communs, un *sentiment d'appartenance* et aux autres, un *sentiment de différence*" (Monnerot, "G. Sorel", *Inquisitions*, 33). C'est ainsi que la violence, indépendamment de tout but, peut constituer une "méthode générale":

> La violence est la méthode générale qui tient en deux mots: intégrité, rupture. Rupture pour maintenir l'intégrité. Le *Bund* doit être en état de *sécession morale*, donc de *scission sociale*. (Monnerot, "G. Sorel", *Inquisitions*, 34)

Assurant le partage et la ségrégation entre deux mondes, la violence selon Monnerot n'est pas le geste par lequel l'autre serait détruit, mais le geste beaucoup plus profond et beaucoup plus grave par lequel il est désigné comme ennemi, ou pire encore, comme instrument. Dans sa navette incessante du religieux au militaire, la violence, ou plus exactement, la ligne de force qui l'indique et la manifeste, est créatrice du Bund et fondatrice du mythe:

Le mythe consiste dans le complexe mobile de représentations mouvantes dont la présence caractérise et définit les participants *du Bund,* et dont l'absence dénonce *ceux du dehors.* (Monnerot, "G. Sorel", *Inquisitions,* 34)

LA SUBSTITUTION/OPPOSITION DE LANGAGES
CLASSEMENT PSYCHOLOGIQUE/CLASSEMENT ONTOLOGIQUE

On le voit, la violence n'est pas si folle, mais beaucoup plus intelligente, consciencieuse et, somme toute, beaucoup moins aveugle qu'on se plaît à la croire ordinairement. Elle n'est pas anarchie mais substitution et opposition de langages. Substitution/opposition d'un langage profond à un langage superficiel, d'un langage immédiat de traces et de forces à un langage de présence différée ou de représentations, substitution/opposition de la mémoire qu'on *est* à la mémoire qu'on *a.* La violence *est* cette substitution agonistique, et elle n'est que cela : pour préférer le rite ou la marque au texte, le fait au droit, le lien serré d'affinités électives à l'ordre artificiel du contrat lumineux. Tout ce qui a été désigné ici par les termes de "réconciliation", "contagion" ("épidémie psychologique"), "socialisation" ou "nationalisation" du désir, le faisceau compliqué de la théorie du mythe qui conduit Monnerot, via Sorel, au fascisme, est contenu dans ce schéma. Mise en branle de la mémoire profonde → établissement d'un réseau de résonances consonantes → création spontanée des frontières naturelles infranchissables qui délimitent le Bund ou le mythe en partageant deux classes d'êtres. Ainsi l'ébranlement consécutif au "trauma historique" qui émeut chaque sensibilité, se propage, écrit Monnerot, "d'individu à individu, *à l'intérieur des frontières d'une certaine collectivité".* Et à la même page, "en raison de sa relation sélective avec … une affectivité historique située à l'intérieur de certaines limites de temps … le mythe … s'étend d'individu à individu … constituant une figure, à l'intérieur de laquelle s'inscrit un groupe". (Monnerot, "G. Sorel", *Inquisitions,* 16).

Le tissu social du mythe est constitué, les flux en sont tissés et disposés, selon le libre jeu d'un concert et d'un concours, d'une compétition de forces. Jeu de résonances et de consonances où ceux de "l'intérieur" (les habitants de la crypte) sont opposés à ceux de "l'extérieur" (les habitants de la ruche), comme ceux qui vibrent, répondent aux stimuli du mythe, à ceux qui n'y vibrent et n'y répondent pas.

> Les faits de *tolérance* et de *résistance* aux mythes ... sont gros d'indications sociologiques formulables en termes d'une part de couches sociales, et, d'autre part, d'indications reposant sur un *classement psychologique*. (Monnerot, "G. Sorel, *Inquisitions*, 15)

Non plus que les tentatives de Mauss pour instaurer une sorte de "biologie mentale", Monnerot n'a jamais oublié la thèse du *Mythe et l'homme*: comme quoi sous le langage de signes, et avant lui, existerait un langage de gestes, un langage immanent où le sens et la force ne se séparent pas. L'aptitude à retrouver sous le texte — et à ses frais — ce langage actif qui répondra aux injonctions d'un "inconscient qui n'a pas d'âge" (Monnerot, "G. Sorel", *Inquisitions*, 19) fait l'unique critère en fonction duquel est partagé et hiérarchisé l'espace mythistorique. Ce que Monnerot appelle "classement psychologique" est aussi bien un classement *ontologique*. A la suite du Bund le mythe fonctionne comme organisme de dépense témoin. Les "classes psychologiques" s'y déterminent en classes d'êtres à partir de phénomènes de réceptivité et de réponse aux forces; telle classe acceptant la censure pour se soumettre à la loi-langage, telle autre la forçant pour vivifier en actes les hiéroglyphes inscrits au niveau "antérieur". On retrouve la hiérarchie des êtres de Caillois, "maîtres-esclaves", "producteurs-consommateurs", enrichie par Monnerot du couple "sujet" et "objet" de l'histoire (Monnerot, *Intelligence de la politique,* t. 1, 194) et repris par Deleuze qui oppose à son tour "groupe-sujet" et "groupe assujetti" ou encore "castes" et "classes" (Deleuze, *L'Anti-Oedipe,* 180, 418); ce dernier partage faisant écho à celui, hétérologique, établi par Bataille dans "La Notion de dépense" entre "aristocrate" et "bourgeois" — ce "bourgeois" qui a "travaillé à perdre une 'nature humaine'" (Bataille, I, 318). On voit comme Hegel est subverti, court-circuité, débordé à l'envers. Il ne s'agit plus du tout de dialectique, le devenir est forclos; plus de mystère, pas d'autre *Aufhebung* que celle terriblement prévue de la Révolution, du génocide ou de l'holocauste. L'esclave ne risque pas de devenir le maître puisque son infériorité, avec la supériorité de ceux qui le dominent, est donnée, gravée dans une chair ou logée dans les plis d'une mémoire profonde. "Du psychologique au social la continuité est d'ordre biologique" écrit Monnerot dans *Les Faits sociaux* (Monnerot, *Les Faits sociaux*, 119). Là encore la maîtrise n'est pas quelque chose qu'on *a* ou qu'on puisse avoir mais quelque chose qu'on *est*. Ce partage est l'humus de la violence. Toute philosophie critiquant à la hâte les manques affectifs du rationalisme pour évoquer le flux du "réel-désir" dans l'authenticité de sa force vivace, qu'elle l'avoue ou non, tend à le restaurer.

On doit revenir sur la forme originelle et matricielle du partage, à savoir celle d'une substitution/opposition de langage. En se fixant la tâche "d'atteindre aux investissements de désir inconscient du champ social, en tant qu'ils se distinguent des investissements préconscients d'intérêts ... et peuvent coexister avec eux" (Deleuze, *L'Anti-Oedipe*, 419), la schizo-analyse, comme la mythographie, vise à mettre au jour la matière première essentielle au partage, soit, dans le vocabulaire plus freudien de Deleuze, "la libido présupposée par les buts", antérieure à eux et dont ils "découlent" (Deleuze, *L'Anti-Oedipe*, 415). Il ne suffit pas de substituer un langage à un autre, mais encore d'insister le caractère factice, artificiel, trompeur, la nature de simulacre de l'un, au profit de l'authenticité de l'autre. Cela se fait en "décapant" (Monnerot) ou en "curetant" (Deleuze) le texte préconscient *apparemment* rationnel, pour exhiber ce qu'il cache, ce qu'il travestit et déforme, ce qu'il usurpe aussi, ce pour quoi il se donne: l'*être* dont il n'est que le *paraître*. C'est le sens de l'expression substitution/opposition de langages. Il ne s'agit pas de la substitution franche, mais de façon beaucoup plus pernicieuse, de la suggestion d'un désir de substitution d'un langage à un autre. Au niveau stylistique — niveau libidinal par excellence — la préférence entre langages transparaît chez Deleuze à travers un certain lyrisme: "Des flux qui coulent sur le corps plein poreux d'un socius, *voilà l'objet du désir, plus haut que tous les buts*". Ou encore: "Jamais un appareil d'intérêt ne vaut pour une machine de désir" (Deleuze, *L'Anti-Oedipe*, 414, 417, nous soulignons). Quant à la preuve muette de cette hiérarchie, elle apparaît dans le fait que ces langages ne se recouvrent pas, que l'antérieur et l'ultérieur, en état de distorsion permanente, s'opposent, se contrarient l'un l'autre, de telle façon, écrit Deleuze, "qu'un groupe puisse être révolutionnaire du point de vue de ses investissements préconscients et fasciste du point de vue de ses investissements libidinaux" (Deleuze, *L'Anti-Oedipe*, 417). C'est également de ce décalage entre langages, de cette non-coïncidence en forme de dénégation que Monnerot fait dépendre le succès du fascisme. Succès absolu, c'est-à-dire antérieur et par là-même supérieur (et/ou hétérogène) à toute forme de justification.

"Le processus douloureux de deshomogeneisation"

Pour Monnerot le fascisme résulterait d'une erreur, d'une bévue de la part de ceux qui le permettent. La Gesellschaft étant en voie de se défaire, les éléments qui la composent n'aspirent qu'au retour à l'ordre, à leur ordre, dont nous savons qu'il est celui de l'alvéole. En même temps, les classes en possession d'Etat ayant fait la preuve de leur incurie, ces éléments homogènes désespèrent des moyens légaux ou contractuels pour opérer ce retour à l'ordre-des-choses. Dans le but de sauvegarder leurs intérêts ils se trouvent alors prêts à cautionner des méthodes hétérodoxes pour peu qu'elles semblent efficaces. Et Monnerot de conclure: "un idéal réformiste et des méthodes révolutionnaires, tel fut le fascisme. Les fins étaient seulement correctives alors que les moyens apparaissaient destructeurs" (Monnerot, *Intelligence de la politique*, t. 1, 201). Le fascisme serait donc la bévue de la classe homogène. Mais cette bévue n'est telle qu'en apparence, au niveau des "investissements d'intérêts préconscients" où l'homogène semble souhaiter la réorganisation de la structure, car en réalité, c'est-à-dire en profondeur, au niveau des "investissements libidinaux inconscients", l'homogène *veut* le fascisme. Quand on pénètre à l'intérieur du monde "alogique", la bévue change de signe. Tombant soudain le masque elle devient l'expression sincère, impérative, d'un désir forcené. Comme dit Deleuze: "Même la mort, le châtiment, les supplices sont désirés" (Deleuze, *L'Anti-Oedipe*, 170).

Le "trauma historique" et la "situation de détresse" provoquent la levée de la censure. Mais sur quoi donne cette levée? Qu'aperçoit l'homogène *dans* et *à travers* les débris du texte? Dans ces débris il voit d'abord le peu de réalité qui maintient son être, et, simultanément, à travers eux, il voit ce qui lui manque, soit l'authenticité d'un plein ontologique. Le texte du contrat formait à la fois l'alibi et la béquille existentiels supportant l'homogène, le complément d'âme qui lui conférait sa faible densité. Privé de ces lignes, l'homogène est en manque; atteint dans son texte il est atteint dans son corps, dans son corps de produit et sa chair de papier. C'est pourquoi Monnerot peut parler des "classes moyennes prises au ventre" (Monnerot, *Sociologie de la révolution*, 517). En effet, pour le "common man" qui ne peut ni s'auto-présenter ni se faire représenter par son homologue, le manque d'ordre ou de pouvoir est une question de vie ou de mort. "L'ordre social était comme l'air qu'il respirait. Il ressent les atteintes d'une sorte d'asphyxie politique" (Monnerot, *Sociologie de la révolution*, 516). C'est donc naturellement, pressé par un instinct d'auto-conservation, que l'homogène va s'agréger autour du chef ou de "l'individu foyer" (Monnerot, *Sociologie de la révolution*, 530) en qui il voit l'incarnation de son propre manque. "La peur est socialement créatrice" (Monnerot, *Sociologie de la révolution*, 539-40), écrit Monnerot, faisant écho à Bataille qui reconnaît que "c'est l'incapacité de la société homogène de trouver en soi-même une raison d'être et d'agir (qui) la place dans la dépendance des forces impératives" (Bataille, I, 353). Fondateur du "rapport irrationnel et suprême", le phénomène d'attraction est dicté par le manque homogène, c'est-à-dire par l'*homogénéité comme manque*. Pour que le mana non seulement agisse, mais agisse dans le bon sens, en sens unique, passant du — au +, du "tremendum" au "fascinans", il faut que l'homogène soit pris par le vertige de sa propre impuissance; et pour cela il faut qu'il soit touché au défaut du texte, là où, comme dit Deleuze, "le désir bée". C'est de cette béance que sort le fascisme, et c'est sur elle qu'il repose. Cela en tant qu'il "répond, comme écrit Monnerot, à une *demande de Pouvoir* (qui) monte de l'épaisseur, du fond même de la société" (Monnerot, *Sociologie de la révolution*, 517). Par cette "demande", et avant même qu'il y soit répondu, la société manifeste sa nécessité de "fabriquer du pouvoir comme un organisme exsangue fabrique des globules rouges" (Monnerot, *Sociologie de la révolution*, 530).

Cependant, pour naturelle et spontanée qu'elle soit, la demande n'est ni évidente ni immédiate. Il faut d'abord l'entendre, ensuite l'arracher par l'entremise de ce que Monnerot appelle une "psychologie des profondeurs" (Monnerot, *Sociologie de la révolution*, 540). Suivant la loi de non-coïncidence, de stratification et d'opposition entre les langages, cette psychologie, sorte de "schizo-analyse" appliquée, opère un accouchement difficile: elle favorise, selon l'heureuse expression de Monnerot, le "processus douloureux de déshomogénéisation". Là où Deleuze distingue et oppose "investissements préconscients" ou "d'intérêt" et "investissements inconscients" ou "libidinaux", Monnerot distingue et oppose "deux niveaux de profondeur", le niveau du "consentement superficiel" et celui du "consentement profond" (Monnerot, *Sociologie de la révolution*, 538-40). De même qu'un "groupe puisse être révolutionnaire du point de vue de ses investissements libidinaux" (Deleuze), "un être peut accepter 'profondément' ce qu'il refuse 'superficiellement', et vice-versa", c'est pourquoi, conclut Monnerot, "le viol peut comporter une forme de consentement. La femme qui prononce avec énergie le 'non', aspire de tout son être au 'oui'" (Monnerot, *Sociologie de la révolution*, 540). La différence de mode mise à part (subjonctif-indicatif) Deleuze et Monnerot sont d'accord pour reconnaître que, de quelque façon, le viol est légitime: en ce qu'il permet de révéler une vérité *profonde*. Et c'est bien ainsi qu'Hitler entend la demande. Il entend le manque, le besoin de pouvoir des classes homogènes, et il y répond en forçant l'accouchement. Réactif par nature, l'homogène ne peut aller, comme le savait Nietzsche, jusqu'au bout de son vouloir et de son pouvoir, il faut l'aider. Dans le cas du fascisme, explique Monnerot:

> Le consentement profond existe de manière latente (mais) il faut le viol, la rupture, le coup d'Etat, pour le rendre manifeste.... Le peuple a une volonté, mais le chef fasciste tient qu'il faut que lui, Duce ou Führer, apparaisse pour la dégager.... Il faut accoucher la volonté du peuple. (Monnerot, *Sociologie de la révolution*, 540-41)

Le "P.M.G."

Mais l'intimité du rapport accouchant-accouché, schizo-analysant/schizo-analysé, n'abolit en rien la différence entre ses termes, au contraire, elle tend plutôt à la creuser. Le partage en classes d'être demeure parce qu'il est fondé "en nature". Le manque homogène ne se rattrape et ne se comble pas; la "bévue" homogène, s'il en est une, consistant à croire que ce manque puisse être différé, que le moment où il faudra nécessairement en payer le prix puisse être retardé... qui sait, jusqu'à l'échéance paisible de la mort. Comme le dit Monnerot, même "hétérogénéisé", "même en voie de dissociation, l'homogène reste l'homogène, c'est-à-dire le poids même de la société" (Monnerot, *Sociologie de la révolution,* 517). La bipartition "groupe assujetti"/"groupe sujet" prend chez Deleuze une forme identique: "Un groupe révolutionnaire quant au préconscient reste un *groupe assujetti* même en conquérant le pouvoir", alors qu'un authentique "groupe-sujet" est, au contraire, "celui dont les investissements libidinaux sont eux-mêmes révolutionnaires", "producteurs de désir et désir qui produit", lui seul "fait pénétrer le désir dans le champ social, et subordonne le socius ou la forme de puissance à la production désirante" (Deleuze, *L'Anti-Oedipe,* 417). Toujours, entre homogène-hétérogène, demeure une différence irréductible; irréductible parce que non-explicable et non-représentable. Différence, à la lettre, *métapsychologique,* jouant simultanément et de façon indissociable sur les trois plans, dynamique, topique, économique, dégagés par Freud, auxquels correspondent ici les couples antagonistes faiblesse-force, surface-profondeur, conservation-dépense. Les "deux niveaux de consentement" de Monnerot et les "deux formes d'investissement" de Deleuze se distinguent et s'opposent chacun comme les deux directions du verbe *differre.*

L'homogène est, et restera, du côté de la conservation, de la retenue ou de la moindre dépense. Cela parce qu'il est, sans en avoir le choix, sous-tendu et soutenu par le texte; parce que le texte est son garde-fou, le surmoi ou la mauvaise conscience qui lui interdit d'aller jusqu'au bout de l'absolue dépense. Si, comme le veut Monnerot, "la loi la plus générale du penser antérieur est nommée par Freud principe de plaisir", alors l'homogène sera du côté du principe de réalité, c'est-à-dire du côté de la survivance, de l'acceptation et de l'adaptation sociales. Ontologiquement il restera soumis au "P.M.G."

> Tout se passe comme si la révélation des conséquences pures du principe de plaisir actualisait une virtualité de l'homme qu'on peut nommer ... une conduite d'économie. Cela consiste essentiellement devant la menace de perdre le tout, à sacrifier beaucoup pour sauver quelque chose. ... Le principe de réalité est en quelque sorte le principe du P.M.G. (plaisir minimum garanti).... On pourrait le nommer principe de restriction ou principe d'humilité ... on pourrait le nommer aussi principe de ruse. (Monnerot, *Intelligence de la politique,* t. 2, 26-27)

Le principe de réalité en tant que "P.M.G." répond à la dimension du verbe *differre* qui évite et retarde, qui, effectivement, *restreint* et *ruse*. Ce pourquoi le "P.M.G." peut aussi être dit principe du *renard*. Son action, précise Monnerot,

> consiste en une "altération" et un "réglage" de l'activité pulsionnelle sur la réalité." ... Cette *différabilité* et cette flexibilité nous montrent comment c'est en s'appuyant sur la réalité que la régulatrice pulsionnelle et énergétique s'assure les contrôles. (Monnerot, *Intelligence de la politique*, t. 2, 83)

Cette "réalité" qui altère "l'activité pulsionnelle" en la soumettant à son "principe", qui la déplace et l'édulcore en la différant, c'est la réalité du texte, la "réalité *dont-on-parle*" de Kojève, obtenue par filtrage ou censure, sous surveillance et autorisation du texte. En déchirant ou déréglant ce texte, en paniquant les règles du principe de contrat, le viol se propose, par l'intermédiaire du "trauma historique" et de la "situation de détresse", de substituer/opposer à cette réalité mineure une Réalité majeure. Réalité immédiate, authentique et profonde dont Deleuze nous apprend qu'elle est celle du "réel-désir ou réel en lui-même". La fonction du viol est de révéler et libérer La-Vie, la "vraie-vie", dont il est faux de croire, avec Rimbaud, qu'elle est toujours absente; et de la libérer contre la survie humiliée que permet le "P.M.G.". C'est dans une perspective assez proche que Bataille a pu vouloir — à ses propres dépens — substituer/opposer une an-économie à une économie de misère.

L'O.T.N.I.

Créer les conditions de cette Réalité est le fait du grand Individu, de celui qui, non inhibé ou bridé par les textes, a pour fonction ou mission sociale de provoquer une dépense à fonds perdus. Pour être les démiurges de cette apocalypse, Hitler et Mussolini jouissent d'un avantage appréciable. Issus du Chaos, originaires de la nuit, habitants de la profondeur depuis-toujours-déjà, ils échappent aussi bien au jeu tendu de la *différance* qu'à la résolution en chacun de ses termes. Présence vive, simultanément du côté de la présence et du côté de la force, ils ignorent le risque d'une altération. Etant libres de texte, sans surmoi, c'est-à-dire sans scrupules, sans Oedipe, c'est-à-dire sans famille et, plus généralement, hostiles aux alvéoles, sans savoir ou sans culture apprise, c'est-à-dire sans programme, ils peuvent improviser au rythme de leur force.

> Ce qui fait leur force, c'est qu'ils ne sont liés par rien; ni scrupules et principes d'éducation, ni esprit de groupe (classe, corps, caste, famille). Ils marchent au pouvoir selon la situation. S'ils font dans cette marche preuve d'intelligence, c'est une forme d'intelligence qui ressortit à la nature et non à la culture, et tout à fait limitrophe de l'instinct. (Monnerot, *Sociologie de la révolution*, 560)

De façon identique l'a-textualité, l'affranchissement radical des obligations contractuelles, est essentiel au Bund. Monnerot indique que le point de départ de Schmalenbach, créateur de la catégorie sociologique du Bund, fut:

> l'intérêt d'ordre passionnel qu'il prenait, après 1918, aux "mouvements de jeunesse" ... dont le caractère hostile, irréductible à la Gemeinschaft ... s'exprime avec pureté dans ces vers de Stefan George:
> ... Durch die Sendung, durch den Segen
> Tauscht ihr Sippe, *Stand und Namen*
> *Vater, Mutter, sind nicht mehr.*
>
> (Monnerot, *Les Faits sociaux*, 165; nous soulignons)

Afin d'opérer le viol, l'hétérogénéité nécessite cette indifférence quant au texte par laquelle est garantie la fermeture la plus complète, soit la plus pleine ou la plus opaque. Car le texte est ce qui me tient en rapport à l'autre; non pas ce qui me branche mais ce qui m'expose, me forçant à entendre l'autre dans son infinie proximité et dans son infinie distance. L'espace textuel est inter-rogatif, par là il est espace de vulnérabilité. Or toute la force d'Hitler lui vient précisément d'échapper à cet espace. Tel "l'objet fatal" de Baudrillard, Hitler est un O.T.N.I., un *objet terrestre non-identifié*. "Objectivité pure, souveraine et irréconciliable, immanente et énigmatique" (Baudrillard, *Les Stratégies fatales,* 261), comme l'écrit Baudrillard à propos de l'objet, il fait pire que déjouer les plans du sujet ou de "désobéir à l'ordre symbolique": il n'y répond pas. Sa puissance de séduction est directement proportionnelle à son mutisme, à sa surdité, à sa cécité. L'intense réaction affective qu'il provoque est la récompense et la confirmation de sa propre anaffectivité. Encore une fois, c'est d'être homme sans texte comme homme sans faille qu'Hitler tire sa force, vierge d'une conscience dont l'étymologie, nous rappelle Monnerot, signifie *division* (Monnerot, *La Guerre en question,* 86). Là est le secret de son pouvoir invulnérable et pourquoi il "fait bander les fascistes": celui qui séduit mais qu'on ne séduit pas, qui séduit *parce qu'*on ne peut le séduire, étant lui-même, en lui-même, le Phallus suprême.

La double revelation

De même que Monnerot définit le Bund comme "un organisme *intraitable* par le milieu et qui au contraire le *traite*" (Monnerot, "G. Sorel", *Inquisitions,* 10), ce n'est pas Hitler qui diffère ou se transforme; les frais de la dépense sont supportés exclusivement et intégralement par la foule homogène au cours du "processus de déshomogénéisation" qui la voit se métamorphoser en Volk. Deleuze aussi a remarqué ce partage inéquitable: c'est "la machine sociale" et seulement elle "qui a profondément changé" (Deleuze, *L'Anti-Oedipe,* 230). Monnerot a donc l'ironie suffisamment amère quand il place l'achèvement du processus de création de pouvoir dans

> le phénomène caractéristique de *réciprocité* qui fait que la foule prend conscience de sa force dans le meneur, et que le meneur en même temps est révélé à lui-même en tant que chef par la foule. (Monnerot, *Sociologie de la révolution,* 530)

Etrange "réciprocité" que ce mouvement de bascule dans lequel l'un descend pour que l'autre monte. Et pourtant ce mouvement est exact: il y a bien deux formes de révélations, cause et effet l'une de l'autre, ayant lieu simultanément. Ce qui est révélé à l'homogène lorsqu'il s'enfonce dans la nuit pour formuler sa demande, c'est sa propre peur. Ce voyage nocturne est pour lui l'expérience vécue de son impuissance, l'"Erlebnis" de son non-pouvoir.

> A la base de la société est la crainte, et cette crainte fait que le citoyen individuel s'est démis de sa souveraineté ... chaque individu se démettant de ce pouvoir originaire, toutes ces démissions constituent une accumulation de pou-

voir irrésistible. Ce pouvoir est celui de l'Autorité qui commande.... Cette autorité est légitime. (Monnerot, *Sociologie de la révolution*, 536)

L'abrupte de la formule finale détruit les illusions. L'objet de l'histoire doit payer, non pas même son accession à l'être — décidément il n'y parviendra jamais —, mais seulement sa survie, par une démission, par la remise et l'abandon de son grain de volonté qui, multiplié, accumulé et condensé, fournira au Führer, transformateur et conducteur énergétique, le matériau pour former et fermer la totalité mythistorique. Selon Monnerot l'origine du politique est un acte de vampirisme. Comme l'organisme biologique produit des globules rouges, l'organisme social fabrique du pouvoir avec sa peur à seule fin d'alimenter le corps du despote et de le garantir dans son éternité. La fonction du viol n'est pas d'hétérogénéiser l'homogène, processus d'autant plus douloureux qu'il est finalement impossible, mais d'insister et de renforcer l'hétérogénéité du chef en le plaçant dans la position de l'objet unique, irréductible de la demande; obscur objet du désir — et/ou de la peur du désir — auquel tout doit être sacrifié. L'homogène paie le droit d'accès à la crypte du juste prix de son défaut ou de son manque ontologique. "Le prix qu'il faut payer pour que la société soit, écrit Monnerot, c'est la renonciation de chaque individu à son bon plaisir" (Monnerot, *Sociologie de la révolution*, 536). Ce prix est celui de la protection comme renoncement au plaisir de la libre dépense. Mais il faut qu'il en soit ainsi, il faut que le "P.M.G.", le "plaisir minimum garanti", reste essentiellement homogène *pour que* le "bon plaisir" soit au principe de la propriété du chef. A la suite du viol la double révélation reproduit donc sur un autre mode le partage en classes d'êtres. Il ne s'agit plus de choc ou de trauma mais d'un inéluctable mouvement de bascule où est enregistré la soumission nécessaire de la multitude à l'unité. Car la remise comme péage de la protection est comprise dans la faiblesse initiale. L'homogène est depuis-toujours-déjà démissionnaire. Ce n'est que l'ordre artificiel de la ruche, aux époques prospères, qui occultait le caractère fondamental, originel et naturel de sa demande, qui en différait l'urgence et la nécessité, permettant de penser, de faire comme si l'homogène pouvait être autre chose que celui qui demande, celui dont la nature profonde est d'être en *état de demande*. Et c'est cette occultation, cette censure que représente la démocratie libérale comme formule politique de l'homogénéité, où dans un simulacre de pouvoir des représentants "renards" font semblant de représenter une volonté qui, en réalité, en tant que "réel-désir ou réel en lui-même", n'est pas. Par sa science et sa métaphysique, par le recours à la mesure et à l'abstraction, par la série infinie des masques qu'elle dispose inlassablement sur le vide afin de le dissimuler, ce que censure la société homogène c'est sa propre irréalité. La "double révélation" prévient de long temps les analyses de Deleuze ou de Baudrillard, puisque ce qu'elle révèle, quand l'altération profonde de l'homogène fait contraste avec la permanence souveraine du prince des ténèbres, c'est précisément cette censure: le caractère second, retardé, dérivé, déplacé des éléments symboliques, leur nature arbitraire, conventionnelle, artificielle, contractuelle de supplément douteux, face à l'authenticité éternelle des flux. Du même coup la double révélation réciproque et simultanée légitimise le viol, car elle lui procure sa finalité avec le rétablissement du lien social, ici avec la (re)création du "rapport irrationnel et suprême" dont la valeur transcendante, hétérogène à tout principe abstrait, est d'enregistrer de façon immanente, d'inscrire dans les faits, les actes et les corps, la série des substitutions/oppositions — substitution/opposition des mémoires, des cultures, des classes d'êtres, des strates de réel — qui commande la délimitation et fixe la densité du "mythistoire".

LA HAINE DES INTELLECTUELS

Rationnel/irrationnel, les dangers d'une confusion

Conséquences nécessaires du "trauma historique", le viol, la "double révélation", la formation du "rapport irrationnel et suprême", sont les trois temps indissociables du processus de création de pouvoir dans lesquels Monnerot voit le moyen de "saisir sur le vif le prodigieux intérêt du fascisme". Ce "prodigieux intérêt" réside dans le fait, poursuit Monnerot, que le fascisme

> *substitue,* dans la solution qu'il apporte au problème très obscur ... d'une démocratie moderne, *l'irrationnel* au *pseudo-rationnel.* (Monnerot, *Sociologie de la révolution,* 541-42; nous soulignons).

Cette *substitution,* nous l'avons vu, Hitler et Mussolini sont capables de la mener à terme parce qu'ils sont "hommes de la situation", guidés par un "sûr instinct" qui leur permet de transgresser le texte. Mais cela ne signifie pas qu'ils exercent une violence aveugle, cette violence du fauve qui n'a jamais eu place dans l'histoire; cela signifie qu'ils se soumettent le texte au lieu de se soumettre à lui; qu'ils créent, à partir du texte du contrat, un nouveau langage et un nouveau texte dictés et rythmés par les impératifs de la situation. Il s'agit donc toujours d'une *substitution* à la suite, à partir d'une *opposition*, et grâce à elle comme avec elle, le texte fasciste s'écrivant, nous le verrons, avec les vestiges du texte homogène. Mais auparavant nous devons revenir sur ce qui semble être une sorte de rupture théorique entre Monnerot et Deleuze.

Pour Deleuze, "il est vain de chercher à distinguer ce qui est rationnel et ce qui est irrationnel dans une société" (Deleuze, *L'Anti-Oedipe,* 414). Il n'y a pas d'irrationnel pur, de violence strictement pulsionnelle, non plus que de rationnel pur, de pure idéalité ou de pure abstraction désincarnée, déconnectée des flux. Pour investir la scène de l'histoire, la pulsion dépasse toujours le stade du refoulement originaire. Quelle que soit la qualité de sa force elle est contrainte de se représenter, de "revêtir", comme dit Monnerot, "sa tenue de rigueur". De même que "la libido inconsciente" est "présupposée par les buts", que "ceux-ci en découlent", l'investissement libidinal, à son tour, "se cache toujours sous des buts ou des intérêts assignables", de sorte que, conclut Deleuze, "même le fascisme le plus déclaré parle le langage des buts, du droit, de l'ordre, de la raison" (Deleuze, *L'Anti-Oedipe,* 440). On est alors en droit de poser la question: si le fasciste parle le langage des Lumières, que dissimule ce langage quand il n'est plus parlé par un fasciste? A quoi Deleuze répond que ce langage, précisément, ne dissimule rien, ou plutôt si: le vide. Langage de la Raison comme langage de la "déterritorialisation", du "décodage des flux", langage-argent où se manifeste "la démence", le "caractère pathologique" de l'hyperrationalité de "la machine capitaliste" (Deleuze, *L'Anti-Oedipe,* 141-42). Soit le langage sert à cacher la force, soit il sert à cacher le vide, auquel cas il est doublement violent: violent en lui-même, comme prolifération, cancer de simulacres qui tôt ou tard iront engraisser jusqu'à l'obésité la machine folle du capital, mais violent aussi à retardement, de frustrer et d'exacerber, en la différant, la force qu'il recouvre, puisque, comme le dit encore Deleuze, chaque fois que

> la production désirante, au lieu d'être saisie dans son originalité, dans sa réalité, se trouve ainsi rabattue sur un espace de représentation, elle ne peut plus valoir que par sa propre absence et apparaît comme un manque dans cet espace. (Deleuze, *L'Anti-Oedipe,* 365)

"Comme un manque", c'est-à-dire, nous venons de le voir, comme une nostalgie de force ou une demande de pouvoir. Violence du plein, violence du vide, qui est aussi violence-du-vide-invoquant-le-retour-du-plein. Entre deux sortes de violence il faut choisir la moindre, ce que fait Baudrillard quand il interprète le fascisme comme une mini-terreur, réaction à cette terreur pire encore qu'est "la confusion du réel et du rationnel". Manifestement, avec le langage-travesti on ne sort pas de l'économie de guerre. Le "rationnel" et "l'irrationnel" étant deux formes, à tout prendre identiques, de la pseudo-rationalité comme origine et destin du langage, d'un texte à l'autre tout est question de degré, d'amplitude, autrement dit de flux, et finalement de force, de force (au singulier) *indifférante.* "C'est pourquoi il est si vain de chercher à distinguer ce qui est rationnel dans une société".

Mais alors que fait Deleuze lui-même quand il distingue et oppose par un geste catégorique, "investissement préconscient" et "investissement libidinal", langage-représentation et flux non-représentables. Tout l'*Anti-Oedipe* fonctionne par séries de couples antagonistes, parfois même infiniment subtils puisqu'ils joutent au cœur plein de l'irreprésentable, telle l'opposition des pôles "schizoïdes révolutionnaires" et "paranoïaques réactionnaires" (Deleuze, *L'Anti-Oedipe,* 451). Reste à savoir de quel droit, au nom de quelle autorité Deleuze établit son partage. Au nom de Freud évidemment, à la suite et sous le couvert de ces Lumières dont il descend lui-même. La schizo-analyse se "différencie *fondamentalement*" de la psychanalyse "symbolique", "structurale", "idéologique", "expressive" (etc...) en ce qu'elle est, *à l'inverse,* "concrète", "machinique", "matérielle", "productive" (etc...) (Deleuze, *L'Anti-Oedipe,* 458). Wo *ich* war, soll *es* werden. Sans cette opposition en forme d'invite à la substitution, la schizo-analyse n'est rien — et surtout pas un "beau pèsenerf", un texte face au vide à la manière d'Artaud.[4] C'est de même à partir de Mauss que Bataille fonde la notion de dépense, et Monnerot à partir de Durkheim, c'est-à-dire avec et contre lui, sa sociologie compréhensive. Il n'y a pas davantage d'hétérogène sans homogène, de Bund sans Gesellschaft, de schizo-analyse sans psychanalyse, qu'il n'y a de violence étrangère au mouvement de substitution agonistique. C'est dans ce sens que Zeev Sternhell a raison de souligner la complicité involontaire, mais néanmoins objective, que Freud ou Durkheim, à l'envers de leurs vœux, ont pu entretenir avec la montée des fascismes. Tous deux ont beau être personnellement des bourgeois libéraux, leurs théories, en ce qu'elles "insistent sur l'irrationnel dans l'homme, sur le rôle des mobiles inconscients et des instincts, détruisent le modèle de l'individu conscient et rationnel construit par la philosophie du XVIIIème siècle sur lequel reposait explicitement l'idéal libéral et démocratique".[5] Car il est évident que le rapport de substitution/opposition requiert de l'un des termes qu'il soit privilégié; sans quoi ce rapport ne fonctionnerait pas, indécidable il se romprait en texte différant la violence. C'est ainsi que Deleuze, quoiqu'il en dise, privilégie le flux en lui-même et pour lui-même, c'est-à-dire le profond, l'authentique, le concret, la source pleine et vive d'où provient toute chose. Le flux c'est à la fois le Beau, le Vrai, le Bien, le joker ontologique destiné à pallier l'hémorragie de toutes les valeurs. Seulement comme cet exorbitant privilège risquerait, dit en clair, d'apparaître suspect, comme cette sympathie pour ce que d'autres avant ont appelé sacré, gloire ou bien encore sublime, dégage mise au jour des relents de violence, on noie le poison dans une sauce théorico-métaphorique où, effectivement, le rationnel, l'irrationnel, le pseudo-rationnel, tous faux-semblants qu'ils sont ne se distinguant pas, dispensent que l'on pèse ou que l'on interroge leur valeur éthique.

Là encore, en radicalisant les positions de Deleuze, Monnerot apparaît terriblement révélateur. Car il y a pour lui trois langages, dont un "impératif moral catégorique" (Monnerot, *Les Faits sociaux,* 46) veut qu'on distingue pour chacun et sans ambiguïté, son origine, ses caractéristiques et sa fonction. Un langage *rationnel,* qui

---

[4] A. Artaud, *Le Pèse-nerfs,* dans *Œuvres complètes* I (Paris: Gallimard, 1970).
[5] Z. Sternhell, *Le Monde,* 14 janvier 1983, 11.

est celui de la science, un langage *irrationnel*, formé des matériaux de la mémoire profonde, enfin un langage *pseudo-rationnel*, celui de l'idéologie, forme langagière spécifique de l'intellectuel, qui est à la fois la *perversion* et la *maladie* des deux autres. Perversion parce que ce langage a, comme dirait Deleuze, "pris la place des unités de production". Représentation, projection idéalisante, il a d'un même coup travesti, déplacé, édulcoré la réalité des forces antérieures, tandis qu'il se donnait, à des fins de reconnaissance et d'efficace sociales, les signes extérieurs d'une science. Maladie parce que le rationnel étant le langage de la "machine" et l'irrationnel celui du "moteur", le langage idéologique, supplément tard venu, correspond à un trouble de l'harmonie des instances, à un dérèglement, ou plutôt à un malfonctionnement et à une confusion du couple moteur-machine. D'où la forme typique des idéologies qui, écrit Monnerot,

> présentent toutes ce caractère de compromis entre le "principe de plaisir" et le "principe de réalité", entre la fiction et la vérité, entre le mythe et la science. (Compte tenu du fait que) dans une société où la science est reine, tout "système d'illusion" doit revêtir, pour avoir droit de cité, l'aspect "scientifique". (Monnerot, *Sociologie du communisme*, 2ème éd., 291)

LE VOL DES "VIEUX MOTS" ET LA NAISSANCE DE L'IDEOLOGIE

A lire Monnerot l'acte de naissance de l'idéologie serait l'histoire d'un vol; plus exactement celle d'un détournement sournois et d'une usurpation se manifestant en premier lieu par l'apparition de la littérature. A l'origine "l'écriture était une *mnémotechnie*". Le signe inscrit, gravé dans une matière, était l'instrument du pouvoir politique pour "transmettre et fixer ce qu'il convient que les hommes n'oublient pas". "Les édits du Pharaon, du Potesi ou du grand Hittite, ou le code d'Hammourabi" étaient ces textes sacrés inaltérables où l'écriture gardait une "valeur vitale" (Monnerot, *La France intellectuelle*, 18). En regard des arts graphiques, qui permettaient ce rapport transparent du monde et des signes, la rhétorique, les "arts du langage" apparaissent comme supplémentaires, dérivés et abstraits. Le mot n'est plus le messager fidèle et soumis des valeurs capitales qui rythmaient la vie politique et sociale de la cité, il ne vaut plus à la lettre mais pour lui-même, de façon autonome et sans être gagé sur l'épaisseur des choses. Cependant, bien qu'auto-représentatif, ce langage second retient les privilèges de la mnémotechnie.

> Du fait de leur usage premier: transmettre l'essentiel, les mots ont acquis des propriétés secondes. Ils en viennent — et la littérature est née — à représenter non seulement les choses mais les émotions ou les sentiments que les choses inspirent aux hommes. Ainsi peuvent-ils susciter des mouvements de la sensibilité en l'absence de la chose. (Monnerot, *La France intellectuelle*, 18-19)

C'est à la suite de cette dérivation et de ce déplacement que la littérature finit par constituer une arme redoutable dirigée contre l'ordre politique. La fonction de "l'artiste du langage", ou "littérateur", est en effet de maintenir l'illusion, d'entretenir l'ambiguïté de telle manière qu'avec du vent, en possession d'un jeu de signes abstraits, il puisse ensorceler son public et lui laisser croire que les mots qu'il utilise ont la même mémoire et le même pouvoir que les "vieux mots", qui "renvoyaient naguère à la mort, à la vie, à l'ordre et au désordre" (Monnerot, *La France intellectuelle*, 19). Les premiers littérateurs apparaîtront donc partout en Europe comme des fauteurs de troubles, "des facteurs d'anarchie et de séparation" écrit Monnerot (Monnerot, *La France intellectuelle*, 25). Cependant il ne s'agit encore là que d'une "anarchie", d'une subversion inorganisée, le plus souvent individuelle. Tout va changer quand le littérateur prendra conscience de l'ampleur de ses pouvoirs pour devenir *l'intellectuel*.

C'est dans l'affaiblissement du pouvoir monarchique que Monnerot aperçoit ce qu'il appelle "le germe de la sinistre métamorphose" (Monnerot, *La France intellectuelle*, 22), la mue du littérateur en intellectuel.

Profitant du déclin de l'autorité politique et religieuse, par quoi s'accentue l'angle d'écartement entre les mots et les choses, celui qui n'était encore qu'un "histrion condamné à plaire" prend soudain la mesure exacte de sa force. Non seulement il plaît mais il séduit et fascine, puisqu'il peut créer ex-nihilo un pouvoir de papier infiniment plus désirable que le pouvoir réel, un outre-pouvoir formateur d'un outre-monde paré des vertus sociales les plus aptes à satisfaire le vœu de conservation du grand nombre. Solidaires, ces vertus sont celles de la morale, du droit et de la science, pôles indissociables de l'homogénéité; vertus réactives qui substituent à la réalité cruelle de La-Vie la loi dénaturante d'un Bien, d'un Juste et d'un Vrai dégagés de l'histoire et de la pratique. Le pouvoir idéologique est donc ambigu. D'une part pouvoir réel, où se fait jour la volonté de l'intellectuel de plier le monde à ses exigences, d'autre part et en même temps, contre- et même anti-pouvoir qui refuse de s'avouer et de s'assumer comme tel, comme *pouvoir* précisément, en dédaignant de régner par la force du fait. A l'encontre du pouvoir "sévère" défini par Caillois, dans lequel la responsabilité de "celui qui contraint" est engagée de façon "inexpiable",[6] Monnerot conçoit le pouvoir idéologique comme un pouvoir ludique, modelable et accommodable selon l'agencement et la forme des mots. C'est grâce à ce type, ou plutôt à cette *espèce* de pouvoir, que l'"homme du ressentiment" ou le "prêtre ascétique" de *La Généalogie de la morale* peut déprécier La-Vie du haut d'un outre-monde. Et c'est en effet à Nietzsche que se réfère Monnerot quand il écrit qu'"une des caractéristiques constantes de l'intellectuel considéré comme espèce du XVIIIème siècle à nos jours, est de projeter sur des événements qui se passent ailleurs ses aspirations et ses espoirs" (Monnerot, *Sociologie du communisme*, 2ème éd., 184). Quant à cette projection dont l'auteur a figure de "Schöne Seele" hégélienne, elle est elle-même déclenchée par la peur face aux forces manifestes de la Nature ou de la Terre. C'est pourquoi l'idéologie, considérée comme idiolecte, vient confirmer et durcir le partage en classes d'êtres. Quand Monnerot définira ailleurs l'intellectuel comme celui qui "veut soumettre la pratique aux conclusions qu'il tire logiquement de certains de ses principes" afin de "transformer le monde conformément à des leçons apprises" (Monnerot, *La Guerre en question*, 11), ce sera dans l'intention de révéler la permanence d'une nature; la nature d'un faible qui, envieux du fort mais incapable de l'égaler ou de le défier, va déprécier son pouvoir pour le lui dérober sans risque. Monnerot emprunte à Nietzsche la démarche généalogique: que veut celui qui parle le langage de l'idéologie? Il veut régner en vérité et/ou en justice, en toute bonne conscience, c'est-à-dire sans frais ou sans dépense, en toute sécurité. Dans la forme d'un questionnaire, le dernier chapitre des *Faits sociaux*, intitulé "Directives générales pour

---

[6] R. Caillois, "L'exercice du pouvoir", dans *NRF* (octobre 1937); cité par D. Hollier dans *Le Collège de sociologie*, 233.

l'élucidation pratique de toute idéologie", est une telle généalogie de la morale intellectuelle.

>   I. — Quels comportements telle idéologie justifie-t-elle?
>   II. — Quelles exigences affectives satisfait-elle effectivement ou trompe-t-elle (comme on trompe la faim) pour un temps?
>   (Monnerot, *Les Faits sociaux,* 213-14)

Le texte idéologique est cependant autre chose que le texte d'un symptôme. La différence essentielle entre l'intellectuel et le névrosé est que le premier ne constitue pas un accident, mais une espèce; et une espèce littéralement *contre nature,* dont le caractère distinctif est un appétit démesuré de pouvoir qui, refusant de se satisfaire de façon immédiate, se retient, s'entretient, *se diffère.* Si l'homogène souffre "d'insuffisance ontologique", il faut dire alors de l'intellectuel qu'il a, vis-à-vis du pouvoir, l'attitude illusoire de l'anorexique. Ce que Monnerot appelle "déplacement du sacré", comme ce que Deleuze appelle substitution ou usurpation des "unités de production", c'est l'ensemble du processus par lequel les forces affectives qui sous-tendent et nourrissent la volonté de puissance vont se réaliser de la manière la plus sournoise, par le biais d'un texte soucieux de répondre scrupuleusement aux critères d'admission et de reconnaissance sociales.

Conscience: division

Dès lors on conçoit comment Monnerot, dans *Sociologie du communisme,* parvient à établir une filiation directe de l'intellectuel au zélateur de la "religion séculière". La Gesellschaft, comme terre d'élection et milieu ambiant de l'intellectuel, est née au XVIIIème siècle avec l'immense exorcisme des Lumières qui ont prétendu extirper jusqu'au moindre germe de superstition. Or comme la force sacrée ne peut davantage être détruite que les flux antérieurs qui l'invoquent, l'exorcisme, doublement manqué, est retourné contre lui-même pour que l'exorciseur se transforme en démon.

>   Tout se passe comme si les ferveurs rendues disponibles, les énergies déliées et libérées qui se détachent des croyances religieuses désaffectées, se reportent sur d'autres objets. . . . Comme si la formation d'un nouveau sacré venait comme à

tâtons compenser la perte des anciennes croyances ...,
comme s'il y avait non pas disparition mais *déplacement* du
sacré. (Monnerot, *Sociologie du communisme*, 2ème éd.,
442)

C'est ainsi qu'apparaît le communisme, "Islam" sans divinité —
puisque Dieu comme Allah sont morts — qui "ne peut exister comme
religion qu'en se donnant pour science" (Monnerot, *Sociologie du
communisme*, 2ème éd., 252). Mais pour Monnerot il serait naïf de
vouloir saisir la valeur historique de cette religion sans passer par
la "psychologie profonde" de son prophète et premier stratège, Karl
Marx. Fondée essentiellement sur "le ressentiment et le pouvoir dis-
solvant de l'intelligence solitaire", la stratégie de Marx consiste,
écrit Monnerot, à "diviser l'adversaire contre lui-même en ruinant
les fondements de sa bonne conscience". Conjugant les pressions
d'"un ennemi dans la conscience" (les impératifs de la morale bourgeoise) et d'"un ennemi existant corporellement en dehors de la
conscience" (la misère réelle d'un prolétariat réel sollicitant ces impératifs), Marx "fait appel aux mobiles les plus profonds" (le désir
de pouvoir ou de domination existant en tout homme à un degré
variable), "pour les opposer aux autres" (les mobiles "ultérieurs",
moraux, juridiques, etc., fondateurs de l'homogénéité) et mettre ainsi
l'adversaire "en accusation devant sa propre conscience" (Monnerot,
La Guerre en question, 76, 87). Malgré son apparente complexité
cette stratégie est simple. Elle repose sur l'opposition conflictuelle
la plus franche entre principe de plaisir/principe de réalité, "antérieur"/"ultérieur" ou encore force/sens. En plaçant les termes de ces
couples dans un rapport agonistique, elle consiste à ruiner le bon
fonctionnement de l'ensemble matriciel moteur-machine de telle façon
que ses éléments, mis en demeure de différer, de s'opposer et se
neutraliser l'un l'autre dans un jeu de tension ininterrompu, cessent
d'être immédiatement productifs pour, à la fois, empêcher/exciter,
tyranniser/tympaniser, la manifestation ou l'expulsion sadique essentielle à l'exercice du pouvoir.

Quand après avoir énoncé: "Le marxisme est la mauvaise conscience du capitalisme", Monnerot conclut: "Mais qui dit mauvaise
conscience dit conscience", on doit lui concéder une logique impitoyable. Parler de mauvaise conscience serait en effet ici à la limite
du pléonasme; car il n'y a pas de *mauvaise* conscience comme l'inverse d'une *bonne*, c'est la conscience qui est mauvaise en soi.

La conscience, comme l'indique l'étymologie, est déjà division, dualité. Elle risque toujours de gêner l'action. Douter est le propre de la conscience. C'est en éliminant la conscience que l'habitude ou l'instinct rendent l'action quasi parfaite. (Monnerot, *La Guerre en question*, 86)

Division, c'est-à-dire écart, hiatus, faille, retard entre le vœu et le fait, la pensée et l'acte, l'acte projeté et l'acte réalisé. La négativité de la conscience, le fait que cette négativité soit radicalement implosive et définitivement "sans emploi", n'est pas un accident qui serait survenu de l'extérieur à la conscience, mais sa fatalité. Cela explique en dernier lieu pourquoi l'intellectuel veut le communisme. Pourquoi il ne peut que vouloir, fatalement, adhérer à l'"Islam" où il trouve la possibilité d'échapper au nihilisme et à la déréliction auxquels aboutit nécessairement la pratique de l'intelligence solitaire, tout en ménageant son exigence de pureté. La dévotion à la "religion séculière" permet à l'intellectuel de faire coup double: de réaliser historiquement sa volonté de puissance — "on devient communiste, écrit Monnerot, parce que cette entreprise qui *marche* est là; elle est ce qu'on peut faire" (Monnerot, *Sociologie du communisme,* 2ème éd., 272) — mais, et c'est ici l'essentiel, conformément aux préceptes de ses "leçons apprises".

COMMUNISME ET FASCISME, RETENTION-EXPULSION DE LA SOUVERAINETE

La thèse qui fait du communisme la projection incarnée du surmoi capitaliste, si elle est originale quand Monnerot la formule en 1948, ne le reste pas longtemps. On la retrouve intacte, deux ans plus tard, dans un texte de Caillois: "Description du 'marxisme'" (Caillois, *Approches de l'imaginaire,* 104), de même qu'elle semble avoir largement inspiré *L'Opium des intellectuels* de Aron.[7] Mais c'est encore Bataille qui se montre le lecteur le plus sûr de *Sociologie du communisme*: dans les troisième et quatrième parties de *La Souveraineté* (1953) où il apparaît que le communisme ne se contente pas d'inhiber la dynamique sociale homogène, mais fait beaucoup

---

[7] R. Aron, *L'Opium des intellectuels* (Idées) (Paris: Gallimard, 1968).

plus en créant une nouvelle forme et, pourrait-on dire, une nouvelle *espèce* de souveraineté: la "souveraineté négative" (Bataille, VIII, 341).

Le pouvoir communiste, même s'il en découle, a peu de choses à voir avec celui de la Gesellschaft tel qu'il est représenté par Lebrun. Il n'est pas un simulacre de pouvoir, mais un pouvoir plein, doublement garanti par les composantes militaire et religieuse. A cela près cependant, que c'est en étant retournées contre elles-mêmes, dans une stratégie auto-agonistique, que ces composantes produisent la souveraineté: une souveraineté, comme l'écrit Bataille à propos de Staline, souveraine "de renoncer souverainement à la souveraineté". Ici la castration n'a pas la fatalité bio-logique qu'elle prend avec le mauvais maître bourgeois; au contraire, auto-sacrifice revendiqué et incarné par un maître véritable, elle atteint à la valeur d'un culte et d'une église fondés sur le ressentiment.

> L'autorité à laquelle Staline se heurta était violente, c'était celle du monde féodal; il ne pouvait pas se soumettre, et contre elle il engagea ... une lutte pour la vie et la mort. Pour un tel homme, la suppression des différences, et de la souveraineté qui en est la conséquence majeure, a donc au plus haut point le sens de ce retour à la souveraineté que représente l'abolition sous toutes ses formes de la souveraineté. (Bataille, VIII, 340-41)

Le communisme se présente ainsi comme le jeune archétype d'une nouvelle église dont le dogme, par la négation acharnée et féroce de toutes différences, enseigne impérativement la mort du sacré; et cette mort n'est pas plate, soit bourgeoise, car elle n'est pas définitive mais conservée, gelée dans la personne de Staline, qui, écrit Bataille, "n'eut que le *pouvoir* et non la *jouissance* (d'une) souveraineté qu'il n'accepta jamais pour lui-même." (Bataille, VIII, 360). De façon identique, Monnerot voyait déjà cette mort du sacré fossilisée vivante dans la personne d'un Marx, victime volontaire du trouble des instances, chez qui "l'intellectuel tyrannisait l'homme alors que le prophète tyrannisait l'intellectuel" (Monnerot, *Sociologie du communisme,* 2ème éd., 44).

Ce qui ressort de ce processus de confiscation et d'ossification de la souveraineté, c'est que le communisme n'a pas moins d'appétit que le fascisme quant au pouvoir. Bien qu'il refuse la jouissance du pouvoir Staline n'est pas Dianus; Bataille parle de "son pouvoir absolu et (de) la terreur qu'il fit régner" (Bataille, VIII, 343). Cependant la marque générique de cette terreur est qu'elle s'exerce au nom de valeurs anti-terroristes homogènes, voire hyper-homogènes, telles l'égalité et la soumission exclusive au principe de l'utile. Le pouvoir communiste manifeste une force qui se décuple à s'humilier. Ainsi Staline incarne cette force, mais il l'incarne, pour ainsi dire, à son *corps défendant*.

> Il ne fut pas à proprement parler souverain, mais plutôt *le contraire d'un souverain* ... mais la souveraineté *malgré lui,* entrait en lui *venant en quelque sorte du dehors.* (Bataille, VIII, 342-43; nous soulignons)

Rétention de la souveraineté contre expulsion de la souveraineté, immanence contre transcendance, ascétisme contre dépense, Staline comme dénégation d'Hitler — ce qui n'est pas la même chose qu'Hitler de signe opposé —. Cette opposition radicale et catégorique des pôles et des valences dans la plus grande intimité, place le pouvoir communiste et le pouvoir fasciste dans un rapport de concurrence mortelle.

> Un autre trait est caractéristique du fascisme, l'anti-communisme ... un anti-communisme intégral se présentant comme une alternative: "eux ou nous". Pour les fascistes, le communisme n'est pas une subversion s'attaquant à l'ordre établi, c'est un *concurrent dans la fondation du pouvoir.* (Monnerot, *Sociologie de la révolution,* 553)

"Le foisonnement idéologique" étant "un phénomène historique de Gesellschaft" (Monnerot, *Les Faits sociaux,* 206), le capitalisme secrète et génère le communisme mais en même temps réclame le fascisme comme son *antidote:* "Ressemblant au communisme autant qu'il faut pour le vaincre", le fascisme "agit à la manière d'un vaccin anti-communiste" (Monnerot, *Sociologie de la révolution,* 557).

L'efficacité du "vaccin" est liée précisément à la distinction tranchée du rationnel et de l'irrationnel, et dépend donc, par là-même, de la dénonciation du pseudo-rationnel; c'est pourquoi ce partage orthodoxe relève pour Monnerot, comme nous l'avons vu, d'un "impératif moral catégorique".

La perversion du tragique et l'édulcoration du mythe

Du fait qu'elle marque une limite, nous savons que la science est la suite moderne de la tragédie. Conduisant la conscience à son terme, elle la somme de révéler son manque et son défaut, et par là fait apparaître sa signification essentielle de *division*.

Monnerot le rappelle sans cesse: il n'y a pas de tragique sans conscience, c'est-à-dire sans lucidité ("Wir werden wir selbst, indem wir in die Grenzsituationen offenen Auges eintreten"). [8] La faute de l'intellectuel n'est pourtant pas l'absence de lucidité; elle est au contraire d'exploiter la clairvoyance tragique et de s'y installer comme dans un métier ou un état. Le "littérateur" est en effet un véritable spécialiste de la lucidité, celui qui vit *sur* et *de* la division dont il s'efforce d'approfondir et de suporter la faille le plus loin et le plus longtemps possible. La pseudo-rationalité n'est alors rien d'autre que la glose et le commentaire de cet effort; le jeu de langage dans lequel la fiction et/ou l'idéologie se substitue à l'acte pour représenter et reculer à l'infini le caractère insupportable de la limite où serait apparue la déchirure qui aurait dû le forcer à naître. Autrement dit la pseudo-rationalité est le simulacre de production, ou la production métaphorique, par lequel la conscience s'exténue à produire du texte *à la place de* l'Erlebnis ou du "réel-désir" attendu. La pseudo-rationalité présuppose donc la rationalité, de même que la littérature et l'idéologie présupposent la science dont elles prennent le relais exactement au point où celle-ci échoue; mais pour Monnerot ce refus de constater l'échec pour mieux le contempler n'a pas la valeur d'un courage; il correspond à une "conduite de fuite" (Monnerot, *Les Lois du tragique,* 12) au sens où Caillois, dans *Inquisitions,* parlait de "poésie de refuge". Dans les "arts du langage" comme art de cultiver l'échec *en* et *pour* lui-même, se manifeste la faiblesse et la lâcheté de qui cherche à différer la brutalité d'un contact im-médiat, *in-différant* avec le monde. Par rapport au mythe auquel elles se substituent, la littérature et l'idéologie représentent donc une dérivation et une édulcoration énergétiques. L'idéologie

---

[8] K. Jaspers, *Philosophie,* t. 2 (Berlin, 1932), 246; cité par Monnerot dans *Les Lois du tragique,* 12.

est au mythe comme une excitation lente et diffuse à une émotion-choc", écrit Monnerot, et il poursuit:

> Dans l'idéologie, l'élément mythique tend à se détacher de son contexte affectif ... Alors que le prolongement "naturel" du mythe c'est l'acte, l'idéologie est vie prise dans un réseau de relations notionnelles où l'élément mythique se dilue, se décharge et s'égare. Alors règnent les casuistes, les docteurs, les hérésiarques qui volent à l'"homme du mythe" son action. (Monnerot, *Sociologie du communisme*, 2ème éd., 356)

En même temps cette faiblesse refuse de s'avouer et de se reconnaître. A la différence de l'homogène, le "littérateur" ne se démet pas de son pouvoir; il persiste et devient l'intellectuel, qui, grâce à la manipulation des mots, "passe aux yeux de son public pour une sorte de 'surhomme', alors qu'il est tout le contraire" (Monnerot, *La France intellectuelle*, 25). L'inaction et le ressentiment, l'*invidia* quant au pouvoir du maître, fonctionnent de façon complémentaire: toutes deux à base de retenue, de représentation, et non pas d'expulsion mais de projection des tensions. De même qu'il critique Bataille ou Breton de ne pas admettre qu'"une pensée novatrice ne transforme le monde que si elle se métamorphose en genre de vie" (Monnerot, "La fièvre de G. Bataille", *Inquisitions*, 201), Monnerot fait le portrait d'un Marx qui n'agit pas mais attend, assis, en projetant sur la société qui le nie et dont il rêve d'être le prince, toute la force de son ressentiment. "Marx ne quittait pas souvent Londres, il tentait de faire par l'imprimé ce que Saint Paul avait accompli par ses voyages missionnaires. Marx attendait les occasions favorables à l'insertion de sa doctrine dans les faits" (Monnerot, *Sociologie du communisme*, 2ème éd., 50).

La "doxanalyse": le savant et le seducteur

Cette duplicité de faiblesse et de force qui fait de l'intellectuel un "affectif cérébral" (Monnerot, *La France intellectuelle*, 25), résulte, nous l'avons vu, d'un trouble et d'une confusion des instances, d'un déplacement et d'un gauchissement dans le dispositif du "moteur" et de la "machine". En décapant le texte idéologique pour révéler, sous la fausse cérébralité, l'affectivité véritable, la "doxanalyse" se propose donc de rétablir ainsi le sacré à sa place. L'ancêtre et le modèle de cette méta-science est Pareto, dont la méthode s'applique à rechercher les "coefficients d'aberration" à l'intérieur du matériau idéologique. Pareto, explique Monnerot, considère le logique comme une "normale", au sens strict du mot en géométrie, à partir de quoi seront mesurés les écarts, soit ici l'ampleur du travail affectif, qui, faussant la "ligne normale" indique que l'on est passé du "logique" au "rhétorique" (Monnerot, *Intelligence de la politique*, t. 2, 162-67). La valeur exemplaire du *Traité de sociologie générale* vient de ce que son auteur, en traçant la limite de la science en fonction d'un étalon ou d'un critère, ne risque pas de mixer les instances. Pareto, en effet, ne force pas son texte, il ne joue pas sur deux registres; il n'est pas affectif-cérébral, mais cérébral purement ou simplement.

> Le "social" n'est pas pour lui, la projection ... du "besoin d'être approuvé par la collectivité" sous ses formes les plus impérieuses; il a plutôt l'attitude d'un physicien en face d'une chute d'eau, qui ne songe qu'à calculer des différences de potentiel. L'attitude intellectuelle de Pareto ne nous rappelle pas *le théologien courbé ou le scribe accroupi, mais l'ingénieur debout.* (Monnerot, *L'intelligence de la politique*, t. 2, 156; nous soulignons)

Pourtant cet "ingénieur debout" n'est tel que de se plier à une démission; tel d'accepter une forme de remise objective. Dans *Sociologie des fascismes* Pareto incarne et actualise à la perfection ce "savant idéal" qu'évoquait trente ans auparavant, sur un mode encore métaphorique, le texte d'*Acéphale*. Le savant atteint à cette sorte de dignité que confère la station verticale dans l'exacte mesure où il n'outrepasse pas son rôle, celui d'"un instrument certes précieux entre tous", disait "Dionysos philosophe", mais néanmoins d'un instrument, dont la valeur ou l'efficacité exige qu'il se place, volontairement ou non, "entre les mains de plus puissant que lui", entre les mains du "séducteur", c'est-à-dire ici, Hitler ou Mussolini. Comme quoi le politique est l'autre du savant sans lequel le savant ne serait pas ce qu'il est.

> Les sociologues dignes de ce nom, travaillent pour des politiques futures, qu'ils le sachent, le veuillent ou non.... Il n'est aucun de ceux que les historiens universitaires pren-

nent pour des "doctrinaires" du fascisme, qui, sans doute, l'eût approuvé. Pareto n'a vu que l'ascension de Mussolini, qui lui paraissait — peut-être — prometteuse. Spengler est mort désespéré après l'avènement du national socialisme. (Monnerot, *Sociologie de la révolution*, 552)

Le rationnel et l'irrationnel sont ainsi enchaînés dans une complicité et une complémentarité immanentes. La science indique le manque que le politique a pour fonction de combler, elle met en formule la demande à laquelle il a pour "devoir" de répondre. C'est l'orthodoxie naturelle de cette alliance que le pseudo-rationaliste, mais plus généralement celui que l'on peut appeler désormais *l'homme du texte,* risque de fausser. Qu'il soit "littérateur" ou intellectuel, nous savons que l'homme du texte ne respecte pas le jeu de la remise — ou jeu du qui-perd-gagne. En cela différent de l'homogène et du "savant idéal", il se défile, parvenant à tourner le danger, voire même à le dissoudre, par le biais du langage. Dans tous ses textes Monnerot utilise les mêmes noms pour qualifier l'Ennemi. L'Ennemi c'est l'"histrion", le "vaticinateur", le "balladin", mais aussi le "charlatan", l'"astrologue", le "chiromancien"; autrement dit, l'indéterminable, l'indécidable, l'insaisissable, qui utilise et désamorce le pouvoir des "vieux mots" pour ne pas les mener au bout de leur impact. Ancien "littérateur" et clerc défroqué lui-même, il n'est pas surprenant que Monnerot fasse preuve de perspicacité dans sa définition de la stratégie et de l'économie générale du texte. La littérature, écrit-il,

> c'est le surnaturel lorsqu'on n'y croit plus. Mais le fait d'y avoir cru laisse un ancien frisson; et cet art n'est que la possibilité de l'évoquer. C'est sur un tel dépôt psychologique, plus précieux d'être équivoque, que se fonde la littérature. (Monnerot, *La France intellectuelle*, 19)

Homo duplex, l'homme du texte semble projeter sa propre duplicité sur l'Ordre, linguistique, social, politique, qu'il pervertit: Où est la force? Où est le sens? Y a-t-il même quelque chose comme une "force" et un "sens"? (Et d'ailleurs, à quoi bon?). Interrogeant à l'infini de mots qui ne sont plus lestés par le poids d'une science ou par le poids d'un corps, il compromet — déporte en abstractions, en représentations — le "Rapport irrationnel et suprême qui existe entre le Führer et le Volk". La haine qu'Hitler voue à l'homme du texte est donc pleinement justifiée; haine sauvage, viscérale, instinctive dont Monnerot traite longuement dans les sections 14 et 15 de *Sociologie des fascismes,* intitulées, précisément, "La Haine des intellectuels" et "Antisémitisme".

"La haine des intellectuels"

La fondation de pouvoir opère au niveau du "moteur", à partir du frayage et de la réactivation des traces de la mémoire profonde. Le texte, dans la mesure où il implique une distance et un retard, est automatiquement exclu du processus. Cette exclusion ne relève pas d'un choix ou d'une décision de la part des fascistes; en adéquation parfaite avec la situation d'où ils sortent, ceux-ci sont naturellement allergiques au texte et, par là même, spontanément immunisés contre lui. "Hitler et Mussolini sont des hommes d'en bas, écrit Monnerot, une fois qu'ils sont en selle, ils ne se laissent pas désarçonner par des mots. Les mots n'ont pas de résonance en eux" (Monnerot, *Sociologie de la révolution,* 559). Le texte servira donc de preuve *a contrario,* de critère négatif pour établir et sanctionner le partage entre fascistes et communistes. Alors que "Lénine, comme d'autres marxistes, suit les événements avec un livre, en cherchant toujours la page", les chefs fascistes, poursuit Monnerot, " 'sentent' le mouvement qui les porte (et) suivent les événements comme un médium réalise l'acte suggéré" (Monnerot, *Sociologie de la révolution,* 559).

L'attitude de répulsion à l'égard du texte est commune au Führer et au Volk, et elle est déterminante quant à l'authenticité, à la solidité du lien qui les rassemble dans le "rapport suprême". Si le chef ou le souverain reste, par définition, irréductible à la masse, il lui ressemble au point, écrit Monnerot, de "se confondre avec elle par le manque de culture, d'objectivité et de rationalisme" (Monnerot, *Sociologie de la révolution,* 579). Cette (con)fusion qui opère ici à travers les arcanes d'une mnémotechnie à laquelle ne touchent pas les textes, ne peut être, on s'en doute, accessoire ou supplémentaire; symbolique ou réel, l'autodafé du texte représente la "quasi cause" ou, comme l'écrit Monnerot, la "condition même de *l'apparition du chef,* qui en fait l'objet d'une sélection historique.... Un homme de haute culture ne pourrait être le parfait résonateur des croyances irrationnelles qui soulèvent la masse" (Monnerot, *Sociologie de la révolution*, 579).

Mais c'est aussi pourquoi les leaders fascistes ne sont pas si certains de leur immunité. Comme le vampire, habitant de la nuit, s'oppose à la lumière mais lui est vulnérable, le fasciste craint un texte dont il sait que la loi finirait par le vaincre. L'intellectuel n'est peut-être qu'une illusion, un surhomme de papier, il n'empêche; cette affirmation de Monnerot, vœu plutôt que credo, n'est pas si sûre d'elle-même; à preuve d'autres pages où il va jusqu'à décerner à Durkheim ou à Marx le titre glorieux de "grand Individu". Tout porte à croire que, pour Monnerot, et malgré les attributs dont il l'accable, l'intellectuel reste une sorte d'hétérogène négatif ou réactif; à la manière de Staline un hétérogène subversif de l'hétérogénéité, et, de ce fait, communiste ou non, un concurrent dans la fondation du pouvoir.

Quantitativement et en tant que classe les intellectuels représentent une infime minorité sociale, composée le plus souvent d'individus isolés agissant en lisière de masse. Il est important de ne pas confondre cette marginalité sociale avec le trait fondamental de l'hétérogénéité. L'intellectuel n'est pas "out of", prend soin de préciser Monnerot, comme l'hétérogène authentique qui se met spontanément au ban des alvéoles, il est "out side"; entendons qu'il se tient volontairement à distance du noyau social grâce à une série de différences superficielles, c'est-à-dire culturelles et non mnémotechniques, acquises au cours d'un laborieux apprentissage. Minorité éclatée, différenciée à l'extrême et soucieuse de le rester, la classe, ou maintenant ici, *l'espèce* intellectuelle, est donc impropre au mythe qui réclame au contraire le grand nombre, l'oubli des différences, la communion et la fusion des éléments en un tout. Cette impropriété au mythe, d'ordre *quantitatif*, se double d'une impropriété d'ordre *qualitatif*. L'histoire des intellectuels, telle que Monnerot la rapporte, est un long dressage et un oubli du corps en texte. Dans sa forme d'ascèse cette histoire prédispose non pas à détruire le mythe, ce qui exigerait une tout autre force, mais à le déconstruire en l'attirant à la surface pour l'ouvrir, l'autopsier "de loin et à distance", comme s'il était une chose, ou pire ici, un texte. — Ce pourquoi l'intellectuel, allergique à l'opacité, a toujours été structuraliste bien avant la lettre, voulant savoir comment ça marche et comment ça fonctionne, d'où ça vient et où ça va —. Alors que tout au contraire:

> L'irrationalisme résulte de ce que la réponse qui convient à une situation de détresse ... exige la mobilisation psychologique en profondeur de l'homme moyen. ... Le rationalisme appartient aux zones supérieures ou superficielles ... du psychisme. Quantitativement, le rationalisme ne peut caractériser qu'une infime partie de la population. ... Qualitativement, il s'agit d'éléments sociaux très spécialisés, limités aux professions et états qui requièrent un grand nombre de connaissances, un entraînement permanent au raisonnement. (Monnerot, *Sociologie de la révolution*, 578)

De la même façon que les mots ne résonnent pas en Hitler ou Mussolini, l'intellectuel est insensible au mythe. Comment celui qui fait profession de diviser le centre, de solliciter ou déconstruire l'idée massive de totalité, pourrait-il être décentré par une situation dont il écrit ou représente la détresse au lieu de la vivre? Cette frigidité face au mythe, et, plus largement, face à La-Vie, n'a cependant pas chez l'intellectuel le caractère d'évidence qu'elle a chez les fascistes à l'encontre des mots; elle exige l'intervention d'une "conscience sadique" parée pour le supplice. Chez l'homme du texte l'immunité au mythe n'est pas la manifestation spontanée ou facile d'une force ou d'un désir, mais la réalisation d'une volonté qui s'acquiert (alors même qu'elle se mise) au prix de l'écriture; et cette volonté n'émane pas de la spécificité d'une nature; elle relève d'un travail à rebours pour contrer la nature et lui apprendre à vivre, c'est-à-dire d'une *éthique* — à laquelle répondent dans le texte de Monnerot les mots pauvres de "spécialisation" ou "entraînement".

Créateur du contrat et fondateur de l'homogénéité, l'intellectuel devrait être, suivant la stricte loi de la "doxanalyse", un *objet* de l'histoire; il devrait être, plus et mieux qu'un autre, prédestiné à la remise, or au contraire sa réaction au mythe est purement négative, et pas seulement neutre mais offensive. En définitive l'intellectuel reste irréductible à la normale fictionnelle d'un homme moyen de la catégorie homogène, qui, selon Monnerot, fournit l'aliment et le matériau mythistorique privilégié. Et cela parce qu'avant d'être le protégé et l'usager du texte, l'intellectuel en est lui-même l'artisan, le fondateur et le défenseur. Il n'est pas simplement homme *du* texte, mais homme *de* texte, ou mieux, *homme-texte*.

Le caractère monstrueux du marxisme vient de la cohabitation de la science (l'économie politique) et de son contraire (la dialectique hégélienne héritée d'Héraclite), ce pourquoi, écrit Monnerot, "le matérialisme dialectique" est "une hérésie logique", "un incompatible hybride", "un monstre doctrinal" (Monnerot, *Sociologie du communisme*, 2ème éd., 246-47). Vis à vis de l'écriture de Bataille la répulsion de Monnerot porte également sur le motif de la mixité et de la confusion des instances.

> La pensée de Bataille se présente comme une sorte de centaure: le buste est intellectuel, le reste est engagé dans l'impression brute, informulable, non-distinction d'avec la nature, cénesthésie de bête blessée. (Monnerot, "La fièvre de G. Bataille", 205)

A travers cette tératologie du langage s'exprime la peur véritable qu'inspire à Monnerot (comme à Hitler), la présence de l'indécidable, l'idée active de mouvance et de glissement. L'homme-texte est-il en haut ou bien en bas, est-il faible ou fort, science ou affectivité? Comment le situer sur l'échelle de l'hétérologie? En pensant à la rapidité avec laquelle Bataille a su se dégager du manichéisme hétérologique, on ne doit pas dire avec Monnerot que l'intellectuel est "out*side*", mais plutôt "out*slide*": il s'échappe en glissant pour excéder toute forme et toute espèce de catégories. Homme d'un côté, texte de l'autre, violence, désir de gloire, et, concurremment, sacrifice, représentation sacrificielle de cette violence, l'homme-texte n'est jamais, à aucun moment, l'homme d'un *differre* au détriment de l'autre, mais bien l'homme de la *différance*. L'homme comme jeu souverainement vain de différences, négativité qui n'a effectivement, efficacement, *pas d'autre emploi que de consumer la violence*. Ici s'opposent et se combattent deux idées du tragique, deux idées spécifiques également exemplaires; avec Monnerot, qui voit le destin au bout de la conscience, après elle, dans la nuit sur laquelle elle achoppe, et avec Bataille, dont la destinée se poursuit au fond de cette déchirure insondable que la conscience *est* alors même qu'elle ne cesse de l'approfondir.

Monnerot n'a pas tort quand il parle de l'aspect "centaure" des textes de Bataille. Chez l'homme-texte, le texte n'est pas dissocié de l'homme, extérieur à lui, il n'est ni expression ni projection. Réel-supplice introduit dans le plein du désir et porté à la hauteur d'un culte ou d'une éthique universels, il est l'être exigeant de l'homme qu'il vienne à la place des "unités de production". S'il y a un rapport entre l'homme-texte et Staline, c'est que tous deux ont renoncé à posséder la souveraineté pour "faire le mal à (leur) solitaire profit"; à cette différence inestimable près cependant, que le premier ne pratique pas une terreur implosive en gelant son désir de gloire, mais que ce désir, au contraire, il le met en flammes. L'homme-texte produit de la littérature *avec* le mal, *avec* c'est-à-dire *à partir* du mal et *contre* lui. Dans le processus de fondation du pouvoir l'homme-texte apparaît d'emblée hors concours. Certes non par indifférence, mais du fait de l'exigence, si l'on peut dire, méta-hétérogène, qui le maintient à l'écart de la ligne entre origine et destin tragiques. Vis-à-vis et à l'intérieur de ce processus sa place n'est donc pas celle de concurrent — et Monnerot le sait bien — mais celle, à la fois excentrée et focale, de *sacrificateur*. Une fois de plus c'est ce que semble avoir compris Hitler — toujours grâce à son "sûr instinct".

> L'opération d'activation des énergies pourrait être entravée par un bain de rationalisme.... Les spécialistes de l'"activation" des masses se défendent instinctivement contre un péril qui n'est pas tout à fait imaginaire.... Les sarcasmes, la hargne extrême d'Hitler contre les intellectuels, les docteurs d'université, les professeurs, etc...., ne s'expliquent pas seulement par des ressentiments d'autodidacte, mais aussi, mais surtout par un sûr instinct de l'ennemi. Il lui est indispensable de discréditer ceux qui pourraient peut-être éteindre le feu qu'il attise. (Monnerot, *Sociologie de la révolution*, 579-80)

"Antisemitisme"

Par un retournement proprement paranoïaque du texte de Monnerot, l'intellectuel, en même temps qu'il passe de la pseudo-rationalité à la rationalité, devient à son tour "vaccin" ou "antidote" susceptible d'étouffer la demande et d'enrayer le processus de fondation de pouvoir. Monnerot parle alors des "sarcasmes", de la "hargne extrême" d'Hitler. Bel euphémisme! Car au niveau où évolue le fascisme l'abstraction n'a pas cours. De même que le pouvoir atteint sa plénitude dans la personne du chef, la "haine des intellectuels" doit s'incarner pour être; elle doit solliciter des exigences affectives autrement plus profondes que celles qu'effleurerait une critique de texte. C'est sur le peuple juif que la "psyché fasciste" "projette" la menace rationaliste.

> L'interprétation des faits historiques par ... la psychée fasciste ... se fait en termes d'*attraction* et de *répulsion*. Dans un tel domaine, toute représentation s'incarne.... La "projection" (au sens psychanalytique du terme) du rationalisme qui, puissant, eût pu faire manquer l'opération de création de pouvoir, la projection de ce rationalisme sur des étrangers, des êtres qui n'étaient pas du *Volk,* trouva une forme déviée et exagérée, mais significative, dans l'antisémitisme. (Monnerot, *Sociologie de la révolution,* 581)

A la suite du traité de Versailles, explique Monnerot, les anciens dirigeants de l'Allemagne vaincue, qui symbolisaient "l'Allemagne du temps qu'elle était victorieuse", sont contraints de céder la place aux républicains et aux partis de gauche. A ce changement d'équipe correspond une "émergence des Juifs" à l'avant de la scène sociale et politique, de telle sorte que ceux-ci apparaissent aux yeux de la population comme les bénéficiaires et donc les responsables de la défaite.

> Des conditions nouvelles nées du traité de Versailles levèrent des barrières invisibles: les Juifs devinrent plus visibles, firent parler d'eux dans des professions (industriels, avocats, médecins, professeurs, journalistes, écrivains) qui désormais étaient le plus en vue par suite de l'éclipse des anciennes classes dirigeantes. Ils figurèrent dans les partis politiques les plus hostiles à l'ancien état de choses ... L'émergence des Juifs apparaissait comme une création de la défaite. (Monnerot, *Sociologie de la révolution,* 582)

Compte tenu de la prudence dont Monnerot veut faire preuve dans cette section, on est surpris que ce qu'il appelle "l'émergence des Juifs" ne soit pas autrement expliqué que par "la levée de barrières invisibles". On voit mal également comment le changement d'équipe dirigeante peut être cause directe de cette "émergence". La réponse est fournie après quelques pages. Le lien secret qui unit les Juifs et la démocratie de Weimar, c'est le rationalisme.

Dans "les milieux bourgeois où se recrutèrent les représentants les plus typiques de la république de Weimar, poursuit Monnerot, on ne tenait pas les Juifs en lisière". Or, "ces Juifs affichaient un rationalisme qui les rapprochait, dans l'esprit des vaincus, des 'marchands' anglo-saxons et des 'procureurs' français" (Monnerot, *Sociologie de la révolution,* 582).

Cependant l'explication du mécanisme projectif n'a toujours pas avancé d'un pouce. Prise à ce niveau la tentative de Monnerot pour substituer l'antirationalisme à l'antisémitisme reste irrecevable d'un point de vue "doxanalytique". Comment se fait-il en effet que les Juifs, en tant que peuple, puissent être plus rationalistes que d'autres; et, même si cela était (pour des raisons de "psychologie profonde"), d'où la "psychée populaire" tiendrait-elle le moyen de reconnaître ce rationalisme et pourquoi lui ferait-il horreur? Y aurait-il une réalité, un phénomène rationaliste, ayant son mode propre de se manifester? Il faut le supposer, comme il faut supposer que c'est l'instinct du Volk — les traces infaillibles de sa mémoire profonde — qui lui permet de sentir où se trouve l'Ennemi. D'ailleurs la projection n'est pas vraiment fantasmatique; à la limite il ne s'agit plus du tout de projection mais de constatation, puisque Monnerot reconnaît que "rationalistes en majorité, les Juifs *se prêtaient à incarner* le rationalisme, à donner des visages à un ennemi abstrait" (Monnerot, *Sociologie de la révolution,* 582). En fait, dans ce texte pour le moins ambigu, la projection n'a pas lieu dans "la psychée fasciste", mais dans celle de Monnerot. Car ce n'est pas d'être tenus pour les bénéficiaires de la défaite, ni même d'être perçus comme rationalistes — ce qui, à la lettre, ne signifie rien — dont les Juifs sont coupables; coupables ils le sont de façon plus profonde et d'une culpabilité indélébile: pour représenter, incarner dans leur histoire présente et dans leur existence, la dualité et/ou la duplicité fondamentale de l'homme-texte.

Par son texte le Juif-rationaliste est profane, c'est un agnostique ou un athée qui a perdu la foi. Ayant rompu avec la tradition de son peuple pour devenir un "républicain à la mode", il n'est plus Israélite. Or en même temps qu'il *apparaît* républicain, il *est* Juif. Juif en profondeur, républicain rationaliste à la surface, affectivité avant d'être texte. De sa religion il n'a en effet perdu que le dogme, c'est-à-dire, pour Monnerot, l'élément le plus officiel ou le plus artificiel, alors que, d'autre part, il reste attaché à sa culture et continue d'entretenir "de bons rapports avec ceux de ses ex-coreligionaires restés fidèles aux particularités originelles" (Monnerot, *Sociologie de la révolution,* 583). Quoi qu'il dise ou fasse, le rationaliste ne peut pas davantage dissimuler le Juif que le paraître ne peut cacher l'être.

> On n'appartient pas pendant deux millénaires à une minorité religieuse ou ethnique sans en conserver et des traits communs et des liens particuliers, qu'il n'est pas au pouvoir des zones claires de la conscience et du rationalisme superficiel de dissiper instantanément. (Monnerot, *Sociologie de la révolution,* 583)

C'est de ce rapport non-clair, non-franc, entre surface et profondeur, mode et tradition, savoir et mémoire, que le Juif-rationaliste va être victime.

La "psychée populaire fasciste" ne s'embarrasse pas de distinguer entre *dualité* et *duplicité*. "L'Homme instinctif pouvait, sans peine, être poussé à voir dans le républicain à la mode le Juif sécularisé (Monnerot, *Sociologie de la révolution,* 583). Pour cet homme "d'en-bas", quand les Juifs apparaissent étrangers à leur propre tradition, il ne s'agit là que d'un masque, d'un revêtement intellectuel dissimulant une exigence affective. En réalité, soit en termes de "réel-désir", et suivant le principe du viol ou de la dénégation, les particularismes ne sont rejetés qu'afin de s'imposer, et le Juif-rationaliste ne semble si détaché de la foi et de l'histoire de son peuple qu'afin de mieux leur asservir le Volk.

> Le détachement même qu'ils professaient par rapport aux croyances ancestrales les fit suspecter de duplicité.... Ils paraissaient hypocrites lorsque, rationalistes, ils s'opposaient à toutes les particularités. S'ils se montraient anti-cléricaux contre les pasteurs et les évêques, on se demandait s'ils l'étaient tout autant contre les rabbins. S'attaquant ... aux particularismes (ethniques, nationaux, religieux) de leurs hôtes, ils donnaient prise au soupçon de tendre à supprimer toutes les particularités non seulement à l'exception, mais au profit de la leur. (Monnerot, *Sociologie de la révolution,* 583)

Les Juifs ne sont pas victimes de leur rationalisme, mais de leur pseudo-rationalisme. Ils sont punis, massivement, parce qu'ils *font semblant* d'avoir perdu la foi, le sens du sacré, tandis que cette fausse perte sert à masquer des intérêts clairement impérialistes. On aura reconnu le syndrome type de l'intellectuel, la confusion des instances, le mélange haut et bas; et c'est de cela que sont punis les Juifs; ils sont punis en tant qu'hommes-texte, pour avoir *déplacé le sacré*.

Ce que Monnerot appelle d'une façon assez odieuse le "tragique malentendu", par lequel la "psyché populaire fasciste" n'aurait pas su distinguer entre "dualité" et "duplicité", est un moyen habile pour exprimer, sans l'assumer, sa propre "haine des intellectuels". Cette haine attribuée, sous couvert d'objectivité, à Hitler et à ses partisans, appartient à part égale à Monnerot; à tel point qu'on est tenté de parler, en pensant à l'opération du *vicarium daemonem*, de dédoublement de personnalité. Ainsi quand Monnerot décrit chez Hitler "une sorte de préscience et d'intuition dans tout ce qui touche à la détection et à la direction des énergies affectives", et poursuit:

> Pour l'homme doué du *superb insight into mob psychology* il était possible d'orienter les énergies de manière que les Juifs ... apparaissent comme étrangers incarnant le rationalisme glacial, extrinsèque à la vie, dont la généralisation dans la société est incompatible avec la création de pouvoir. (Monnerot, *Sociologie de la révolution*, 584)

Nous en savons désormais suffisamment sur les convictions de Monnerot pour comprendre que le mécanisme de projection contrôlée qu'il définit comme "la qualité maîtresse" du Führer, est le calque parfait de sa propre stratégie; soit aussi à la fois, dans le plus pur style sorélien, la représentation grossie, magnifiée, portée en forme de fresque primitive à l'ampleur d'une apocalypse, d'un délire paranoïaque.

Il est encore remarquable de voir comment Monnerot s'efforce d'évacuer la question de la race. Dans la section "Variables et constantes du fascisme", l'antisémitisme appartient aux variables, il n'est pas un critère différentiel du fascisme. "L'antisémitisme, écrit Monnerot, n'est pas inhérent à la description sociologique du fascisme. Il fut étranger au fascisme italien. C'est une influence hitlérienne et tardive" (Monnerot, *Sociologie de la révolution*, 590). Ni la biologie ni l'histoire ne sont ici en cause. Tout se passe comme si n'importe quel autre groupe, placé dans des circonstances analogues, eût pu faire office de bouc émissaire pour peu qu'il possédât et professât les caractères déterminants de l'attitude intellectuelle. Ce ne sont pas les Juifs en tant que peuple qui font les frais de l'holocauste, mais les (pseudo)-rationalistes, du fait qu'ils "se prêtent" à la colère, pour ainsi dire *justifiée,* du Fûhrer et du Volk. Il semble donc difficile d'assimiler Monnerot à un vulgaire raciste; et en un sens, raciste, il ne l'apparaît pas vulgairement, mais de façon élaborée et à travers une contradiction qui n'est pas forcément évidente. L'antisémitisme est classé parmi les "variables" du fascisme alors que l'anti-rationalisme l'est parmi les "constantes". Or les Juifs sont, de fait, rationalistes, ce qui n'est pas un trait biologique mais pourtant un caractère d'espèce (dans le sens où les intellectuels forment une espèce). Par cette contradiction, aussi révélatrice qu'un lapsus logique, la haine de Monnerot n'est en rien différente d'un antisémitisme réel. Elle apparaît au contraire comme le fondement archétypique de toute violence raciale. Pour le comprendre, qu'on oppose à la "préscience" d'Hitler la clairvoyance de Sartre, qui écrivait, précisément dans ses *Réflexions sur la question juive*:

> Les explications par l'hérédité et la race sont venues plus tard, elles sont comme le mince revêtement scientifique d'une conviction primitive / l'Antisémite a choisi la haine parce qu'elle est une foi; il a choisi originellement de dévaloriser les mots et les raisons / l'antisémite adhère, au départ, à un irrationalisme de fait (et) s'oppose au Juif comme le sentiment à l'intelligence, comme le particulier à l'universel, comme le passé au présent, comme le concret à l'abstrait. / Si le Juif n'existait pas, l'antisémite l'inventerait.[9]

Et c'est bien ce qui s'est passé; Monnerot a *inventé* non pas le Juif, mais le pseudo-rationaliste. De même qu'il a inventé le "mythistoire" comme le châtiment suprême qui devait le frapper. Littérateur/intellectuel lui-même, il a créé la scène mythistorique dans le but de conjurer ou d'exorciser, en le projetant sur d'autres, son échec mal vécu face à l'empire des signes. Il ne faut jamais perdre de vue que pour être passé par le surréalisme, Monnerot n'en est jamais radicalement sorti.

Il est certainement terrible de voir le compagnon de Breton, l'ami de Bataille et de Caillois, terminer sa carrière au *Figaro* dans les rangs d'une droite musclée incarnée par Le Pen, mais il est aussi formidablement instructif de suivre, sur plus d'un demi-siècle, l'itiné-

---

[9] Sartre, *Réflexions sur la question juive* (Paris: Paul Morihien, 1946), 47, 23, 30, 15.

raire de cette mutation qui n'est peut-être pas si personnelle, et, en tous cas, très loin d'être gratuite.

La haine de l'intellectuel, nous l'avons vu à l'égard de Marx, se concentre sur qui n'agit pas, dont l'existence n'est pas consommée en actes mais autorisée et justifiée par du texte. Cette volonté de ne pas être un assis n'est pas propre à Monnerot. Elle est le fait d'une époque et d'une génération avec lesquelles nous sommes loin d'en avoir fini.

Quand Benjamin constate que l'*Œuvre d'art au temps de ses techniques de reproduction* a définitivement perdu son *aura*, il indique simultanément le danger potentiel issu de cette perte. Comme Bataille dans "Le Sacré" il reconnaît que l'art sans œuvre est aussi bien un pousse à l'œuvre, mais à l'œuvre vive et totale. Art comme auto-création ou auto-production énergétique, art comme sacralisation, genèse. Dans les années trente, le double mouvement d'attraction-répulsion exercé par l'œuvre dans sa présence impossible est donc assez cohérent. Dans la forme rituelle d'un sacrifice de la représentation et d'un auto-sacrifice du sujet, on écrit que "toute l'écriture est de la cochonnerie" (Artaud), on se gausse des "pohètes" (Breton), on se définit "un homme qui n'a plus rien à faire et non un homme qui préfère parler" (Bataille), mais tout en s'efforçant de continuer à écrire, mobilisé par la chance, par la possibilité toujours ouverte, toujours offerte, d'une réalité prospective. C'est pourquoi ce potlach de signes-boomerang ne peut se réduire à un nouveau genre. A l'origine, et avant même de mériter son nom, la "conscience sadique" n'a pas accepté le supplice pour s'y mirer, mais pour accéder au phénomène, à l'Erlebnis que constitue l'instant de son propre débord. Initialement l'esthétique sacrificielle ne s'applique pas à une représentation abyssale ou limite de la réalité, mais à sa *fondation*. C'est à un tel retour par excès que pense Monnerot dans *La Poésie moderne* quand il évoque la nécessité de retrouver une "motion caractéristique, toujours la même ... un *emotional undertone*, totalité affective" permettant d'atteindre "une réalité *autre que celle qui est donnée* dans l'expérience ordinaire" (Monnerot, *La Poésie moderne*, 108). L'art sans œuvre est hanté et mobilisé par l'image d'une violence plastique d'où sortirait une réalité produite et mise en forme par l'inscription profonde d'un concours de traces.

Et pourtant Monnerot, seul, dépasse ce que nous appelons esthétique sacrificielle. Il dépasse cette esthétique — ce qui signifie qu'il la déporte comme il l'oublie — pour avoir sauté le moment de l'œuvre ouverte ou impossible, quand le langage acculé face au vide expérimente ses limites et se retourne encore, cherche à saisir ce vide afin de lui offrir sa propre insuffisance. Grâce à l'épargne de ce saut la vérité du langage n'apparaît plus, comme chez Bataille, du côté de son exténuation et de son silence, mais à l'autre bout, du côté de son origine et de sa naissance, là où les "vieux mots" peuvent reconquérir leur efficacité magique et favoriser, au contraire de sa mort, la renaissance et la réincarnation de l'Individu.

Or nous le savons, ce trajet à rebours par lequel le langage doit revenir au corps et à la chair, a été exemplairement celui d'Artaud. Quoi que cela puisse nous coûter il faut supporter d'admettre, à l'origine de la scène mythistorique et de la scène de la cruauté, la volonté de mettre en œuvre une même nostalgie.

LA SCENE MYTHISTORIQUE

A Baudrillard affirmant que "Nul n'a jamais envisagé sérieusement cette autre face du pouvoir, celle de sa réversion symbolique" (Baudrillard, *Oublier Foucault*, 78), on peut opposer l'insistance de Monnerot à dégager une véritable esthétique différentielle du fascisme.

Nous avons vu comment l'homme du flux ou de l'action s'opposait dans la plus grande violence à l'homme de la représentation, à l'homme-texte. Or c'est justement cette opposition qui permet de comprendre pourquoi le fascisme reste lié à un langage et à un texte, qu'il ne se contente pas d'évacuer ou de détruire dans un geste pulsif, mais qu'il s'efforce au contraire de façonner, leur imprimant la marque d'un traitement destiné à les rendre adéquats à sa finalité. Ce traitement spécifique est défini au cours de deux sections qui forment, avec "La Haine des intellectuels" et "Antisémitisme", une enclave autonome à l'intérieur de *Sociologie des fascismes*. Le titre de ces sections, "Utilisation opérationnelle des idées" et "Critère de sélection des thèmes", indique suffisamment que le fascisme de Monnerot ne saurait se confondre avec une simple expulsion de forces violentes.

Le symbole du manque

Primordialement le *scène mythistorique* de Monnerot et la *scène de la cruauté* d'Artaud se rejoignent dans le traitement qu'elles entendent appliquer au texte. Pour animer ces deux scènes il ne suffit pas seulement, comme le sait Artaud, de "supprimer la parole articulée, mais de donner aux mots à peu près l'importance qu'ils ont dans les rêves"; l'important étant de "trouver des moyens nouveaux de noter ce langage" onirique, soit que "ces moyens (poursuit Artaud) s'apparentent à ceux de la transcription musicale, soit qu'on fasse usage d'une manière de langage chiffré" (Artaud, *Le Théâtre et son double,* 142-43).

Par son origine "ultérieure" nous savons que le langage ne peut être qu'un matériau et un instrument second, dérivé (ou différé) par rapport à l'origine. Privé d'autonomie, il est fait pour servir, aider la production de forces et la création d'actes qui réalisent la venue de La-Vie. Dire que le fascisme *traite* le texte signifie donc qu'il le contraint à répondre aux exigences d'une voracité, d'une nécessité ou d'une *cruauté,* qui lui est "antérieure".

> Le fascisme se comporte avec les idées comme un vivant avec le milieu lorsqu'il y puise sa nourriture. Il ne prend que ce qu'il lui faut, à l'exclusion du reste. Ce qu'on appelle l'*idéologie fasciste* ne peut être comprise que fonctionnellement. (Monnerot, *Sociologie de la révolution,* 565)

Cette utilisation du texte n'implique cependant aucune soumission de la part de qui l'utilise. C'est qu'il y a deux usages du texte, l'un *servile* et l'autre *souverain*. Si les communistes sont, littéralement, les usagers du texte, conditionnés et aliénés au point de ne pouvoir envisager d'autre réalité que celle des mots (souvenons-nous que Lénine "suit les événements avec un livre en cherchant la page"), les fascistes, eux, sentent et flairent le texte, ils le décapent et le découpent de "manière instinctive" pour ne retenir que sa capacité à produire des images elles-mêmes sélectionnées en fonction de leur force d'impact. Monnerot fait un départ très net:

> La particularité caractéristique des marxistes (—): prendre, un empire et un peuple comme cobayes d'une doctrine, est non seulement *spécifiquement étrangère* au fascisme. Mieux, elle lui est *contraire*.

Il poursuit:

> Dans le fascisme, de manière instinctive, la fin poursuivie est la reconstitution du pouvoir et de l'ordre; et les hommes par lesquels ces processus s'accomplissent procèdent par des démarches *empiriques* ou *pragmatiques*. Ils changent de programme (Mussolini) ou ils gardent le même, mais ne l'appliquent pas. C'est alors un symbole. (Monnerot, *Sociologie de la révolution*, 565-66)

Le texte, ici, dans la phrase de Monnerot, le "programme", est *symbole;* à la fois couverture et panneau indicateur il n'a pas de valeur en soi. On peut le manipuler, le respecter ou non en fonction d'exigences ou de nécessités qui lui restent à jamais étrangères. Comme le langage chez Artaud, le texte pour le fascisme n'est qu'un "moyen de rebondissement", un "relais de l'espace agité" (Artaud, *Le Théâtre et son double*, 164) favorisant l'accès à un état et à une réalité *autres* auxquels, seul, il ne saurait prétendre. Mais c'est aussi pourquoi l'on peut se demander si le caractère symbolique du texte ne fait pas, en même temps, sa marque souveraine; si le texte, par un retour ironique, n'est pas le symbole ou, tout du moins, le relais symbolique de quelque chose qu'il aurait seul pouvoir d'invoquer? Il faut répondre non. Car le texte n'est ici le symbole que de son propre vide et de son propre manque; comme le programme est symbole de son non-respect, à savoir, la vacuité et la vanité attachées à l'idée d'un programme, ensemble de signes abstraits dégagé du vécu, qui s'arrogerait le pouvoir de maîtriser les forces du social. Quel qu'il soit et d'où qu'il vienne, le symbole ne peut rien symboliser d'autre que son impuissance et son insuffisance pour ce qui le dépasse, qu'il s'agisse du "quelque-chose-d'autre, quelque-chose-de-plus", évoqué par Monnerot dans *La Poésie moderne*, ou de l'unicité irréductible du Rapport qui lie le Führer et le Volk. Par définition le symbole ne peut que faire signe vers son infirmité, vers une carence existentielle qui est, de la façon la plus générale, celle de la représentation. L'infirmité symbolique ne ressortit pas seulement à la "dyschronie", au fait que le mot et la chose, la pensée et l'acte, le sens et la force soient maintenus irrémédiablement décalés et dissociés. La non-cohabitation du symbole avec la chose, comme la non-coïncidence du programme avec la réalité, n'est pas un accident mais un donné fondamental; cela pour la raison simple que, dans le fascisme, il n'y a pas, et il ne peut y avoir, de *chose même,* non plus que de réalité morte, finie, figée et installée susceptible d'être atteinte. C'est la différence spécifique d'avec le communisme qui, "ayant fait sienne la revendication des psychismes frustres", a "rejeté tout 'au-delà'" et "disqualifié toute transcendance". "Le marxisme, conclut Monnerot, n'admet pas comme donnée l'*insatisfaction constituante, l'inachèvement congénital de l'homme*" (Monnerot, *Sociologie de la révolution,* 262; nous soulignons). Inversement, le fascisme ignore le vice inhérent des religions séculières. Fondé sur cet "inachèvement" et sur cette "insatisfaction", et plus, chargé de leur répondre, à l'instar de la poésie moderne il laisse *à* et *où* désirer.

Dans *Sociologie du communisme,* à une époque où il était encore proche de Bataille, Monnerot insistait sur le rapport étroit du fascisme à l'argent et voyait dans le "totalitarisme hitlérien" une "continuation exagérée du capitalisme" (Monnerot, *Sociologie du communisme,* 2ème éd., 378). Vingt ans plus tard, dans *Sociologie des fascismes,* il a positivement inversé son interprétation et revient à plusieurs reprises sur l'autonomie radicale du "mythistoire" à l'égard des moyens de Gesellschaft. "L'idée qu'Hitler est une sorte de monstre suscité par le capital est 'magique' et puérile", "l'argent n'est pas créateur en politique" (Monnerot, *Sociologie de la révolution,* 633, 630). "L'état qui est un moyen destiné à atteindre les fins du Volk 'n'a absolument rien de commun avec une conception économique quelconque'" (Monnerot, *Sociologie de la révolution,* 456). Ce plaidoyer en faveur d'un fascisme qui serait pure religion ou pure transcendance, se termine sur une citation du roman d'Ernst von Salomon, *Les Réprouvés,* dans lequel le héros, Kern, déclare: "Il y a une tyrannie à laquelle nous ne pourrons jamais nous soumettre, c'est celle des lois économiques ... complètement étrangère à notre nature, il nous est impossible de progresser sous elle ... parce qu'elle est d'un rang trop inférieur" (Monnerot, *Sociologie de la révolution,* 546).

Là encore la scène mythistorique et la scène de la cruauté coïncident par l'intention. Libres de compromission avec les formes contractuelles constitutives de l'homogénéité, toutes deux, comme l'écrit Artaud, "en opposition avec le glissement économique, utilitaire et technique du monde", rêvent de "remettre à la mode les grandes préoccupations et les grandes passions essentielles que (la société) moderne a recouvertes sous le vernis de l'homme faussement civilisé" (Artaud, *Le Théâtre et son double,* 186).

Le fascisme peut donc parler le langage de la transcendance sans parler celui de la métaphysique, puisque la réalité vers laquelle il s'efforce n'est pas une sur-réalité — comme un tèlos extérieur au texte mais qui serait encore déterminé à partir et en fonction de lui — mais, sans présence et sans prise, une Réalité superlative produite par un débordement énergétique impératif, *cruel* ou nécessaire, qui, simultanément antérieure/prospective, embrasse et chevauche les deux bornes du temps. Si le fascisme *parle,* c'est l'idiome de la mémoire profonde, c'est le langage hiéroglyphique et pictographique du mythe, dont nous avons vu qu'il était "rassemblement d'images motrices et poème antérieur à l'écriture", "poésie non encore stérilisée des éléments d'action qu'elle contient". Comme le théâtre, le "mythistoire" "n'est dans rien mais se sert de tous les langages", partant de "la NECESSITE de parole beaucoup plus que de la parole déjà formée", il "se retrouve exactement au point où l'esprit a besoin d'un langage pour produire ses manifestations" (Artaud, *Le Théâtre et son double,* 17, 167). Surrection du sensible, du visible, de l'intelligible purs, dans le sens ascendant d'une invasion et d'une pénétration de forces, le fascisme détient le privilège stupéfiant d'un phénomène originaire, d'une genèse pleine et totale: il *est.* Cette densité ontologique n'a rien à voir avec un vœu, même violent, un ordre ou un décret. Monnerot le dit, en politique "la justification" — la parole pour elle-même, pour sa valeur-preuve ou vérité — "est *mauvais signe".* "Elle révèle une sorte de félure dans le sentiment de l'être. La supériorité ne se revendique pas, elle se constate" (Monnerot, *La Guerre en question,* 34). Le fascisme *est,* dans le silence le plus épais, dans le plus imposant mutisme; il est comme il se manifeste, il *est* de se manifester. Avant d'être texte, avant d'être forme, il *est* force, l'être même de la force, et cette force, qu'on l'appelle mana ou sacré, ou, avec Artaud, "force vitale, déterminisme des échanges, menstrues de la lune ou tout ce qu'on voudra", "est dessous" (Artaud, *Le Théâtre et son double,* 119). L'Etre fasciste se manifeste dans les dessous du texte, au niveau de l'image, et il se constitue au-dessous de l'image, au niveau des nerfs; "quasi cause", "architrace" profondément enfouie au niveau et dans les tissus d'un corps ou d'une matière.

La "Darstellbarkeit" du texte fasciste

Pour redonner aux mots leur pouvoir premier, leurs forces "antérieures", le fascisme recourt à la mise en scène physique du théâtre de la cruauté. Il "change la destination" de la parole, il s'en sert "dans un sens concret et spatial ... (la) manipule comme un objet solide et qui ébranle des choses" (Artaud, *Le Théâtre et son double*, 109). Dans "Le Pouvoir charismatique" Caillois analyse longuement la mise en scène fasciste, et, comme Artaud qui décrit le langage scénique en "gestes, sons, paroles, feu, cris", il remarque que cette mise en scène est à base d'éléments sensibles, concrets et vifs: paroles et souffles incarnés, gestes et attitudes, mimiques, jeu de lumières, musique.[10] Il s'agit en effet d'un langage palpable, fait pour parler aux sens, dont les mots sont traités en fonction de leur *Darstellbarkeit*, travaillés, comme écrit Freud dans la *Traumdeutung*, jusqu'à "ce qu'ils se laissent le plus facilement manier dans une mise en scène plastique". De même qu'Artaud entend réaliser sur scène "une matérialisation visuelle et plastique de la parole", le mythe, dans "un aller-retour de l'image à l'idée et de l'idée à l'image, plus rapide qu'une formulation", s'exprime par *idéogrammes*. On sait que l'idéogramme, à la différence de l'écriture phonétique, peut représenter en quelque sorte directement les concepts et les choses, dans la forme d'une écriture immanente qui ne passe pas par l'intermédiaire des monèmes et des phonèmes. "Le caractère secondaire du code écrit, remarque Martinet, c'est-à-dire sa dépendance vis-à-vis de l'analyse faite par la langue, ne vaut pas complètement pour les idéogrammes, qui ne représentent pas uniquement des segments de la chaîne parlée".[11] C'est ainsi que pour Sorel, explique Monnerot, "Marx a matérialisé ses abstractions ... sous la forme d'une description historique dont la valeur ne dépasse pas celle d'une image artistique destinée à nous faire assimiler une idée" (Monnerot, "G. Sorel", *Inquisitions*, 35).

C'est aussi par la matérialité, le caractère physique de son langage, que l'espace dense et vibrant du mythe met en contact avec *l'idée*

---

[10] R. Caillois, "Le Pouvoir charismatique" dans *Instincts et sociétés* (Méditations) Paris: Gonthier, 1964), 166-68.

[11] A. Martinet, *La Linguistique* (Médiations) (Paris: Denoël, 1968), 148.

de danger, dont Artaud voit la manifestation dans ce qu'il appelle, à la suite du surréalisme, non plus le "hasard", mais "l'imprévu objectif": "Le passage intempestif, brusque, d'une image pensée à une image vraie; et, par exemple, qu'un homme qui blasphème voit se matérialiser brusquement devant lui, en traits réels, l'image de son blasphème" (Artaud, *Le Théâtre et son double,* 63). Dans "la sphère alogique" ou "antérieure" également tout prend forme, corps, tout se matérialise et s'incarne. Hitler incarne la demande ou l'inconscient du Volk, comme Marx incarne la mauvaise conscience bourgeoise. Marx a perçu, écrit Monnerot, "qu'il fallait non seulement *donner mauvaise conscience* aux classes dirigeantes ... mais encore que les communistes formés par lui fussent ... comme la mauvaise conscience agissante, des classes dirigeantes, fussent comme l'*incarnation* de cette mauvaise conscience" (Monnerot, *La Guerre en question,* 75). On ne peut manquer de penser à Artaud qui envisage pour un décor, "des mannequins de dix mètres de haut (qui) représenteront la barbe du roi Lear dans la tempête".[12] Il ne s'agit pas simplement d'une confusion signifiant/signifié à l'intérieur du signe, mais d'une inversion ou d'une subversion rigoureuse. Le signifiant — le corps hétérogène d'Hitler ou de Marx, les mannequins géants — n'est jamais en attente de son signifié — la conscience, bonne ou mauvaise, ou l'image métaphysique de la barbe de Lear dans la tempête —. Le sensible n'a pas besoin de *devenir* intelligible pour investir le réel, puisque premier, originel, auto-figuratif dans son opacité, le réel, le seul réel, c'est lui: promu par le désir ou par la force qui l'habite. Tant pis pour Lévi-Strauss, mais dans le mythe comme théâtre cruel il n'y a pas de "signifiant flottant",[13] de forces en souffrance. La force happe le sens comme le corps et les nerfs happent l'intelligence, au gré de leurs besoins. Resaisi par La-Vie qu'il prétendait dénier, le langage fait retour vers son origine, où il retrouve, en même temps que sa consistance physique, "son efficacité envoûtante, intégrale ... dont on (avait) oublié les mystérieuses possibilités" (Artaud, *Le Théâtre et son double,* 168). Sur l'une comme l'autre de ces scènes, ce qui se joue est une pièce en un acte (mais à double titre) — ininterrompu: "La démonstration expéri-

---

[12] A. Artaud, *Œuvres complètes,* IV (Paris: Gallimard, 1964), 117.
[13] C. Lévi-Strauss, "Introduction à l'œuvre de Marcel Mauss", dans *Sociologie et anthropologie,* xxx-xl.

mentale profonde du concret et de l'abstrait" (Artaud, *Le Théâtre et son double*, 164), ou "la mort en actes de la représentation".

Sociologie "au marteau" et "athletisme affectif"

Traiter le texte homogène ce sera donc, essentiellement, lui donner la forme et la densité de l'image; ce sera le transformer en une "poésie dans l'espace" dont le "langage fait pour les sens (et) occupé à les satisfaire" (Artaud, *Le Théâtre et son double*, 55) sera capable de solliciter l'organisme et de répondre à ses sollicitations à la manière d'un stimulus.

Qu'il y ait une affinité et une correspondance magiques entre l'image — le texte ou le thème-image — et l'action, les propagandistes fascites, appelés par Monnerot "sociologues au marteau", l'ont effectivement compris. "L'activiste fasciste n'est pas un historien de la philosophie" fait remarquer ironiquement Monnerot. Il se préoccupe assez peu de la cohérence du système idéologique qu'il élabore; sa seule volonté est de trouver, dans les textes mis en traitement, les images adéquates pour "justifier et exprimer la motivation des actes afin de la rendre contagieuse". Cette volonté est l'unique critère qui préside à la sélection des thèmes et à l'utilisation opérationnelle des idées.

> Elle commande le recours à des pensées et à des maîtres, et sélectionne ces pensées en dernière analyse. ... Les éléments intellectuels, convenables à la motivation d'actes, sont comme découpés, et ils sont assemblés provisoirement. Il n'y a pas de philosophie politique du fascisme. Il y a une thématique sélectionnée par un empirisme. ... Les actions vont chercher les images dont elles ont besoin ... Nous ne sommes pas dans le domaine de la comptabilité des idées, mais dans le domaine du maniement des énergies. (Monnerot, *Sociologie de la révolution*, 573-74)

Par son mode de formation et de production l'idéologie fasciste, qui vise à extraire des textes les images-trauma capables de réactiver les traces de la mémoire profonde, est fondée sur un véritable "athlétisme affectif". Monnerot précise en effet que les pensées ne sont pas sélectionnées "pour leur contenu intellectuel, mais comme 'chiffres' d'états affectifs", et que l'essentiel est "la convenance de représentations à certaines situations affectives". Comme chez Artaud, "la passion" est ici "de la matière"; car "la sphère affective appartient en propre (à l'homme). / Elle lui appartient organiquement" (Artaud, *Le Théâtre et son double*, 198, 195). Le "sociologue au marteau" est l'homologue du metteur en scène ou de l'acteur cruels pour avoir "pris conscience des localisations de la pensée affective", sachant par instinct et par expérience que "les mêmes points sur lesquels portent l'effort physique sont aussi ceux sur lesquels porte l'émanation de la pensée affective. Les mêmes servent de tremplin à l'émanation d'un sentiment" (Artaud, *Le Théâtre et son double*, 203).

> Ce qui est retenu par le fascisme ce sont des thèmes excitants et des mythes agitants provenant soit de ... la "mémoire historique" d'un peuple, soit de philosophies et d'idéologies préexistantes ... les "emprunts culturels", cristallisés sous forme de thèmes fascistes, constituent des réponses aux *stimuli* des urgences historiques. (Monnerot, *Sociologie de la révolution*, 571, 573, 579)
>
> Les sujets atteints présentent des structures psychologiques semblables sur lesquelles les mêmes stimuli agissent semblablement. La contagion n'est que la reproduction rapide du même phénomène: action d'un stimulus sur une structure provoquant la même réponse. (Monnerot, "G. Sorel", *Inquisitions*, 22)

L'entreprise rigoureuse de traitement des textes répond aux critères de la *vraie* culture revendiquée par Artaud au début du *Théâtre et son double*. Opposée à l'idéal mimétique et cathartique de l'art européen, la culture fasciste telle que Monnerot la décrit est comparable à cette "culture magique" qui "agit par son exaltation et par sa force" et contribue à "faire reparaître avec une énergie accrue" "la capacité nerveuse" de l'homme. (Artaud, *Le Théâtre et son double*, 14, 13). Suivant la technique de "l'athlétisme affectif" qui vise à localiser chez le spectateur les points du corps qu'il faut toucher pour "le jeter dans des transes magiques" (Artaud, *Le Théâtre et son double*, 206), nous avons vu de l'idéologie fasciste qu'elle avait pour fonction de *primitiviser* l'élément homogène afin de le contraindre à formuler en actes la demande créatrice du "Rapport suprême". Sur ces deux scènes il s'agit d'en finir avec la représentation, de briser sa clôture en martelant le texte pour le densifier et rendre ainsi aux mots "leur vieille efficacité magique", leur force, qui est *avant* et *dessous*.

> La parole est commandement, prière, malédiction, bénédiction, *avant* d'être description. Le mot à qui ainsi fut attribué un corrélat "objectif", tient sa puissance des sentiments qu'il inspire: *nomen = numen*. (Monnerot, *Intelligence de la politique*, t. 2, 22)

Le corps de gloire de l'"acteur sacré"

Malgré son impact le texte n'est pourtant pas prioritaire dans le fascisme. Sélection de "thèmes excitants" et de "mythes agitants", stimulus, mais fonctionnel et opérationnel, il n'est que la réponse à des stimuli plus vieux et plus profonds que lui dont il favorise la contagion. Originellement la mise en branle du réseau de traces ne doit rien au texte. Physique au sens le plus strict, elle est le produit de la "situation de détresse", l'œuvre d'un trauma qui est indissociablement historique/affectif. Après coup — après le coup de force — le texte peut être martelé et forgé en vue de réactiver le trauma et maintenir émues les traces, mais sa fonction est d'entretien, jamais inaugurale. Même traité, le texte demeure en position d'outil, de supplément. C'est aussi la raison pour laquelle le sociologue, fût-il "au marteau", demeure un technicien. Il dresse la complète anatomie du système sur lequel repose "l'athlétisme affectif", mais son texte, pour être réel, ou tout simplement pour *être*, doit être joué, et pour cela remis aux mains du séducteur.

Quand Monnerot compare Hitler à "l'acteur sacré d'un mystère vécu" (Monnerot, *Sociologie de la révolution*, 528), il ne s'agit pas de rhétorique.

> Les propagandistes fascistes ont popularisé, vulgarisé, réduit en thèmes de propagande assimilables aux masses, la critique des formules politiques qu'ils voulaient détruire. Cette critique, ni Mussolini, ni Hitler, n'eussent été capables de l'inventer, mais saisissant le moment où la chose devenait possible, *ils lui ont donné la force du fait*. (Monnerot, *Sociologie de la révolution*, 552)

Le processus de formation de pouvoir atteint son terme quand "un homme sort"; quand un acteur manifeste la force de jouer le texte, de le réaliser immédiatement sur scène sans l'avoir préalablement ruminé dans son cerveau. La fondation de pouvoir est l'histoire, ou mieux, la geste de "la montée du chef" comme émergence et surrection d'un corps plein glorieux sans lequel le texte, indifféremment du traitement subi, resterait lettre morte.

> Dans *Mein Kampf* Hitler insiste, différemment, et dans des passages différents, sur (cette) assertion: seule la parole, et le contact direct que suppose la parole, conduite d'une certaine manière, atteint les "masses", les conquiert. (Monnerot, *Sociologie de la révolution*, 539)

Cette "certaine manière" de conduire la parole — là où, en conscience, elle refuse d'aller — revient ici à la jouer, à l'incarner et la vivifier dans les émanations d'un souffle ou d'une chair: à lui attribuer des qualités et un pouvoir propres au corps qui la profère. Il ne suffit pas que la parole soit vive pour qu'elle soit efficace. Toute la différence entre la parole d'Hitler et celle de Lebrun est dans leurs corps respectifs. Corps déchargé ou désamorcé de républicain positiviste, et corps de séducteur, virulent, énergétique, qui agit à la façon d'un "résonateur".

> Au cours de sa carrière, Hitler a parlé un grand nombre de fois à des auditoires, et toujours avec le même résultat ... : dès qu'il assemblait quelque part des membres du Volk ils entraient en résonance et il était le résonateur. Ces expériences vécues répétées un grand nombre de fois, définissaient et confirmaient l'idée d'*un rapport vécu Führer-Volk*, et il ne s'agit pas d'une abstraction, mais d'un "*Erlebnis*", d'un état vécu. (Monnerot, *Sociologie de la révolution*, 541; nous soulignons)

En dernier lieu l'unicité du "Rapport suprême" répond au caractère irréductible du corps du Führer. C'est le corps, le corps propre qui est un événement, un "Erlebnis" en soi.

> *La chose tant attendue* se produit lorsque les différents grains d'humanité qui composent la foule s'étant agglomérés, sont assez proches les uns des autres pour entrer en résonance ... Cette résonance généralisée trouve son résonateur dans le meneur: *dans l'affirmation de volonté qui jaillit de la bouche du meneur.* (Monnerot, *Sociologie de la révolution*, 539; nous soulignons)

Peu importe en effet le contenu ou le sens des paroles, ce qui compte c'est qu'elles jaillissent de *cette* bouche à l'exclusion de toute autre, par laquelle elles font retour vers l'incantation, n'étant plus du côté de la forme mais du *style:* d'un style dont Barthes disait bien qu'il est, à la façon d'une "Nécessité", "la voix décorative d'une chair inconnue et secrète", l'"équation entre l'intention littéraire et la structure charnelle de l'auteur".[14]

Monnerot place la caractéristique "propre, spécifique" du fascisme dans la nature du chef. Cette nature est l'élément fondamental qui permet de comparer la dynamique fasciste à celle du théâtre décrite par Artaud dans *Ci-gît*: "un débordement passionnel, un épouvantable transfert de forces / du corps / au corps". Le corps du meneur a le privilège de faire résonner la masse en étant ce qu'il est, grâce à la "différence non-explicable" de sa structure interne. Il n'y a pas d'explication à attendre. Cette vertu tient, nous l'avons vu, à un "Bedeutsamkeitsprädikät" par quoi le possesseur de ce corps peut loger "quelque chose venant de soi comme une balle dans le psychisme d'autrui" (Monnerot, *Les Faits sociaux,* 128). On peut alors accorder à Hitler ou Mussolini le principe-stigmate de l'acteur, qui, selon Artaud, "porte en lui le principe de cet état, de ce chemin de sang par lequel il pénètre dans tous les autres chaque fois que ses organes en puissance se réveillent de leur sommeil" (Artaud, *Le Théâtre et son double,* 202).

De toute évidence ce corps est hors de portée pour nos déchiffrages; raison de plus pour remembrer les métaphores qui l'évoquent.

Pour Monnerot le pouvoir du corps est lié à sa fraîcheur. Sans géniteur et sans famille, sans histoire, sans organe ... le Führer par son corps aurait pu dire, comme Artaud dans *Ci-gît*: "Je suis mon fils, / mon père, ma mère, / et moi". Il y a en effet une liaison sympathique entre "la situation de détresse", en tant que situation, et "la montée du chef". Avant la demande homogène c'est à l'appel de la Terre que le Führer répond. La naissance du corps chtonien émergeant du Chaos (Ialdabaôth) est une naissance autarcique, par laquelle le corps vif, inentamé, écrasant l'idée d'expropriation, de séparation ou de représentation, *est* et *fait* la preuve qu'"on ne

---

[14] R. Barthes, *Le Degré zéro de l'écriture* (Médiations) (Paris: Gonthier, 1968), 15.

sépare pas le corps de l'esprit, ni les sens de l'intelligence" (Artaud, *Le Théâtre et son double*, 132-33).

Ce n'est pourtant pas chez Artaud mais dans la *Scienza Nuova* de Vico (où Sorel a puisé l'essentiel) que Monnerot trouve les caractères d'un langage gestuel établissant une forme de continuum anthropologique et anthropomorphique de la pulsion à la passion. Dans son *Introduction aux mythes modernes* Monnerot cite Vico:

> Les peuples qui, à cette époque, étaient tout corps sans réflexion, furent tout sentiment pour sentir les particularités, tout imagination pour les saisir ..., tout invention pour les rapporter aux genres que l'imagination avait créés, enfin tout mémoire pour les retenir. Ces facultés appartiennent sans doute à l'esprit: mais elles tirent du corps leur origine et leur vigueur. (Monnerot, "G. Sorel", *Inquisitions*, 18)

Pour sa conception du langage et de l'esthétique fascistes, Monnerot a dû s'inspirer de ce texte dans lequel il aperçoit l'évolution ou l'ultériorisation fragile du primitif. Ainsi quand il compare Hitler à

> un hystérique (qui) réalise physiquement des métaphores

tout en remarquant que,

> le fascisme fait leur place aux tendances de la démocratie extrême (que ce qui est en bas soit en haut) ... *à la manière d'un symptôme psychanalytique qui se substitue à un acte*, *à la manière d'un rite ou d'une conduite symbolique*. (Monnerot, *Sociologie de la révolution*, 553; nous soulignons)

Soudés l'un à l'autre, imprégnés l'un dans l'autre, l'un vis-à-vis de l'autre inaliénables et inexpropriables, le corps et l'affect sont d'un seul tenant et parlent la même langue. Langue "direct-tripes" (la "masse prise au ventre") ou, comme dirait Céline, "direct-nerfs", dont le trajet charnel rejoint *le langage de la scène* chez Artaud, où:

> *Les gestes symboliques* ... se doubleront, seront multipliés par des sortes de gestes et d'attitudes reflets, *constitués par l'amas de tous les gestes impulsifs, de toutes les attitudes manquées, de tous les lapsus de l'esprit et de la langue, par lesquels se manifestent ce que l'on pourrait appeler les impuissances de la parole.* (Artaud, *Le Théâtre et son double*, 143-44; nous soulignons)

On conçoit donc bien, chez Artaud comme chez Monnerot, et chez tous deux pour le même motif, le rejet de la psychanalyse. Quand Artaud s'écrie dans *L'Amateur d'âme*:

> Du plus profond de ma vie, je persiste à fuir la psychanalyse, je la fuirai toujours, comme je fuirai toute tentative pour enserrer ma conscience dans des préceptes, une organisation verbale quelconque,

Monnerot répond, qu'en effet,

> la psychanalyse ... est tout au plus un palliatif social n'ayant pas d'autre objet que d'adapter l'homme et de dissoudre (analyse signifie résolution: il s'agit d'une opération thérapeuthique comparable à la dissolution d'un calcul) ce qui s'oppose à cette adaptation. (Monnerot, *Sociologie du communisme*, 2ème éd., 461)

Le texte psychanalytique représente le danger majeur, celui d'abstraire et de réduire le corps en interprétant, traduisant et projetant ses traces. Quand Freud dit la force, il la spatialise et la rationalise en l'attirant vers la surface où il pourvoit à son exorcisme. L'analyse du rêve, remarque en effet Monnerot, consiste à "remplacer une suite d'images, un 'film', par un discours satisfaisant comme il peut une exigence de logique" (Monnerot, *Intelligence de la politique*, t. 2, 289).

Concerto pour le mythe (la notion de consonance)

Cependant ni la scène mythistorique ni la scène de la cruauté ne sont le théâtre d'un inconscient pulsif. Nous savons qu'il n'y a pas davantage de tragique que de cruauté sans une hyper-conscience ou une hyper-lucidité. On peut alors reprendre en direction de ces deux scènes la question que Derrida adressait à l'une d'elles: "... Soustrait à la dictature du texte, l'athéisme théâtral ne sera-t-il pas livré à l'anarchie improvisatrice et à l'inspiration capricieuse de l'acteur" (Derrida, *L'Ecriture et la différence*, 285). Et à cette question nous pouvons répondre, comme Derrida le faisait pour Artaud, par la négative.

Si "l'idéologie mythique et thématique" du fascisme est jugée "incohérente, irrationnelle et contradictoire", explique Monnerot, c'est par "les penseurs officiels rattachés au républicanisme laïque". En réalité le texte fasciste possède une cohérence interne qui joue à un niveau autre que celui où se situent ces penseurs; et à ce niveau, dans la "zone profonde et inférieure", cette cohérence répondant à la nécessité d'une mathématique instinctive n'est pas seulement étrangère au rationalisme, elle lui est allergique et mortelle.

> Le rapport direct et immédiat du chef et de la masse a lieu ... au-dessous de la région psychologique où il y a rationalisme. Dans cette région le principe de contradiction ne joue pas. Si les différents thèmes de la thématique fasciste étaient les différentes parties d'un système philosophique, ces parties seraient contradictoires entre elles et le système se détruirait logiquement. Mais en fait les différents thèmes qui activent la masse et en réveillent les énergies, ont justement cela en commun. Ils sont *consonants*. Ils sont donc cohérents sur le plan des motivations, non pas, bien que, mais parce que, ils sont contradictoires sur le plan intellectuel. Grâce à ce qui serait *contradictoire* s'il s'agissait d'un système philosophique, il peut y avoir mobilisation simultanée d'énergies qui, du point de vue rationnel, reçoivent des dénominations opposées. (Monnerot, *Sociologie de la révolution*, 579)

Le prodigieux intérêt de la *notion de consonance* est qu'elle ignore, dans leur réciprocité, le principe de l'utile et celui de la réalité, tous deux principes de défense, de tabou ou de choix. Cette notion magique permet au fascisme, d'après Monnerot, de "passer sur nos jugements moraux comme une bétonneuse passe sur un terrain" (Monnerot, *Sociologie de la révolution*, 564-65). Par son aspect économique, la notion de consonance rejoint donc ici "la notion de dépense" chez Bataille. Elle prend de vitesse la *différance* comme retard, mais aussi comme détour ou calcul stratégique, sur lequel se fonde l'économie de misère du "P.M.G.". Grâce à sa souplesse elle fait que tout est toujours partout possible. Monnerot pressentait déjà les vertus de la consonance quand il écrivait dans *Acéphale* que "le mythe ne se pare des couleurs d'un lointain passé que pour mieux étreindre l'avenir". Or pour être élastique, la consonance n'est pas laxiste. Elle répond, et uniquement, aux lois des secrètes correspondances que nous connaissons: correspondances entre les énergies du Volk et la force, mais aussi la sensibilité et le doigté du Führer ou du Duce, grâce auxquels ceux-ci apparaissent de véritables "virtuoses".

> Le thème de la mission du peuple et de ses chefs, et les thèmes du darwinisme politique, peuvent entrelacer leurs leitmotives dans les discours fascistes. Il suffit qu'ils ne produisent pas d'interférence contraire aux motivations recherchées. C'est pourquoi Hitler ou Mussolini, *virtuoses du maniement des foules, usent des différents thèmes "fascistes" plutôt comme des musiciens.* (Monnerot, *Sociologie de la révolution,* 575; nous soulignons)

Ces "virtuoses" jouent simultanément sur ce que nous, sans doute un peu sourds et un peu gourds, distinguons comme deux plans ou deux instruments différents. Plan thématique, plan affectif. Mais dans la mesure où, comme l'écrit Artaud, "on peut psychologiquement réduire l'âme à un écheveau de vibrations" (Artaud, *Le Théâtre et son double,* 198), la consonance thématique est directement décidée et intuitivement organisée en fonction de la consonance affective qui lui correspond; c'est-à-dire en fonction de la réceptivité d'une anatomie. Frapper un thème ou plaquer un accord de thèmes, c'est immédiatement provoquer une réaction. Il faut ainsi supposer dans le fascisme, comme au théâtre de la cruauté, "un temps (secret) des passions", "une espèce de *tempo* musical qui en règlemente les battements harmoniques"; et ce temps ou ce rythme, ici et là, est physique. Comme le précise encore Artaud, "par analogie il se retrouve dans les six façons de répartir et de conserver le souffle ainsi qu'un précieux élément" (Artaud, *Le Théâtre et son double,* 199). Dans le cas du fascisme ce "tempo" se retrouve dans la parole vive qui "jaillit de la bouche du meneur". Monnerot peut donc conclure que la cohérence du discours fasciste n'est nullement inexistante. A la manière d'une incantation "cette cohérence est d'ordre affectif", car

> l'action sur les *zones motivantes* de l'être humain s'apparente davantage aux effets de la musique qu'au mécanisme par lequel nous recevons les démonstrations mathématiques. (Monnerot, *Sociologie de la révolution,* 577)

Que l'aversion de la cohérence fasciste pour "les démonstrations mathématiques" ne laisse pourtant pas croire à un empirisme frustre.

Cette cohérence ressortit à une science profonde autrement plus exacte, précise et efficace, que celle qui fournit à la société homogène sa technique. Le fascisme, dont nous avons vu que les pensées étaient sélectionnées comme "*chiffres* d'états affectifs", possède aussi sa mathématique. Mais dans un sens magique, ou, comme chez Artaud, symbolique et analogique, il s'agit de mathématiques hétérogènes à l'ordre de la preuve. Dans le fascisme, l'art et la science, la musique et la mathématique, collaborent en effet dans la plus grande harmonie, ce pourquoi l'instrument utilisé par Hitler et Mussolini est comparable à une sorte de synthétiseur, et même de "syncrétiseur", tirant à lui seul toutes les ressources du clavier affectif.

> Les thèmes mythiques sont provocateurs d'énergie. Le virtuose Hitler, ou Mussolini, en joue comme s'il avait devant lui un *tableau de commande*. (Monnerot, *Sociologie de la révolution*, 579; nous soulignons)

Techniquement plus au point que le système anatomique de l'"athlétisme affectif", ce "tableau de commande" permet au fascisme de se débarrasser des catégories de linéarité et de successivité fondatrices de "la réalité-dont-on-parle". Semblable au "Big Brother" d'Orwell, il constitue le méta-instrument, à la fois le cœur et le centre du réseau de forces à partir duquel le "mythistoire" "apparaît toujours (comme le veut Monnerot) un *syncrétisme*" (Monnerot, *Sociologie de la révolution*, 576).

Culbuter la mort

Clé et chiffre du fascisme, cette mathématique instinctive — ou cette rigueur affective — nous ramène vers *Inquisitions* où le couplage dynamique Satan-Lucifer nourrissait déjà le surrationalisme. Dans *La Poésie moderne et le sacré* c'est également dans l'espoir de fonder ce type d'alliance qu'une certaine poésie trouve la force d'échapper à l'espace-temps du discours et de la représentation. Sur l'itinéraire de Monnerot la création du "mythistoire" reste dans le droit fil des préoccupations sur-esthétiques ou "esthésiques" de cette période, à l'intérieur de laquelle elle apparaît en dernier lieu comme une réponse concrète à la fausse tragédie du signe. Reste à savoir quel est l'enjeu et le contenu de cette réponse.

La symphonie physique qu'Artaud veut faire surgir d'une scène où "des mouvements, des harmonies, des rythmes" viennent "concourir à une sorte d'expression centrale" (Artaud, Le Théâtre et son double, 137), cette œuvre autonome et totale, c'est dans l'écriture surréaliste que Monnerot la cherche. Le Grand Œuvre, réfractaire au concept linéariste du temps, lui semble alors indiqué par une "poésie (qui) tourne en dérision le *tempo* des mouvements ordinaires de la vie humaine", qui "tend à figurer l'infigurable, à exprimer par le langage" ce qui apparaissait jusque là *"réservé à la seule musique"*, et Monnerot poursuit:

> Les affinités de la musique du temps et de la mort ont été perçues de tout temps. La musique nous dissout en rien-de-plus-que-le-temps. Cette suite est fuite, en autre chose, toujours. Le son efface le son qui le précède, comme l'instant fait l'instant, et cet effacement là ne semble que l'illustration de celui-ci. (Monnerot, La Poésie moderne, 167)

Rêver ainsi de s'affranchir de la téléologie du langage, rêver non seulement de *dire* ou d'*écrire,* comme l'a fait Artaud, mais d'*être* "de par-dessus le temps", ne signifie rien d'autre que défier la mort. Rien d'autre que la nier en refusant une vie humiliée qui se retient, s'épargne, en vue de l'échéance redoutable.

Ce rêve Monnerot tient à le réaliser simultanément à travers la poésie, la magie, le mythe, du fait que ces trois sphères, comme le lui ont appris sa propre expérience et sa propre culture, non seulement contreviennent aux exigences du logos mais visent à le concurrencer. Il n'est donc pas surprenant que le deuxième tome d'*Intelligence de la politique* s'ouvre par un chapitre intitulé "Des dieux, des rêves et des mots", où se trouvent opposés le "mytische Denken", la pensée "dite primitive", et la pensée kantienne représentative de la métaphysique occidentale. Il semble que le "mytische Denken" réussisse là où le surréalisme a échoué. En effet, dans ce penser, un "vacillement", une "malléabilité impossibles à conceptualiser rigoureusement" permettent de transgresser le "principe d'identité", c'est-à-dire, poursuit Monnerot:

> d'abolir le caractère exclusif des moments du temps et des lieux de l'espace représenté dans les catégories kantiennes.

> Ainsi les morts et les vivants, les animaux et les hommes, certains lieux et d'autres lieux, certains temps et d'autres temps, ne mettent pas le psychisme du "primitif", du "rêveur"... en situation de *choix, d'alternative*. (Monnerot, *Intelligence de la politique*, t. 2, 11, 9; nous soulignons)

Contrairement à ce que pense Lévy-Bruhl (qui ne peut que penser sur le rythme kantien), quand le mélanésien utilise le terme de "mate" pour désigner aussi bien une femme morte dans son cercueil et cette même femme assistant parmi la foule à ses propres funérailles, il ne s'agit pas d'un défaut logique par lequel la vie et la mort seraient confondues. Ledit primitif n'appréhende pas la vie et la mort comme le A et le B d'un axe, *en même temps, à la fois*, ou *simultanément*, explique Monnerot. Ces expressions renvoient à nos catégories. Alors que dans le penser mythique, de façon très différente, la mort dans son rapport à la vie n'est pas perçue comme un état définitif, mais comme un "état de transition"; et à peine un état, comme un moment de "disponibilité avant une autre incarnation". Cette conjugaison entre états d'être antithétiques est rendue possible par l'élasticité des notions mises en jeu, grâce à quoi ces notions "passent à travers" l'armature des catégories.

> La notion de "mate" est souple et poreuse, alors que notre notion de "mort" est rigide, étanche. La vieille femme ne "participe" pas à ces deux états distincts, incompatibles, s'excluant réciproquement, que nous nommons *vie* et *mort*. Cette distinction est nôtre. (Monnerot, *Intelligence de la politique*, t. 2, 11)

remarque Monnerot après avoir noté quelques pages auparavant que ce qui est absent du penser mythique c'est:

> l'alternative nécessaire entre "le même" et "l'autre" qui définit pour nous le principe d'identité, et qui permet aux articulations de notre intellect de se constituer par voie dialectique, en tant qu'identité et altérité se supposent et ont besoin l'une de l'autre pour apparaître telles. (Monnerot, *Intelligence de la politique*, t. 2, 9)

Or transgresser cette "alternative", nous commençons à le comprendre, équivaut à résoudre l'énigme de la *différance*, à répondre à la "question dernière de l'être" posée par Bataille. Résolution ou réponse obtenue non pas en évitant mais en *traversant la tragédie du choix:* entre vie-mort, conservation-dépense. Ignorer le caractère nécessaire et dirimant de l'alternative, être, vis-à-vis d'elle, *indifférant,* est le moyen le plus sûr, le plus concrètement efficace d'en finir une fois pour toutes avec la représentation; ce qui veut dire avec la finitude qui s'y mire et qui s'y déploie, s'y joue et s'y expose. Des poésies-manifestes de *Légitime défense* à *Intelligence de la politique,* tous les textes de Monnerot veulent être la réponse — la réponse "au marteau" — à cette phrase de *Sociologie du communisme*: "*C'est à la finitude essentielle que semble liée la conscience*" (Monnerot, *Sociologie du communisme*, 2ème éd., 452). Réciproquement la finitude est liée *à* et *par* "la conscience *qui tient des comptes*" dont parle Bataille. *A* et *par* la conscience comme conscience du temps, d'un temps ponctué d'instants, d'instants vécus en mots, en représentations projetées vers la mort et aspirées par elle. Quarante ans plus tard, Monnerot le redira après Freud:

> la région "antérieure" est extrinsèque à la chronologie. L'idée de la mort présuppose et l'adoption de la chronologie et l'usage du raisonnement. (Monnerot, *Intelligence de la politique*, t. 2, 15)

Tout le secret, toute la force du mythe tient donc dans son rythme, dans son *tempo,* dans le temps substantiel indissociable de "l'appréhension affective de la durée" qu'il substitue à l'idée ou au concept vulgaire de temps. Grâce à ce tempo le mythe ne peut ni durer, s'installer en présence, s'homogénéiser, ni mourir.

> Réfractaires au caractère métrique de la chronologie, les mythes se défont, et libèrent en se désintégrant des matériaux qui reçoivent d'autres usages. Les mythes désaffectés prennent dans le folklore, mais surtout dans la littérature, une retraite dont il n'est pour ainsi dire jamais sûr qu'elle ne soit pas une latence. (Monnerot, "G. Sorel", *Inquisitions,* 26)

"Surtout dans la littérature"... Est-ce une vieille nostalgie ou une vieille erreur qui réapparaît là, dans ce texte de 1971? Car Monnerot a effectivement cru trouver tous les pouvoirs du mythe dans la réalité fluidique, fugace, éphémère, en un sens *immortelle,* d'une poésie qu'il comparait tour à tour, dans *Inquisitions,* à "l'acte érotique", aux "poisons sacrés" ou à "ces composés chimiques instables provoqués par des conditions qui concourent rarement et se maintiennent peu". Tous les pouvoirs ... sauf un, à dire vrai essentiel: celui de s'incarner, de "se transformer en genre de vie". Pour quoi finalement le poète ne sera ni "le grand malade", ni "le grand criminel", ni "le grand maudit", et moins encore "le suprême Savant" de Rimbaud, mais moins glorieusement, celui que Monnerot appelle "le grand fabricant d'ombres".[15]

La quête va donc se poursuivre en direction de la *vraie vie* qu'évoquait, en 1937, *La Poésie moderne*: "Une vie *tout à fait* consciente se confondrait exactement avec un lucide et continu 'mourir'" (Monnerot, *La Poésie moderne*, 167). Mais elle va se mener dans un mythe de plus en plus réel, de plus en plus actuel, intégré à l'histoire. Les forces contenues dans l'art, dans le mythe-genre-littéraire, font alors un retour d'autant plus fracassant qu'elles ont "pris leur retraite" pendant bientôt trente ans.

L'ETERNEL RETOUR DU MYTHE

Dans la section "Définition historique du fascisme", le caractère éphémère ou non-héréditaire est également tenu pour trait spécifique distinguant le "mythistoire" d'autres régimes forts tels ceux de Franco, de Salazar ou de Horthy, que Monnerot appelle des "régences". Par opposition au fascisme, ces régimes ne sont pas "révolutionnaires" mais "réparateurs" du fait qu'ils obéissent surtout à des motifs d'ordre objectif ou matériel.

> Aucun ne nous fait assister à la composition rapide du pouvoir au profit d'un outsider passé de l'hétérogène subversif à l'hétérogène impératif.... Le fascisme est une monarchie soudaine, une monarchie de discontinuité. Il n'a point la légitimité qui naît des longues durées. La fin cataclysmique de Mussolini et d'Hitler interdit de savoir comment le problème de la succession eût été résolu, et s'il l'eût été. (Monnerot, *Sociologie de la révolution*, 549)

---

[15] J. Monnerot, "Remarques sur le rapport de la poésie comme genre (etc....)", dans *Inquisitions*, 16.

Le mythe qui sort du chaos de la Terre, y retourne. Il regagne sa crypte avant que la passation, la succession chronologique d'un pouvoir testamentaire et contractuel, passant de main en main comme s'il était une chose, n'entérine son installation dans l'histoire. Reprenant le modèle que Bataille appliquait à la Révolution dans *Les Principes d'hétérologie pratique,* Monnerot distingue deux phases dans le fascisme. La première est la phase de fondation du pouvoir tandis que la seconde correspond à l'usage qui est fait de ce pouvoir une fois fondé. Monnerot constate alors que dans les fascismes italien et allemand la seconde phase aboutit à un désastre. L'usage du pouvoir est sanctionné par une catastrophe dont la cause relève d'une séquence historique dérivée de l'hétérotélie, l'"énantiodromie".

Dans l'"énantiodromie" la distorsion hétérotélique entre l'intention et le résultat se complique d'une opposition rigoureuse, et presque terme à terme, entre l'effet voulu et l'effet obtenu: "un 'effet' est battu à la course par un 'effet' contraire qui surgit de l'ombre et passe devant" (Monnerot, *Intelligence de la politique,* t. 1, 143). Appliqué au fascisme, le "principe d'énantiodromie" signifie que les qualités qui permettent, dans des circonstances historiques données, de fonder le pouvoir, ne se confondent pas avec celles qu'il faudrait pour le gérer. Les vertus chamaniques d'Hitler et de Mussolini qui avaient été pour eux

> une supériorité imprévue lors de la marche au pouvoir, furent un motif d'échec dans l'usage qu'ils en firent.... *Ici la réussite est la cause de l'échec.* (Monnerot, *Sociologie de la révolution,* 588)

De façon quasi-simultanée le fascisme atteint son point d'ébullition et son point de désintégration. Sur un rythme organique le sommet coïncide avec le déclin.

Paraphrasant Baudrillard, on dira que cette catastrophe au sens littéral: où "la fin revient sur l'origine pour l'annuler" (Baudrillard, *Les Stratégies fatales,* 23), est le secret du fascisme. En tant que défi sans limite et sans contrepartie, elle est la cause ultime de son "fascinans". Quand son entrée et sa survie dans l'histoire requièrent de son acteur des qualités homogènes d'usager ou de gestionnaire (de régent ou de gérant, de tyran ou de démocrate), quand le choix est imposé entre les directions antagonistes de la vie et de la mort, de la conservation et de la dépense: le "mythistoire" ne choisit pas, suivant la méthode sorélienne il "s'applique l'apocalypse". Il saute, se désintègre, mais ne disparaît pas. Car la conception finaliste du désastre ou de la catastrophe se retient encore dans la clôture du sens, elle en fait la limite comme le garde-fou. Alors que la pensée d'une mort, d'un non-être définitif, est étrangère au mythe, dont tout porte à croire qu'il a pris et prendra (?) sa retraite dans une certaine littérature, guettant le retour éternel d'une nouvelle incarnation.

> Créer des Mythes voilà le véritable objet du théâtre, traduire la vie sous son aspect universel, immense, et extraire de cette vie des images où nous aimerions à nous retrouver ... *ayant sacrifié notre petite individualité humaine, tels des Personnages venus du Passé, avec des forces retrouvées dans le Passé.* (Artaud, *Le Théâtre et son double,* 17; nous soulignons)

TROISIEME PARTIE

LES EXIGENCES DE L'ECRITURE

Afin d'éviter le pire malentendu il faut souligner avec force que le parallèle illustre la proximité de ces scènes ne vise pas un seul instant à les amalgamer, mais à les distinguer et à les opposer de façon radicale.

> J'ai craint en faisant le mal qui me tentait d'être diminué par lui et à sa mesure, il faut simplement grandir le mal jusqu'à ce qu'il soit moi, ne pas le laisser devant moi pour le brûler mais le prendre en moi, et quand il est dedans ne pas me laisser gagner par lui en conscience mais absorber la sienne en moi, en un mot ne pas descendre en lui mais le monter jusqu'à moi. (Artaud, *Œuvres complètes,* IX)

Dans cette lettre de Rodez, Artaud décrit avec une acuité sans pareille le mouvement de l'écriture. C'est l'économie de ce mouvement que nous voudrions suivre à présent chez Bataille.

Entre 1932 et 1939 Bataille a finalement choisi. Il a choisi de ne pas choisir, soit de jouer la Poésie *contre* la Révolution. Dans la perspective hétérologique toutes deux ont la même fonction, mais par ailleurs, nous l'avons vu, elles ne servent pas la même exigence; elles ne répondent pas, pour la fonder, à la même *éthique*. Vingt ans plus tard, dans *La Littérature et le mal,* Bataille revient sur ce choix. L'œuvre "exige" le mal, dont elle sort et qui la nourrit. Etant liée à "l'exubérance des forces", aux "dépenses d'énergie sans mesure" elle porte atteinte à la pérennité et à l'intégrité des êtres. En effet créer signifie essentiellement extraire *de soi* et user *sur soi* de la violence. Mais en même temps le mal à l'œuvre, le mal œuvrant pour l'œuvre, est "nécessairement limité" reconnaît Bataille, limité de l'intérieur par le sans fond d'une exigence plus forte que la sienne.

> Le mal que la souveraineté exige est nécessairement limité: la souveraineté elle-même le limite. Elle s'oppose à ce qui l'asservit dans la mesure où elle est *communication*. Elle s'y oppose avec ce mouvement souverain qui exprime un caractère sacré de la morale. (Bataille, IX, 315)

Ainsi Genet, visé dans cette phrase, est-il condamné pour avoir voulu systématiser le Mal, pour avoir voulu le faire et le posséder, écrit Bataille, "à son solitaire profit".

Bataille avait déjà comparé ce choix sans arbitre à un sacrifice au sens littéral: une "création au moyen de la perte". La "perte" est proportionnelle à la dépense de celui qui écrit pour "hausser le mal" jusqu'à lui et le "prendre avec soi" sans succomber à son excès; mais aussi sans le nier, sans chercher à tricher avec sa cruauté en prétendant l'exorciser ou le brûler de l'extérieur, de loin et à distance, comme s'il était une chose. Dans le mouvement d'intégration et de mise en conflit des tensions, sacrifice et tragédie se rassemblent. Intériorisé, "pris en soi", le mal, souverain à l'instant qu'il est inefficace, ne risque plus de se voir débaucher ou aliéner, expulser au-dehors pour asservir autrui.

Le mal est "pris en soi" écrit Artaud. Mais *qui* ou *qu*'est-ce que "soi"? Y a-t-il un sujet, une entité fermée, marquée par ses limites, réceptacle du mal, d'un objet défini catégorisé *mal*? D'ailleurs qu'est-ce que le mal sinon la prétention du sujet à se vouloir plus et autre chose que ce-simple-sujet mais tout en conservant la conscience, et en particulier les prérogatives de la conscience que sont la maîtrise et la sécurité, qui constituent ledit sujet. Vouloir posséder en conscience ce qui déborde la conscience et jouir de cette possession, vouloir être perçu et constitué, sacralisé par l'autre en sujet souverain sans cesser d'être le spectateur émerveillé par la contemplation de ce sacre, autrement dit se vouloir conscience indivise, à la fois objet/sujet du désir. Toutes les figures du mal répondent à ce processus de l'auto-déification. Visage impénétrable de l'idole murée dans son silence et dans sa cécité, discours opaque du leader qui magnétise mais ne communique pas, rites secrets du sacrifice ou de l'holocauste, langage de "fraternité-terreur" du groupe en fusion,¹ geste-décret du tyran ou du dictateur, etc.... Autant de discours ou de figures du mal, discours-figures figés ou matérialisés de l'auto-suffisance qui parlent tous la même langue: la langue de bois, la langue silencieuse de l'in-*différance,* comprise comme indifférence à l'autre, à tous les autres.

Si elle n'avait été qu'un surrationalisme, une simple technique d'appropriation de la gloire, sans doute l'hétérologie aurait été vouée au mal. Alors que science des limites, approfondissement de sa propre vanité, elle forclôt le mal au moment qu'elle l'éprouve dans une catastrophe intérieure où le désir est annulé par l'excès même de sa demande. C'est le mouvement d'implosion-explosion qui scande le supplice. Au sommet, dans le rire qui suit ou précède le silence, le sujet est "soufflé" (Bataille, V, 363), sacrifié en tant que sujet, en tant que conscience désireuse de s'approprier et d'utiliser le mal pour y asseoir sa souveraineté.² Ce sacrifice n'est ni plus ni moins réel que symbolique. Hétérogène à cette dichotomie il est effectivement tout-autre, réellement *instant sacré.* Bataille s'en doutait bien pour refuser le fil facile du couteau tranchant l'attente — du prêtre ou de la victime: "Si j'étais mort moi-même, si j'avais moi-même été détruit, mon angoisse n'aurait pas été plus loin que le couteau" (Bataille, V, 442).

Par ailleurs le sacrifice n'attend pas le supplice pour s'annoncer. Il commence à l'instant où est prise en conscience la décision de perdre ou d'égarer, de dépenser la conscience tout en la maintenant dans un calcul sans fin. Antécédent au supplice, le sacrifice est déjà consommé dans le renoncement de la conscience à son droit de propriété sur le mal qui l'aspire. Tout le reste, et c'est ici l'ensemble des textes de Bataille, n'est plus le sacrifice *lui-même* — et moins encore sa représentation. Mais pire encore que le sacrifice, son commentaire, son accompagnement et son ajustement *consciencieux.* On voit que l'écriture ne peut être facilement chanceuse pour participer, sans pour autant la suivre, à la stratégie du mal:

---

[1] Pour l'expression "fraternité-terreur", cf. Edouard Morot-Sir: "La Pratique du discours philosophique dans *Critique de la raison dialectique*" dans *Obliques,* Sartre et les arts (Paris, 1978), 57-64.
[2] Heimonet, *Le Mal à l'œuvre* (Marseille: Parenthèses, 1987), 39-41.

> *Vouloir-écrire* et non pas désir d'écrire, car il ne s'agit pas d'affection mais de liberté et de devoir. (Derrida, *L'Ecriture et la différence*, 24),

écrit précisément Derrida.

Volonté d'écrire le désir *avec* lui / *contre* lui. Volonté qu'il faut pour *écrire* le désir, soit, dans un même geste, lui répondre et le décevoir. Effectivement, il faut alors "un courage singulier pour ne pas succomber à la dépression et continuer". Il faut un sacré courage pour répéter et relancer l'échec: "Au nom de quoi? Pourtant je continue, dans mon obscurité: *l'homme continue en moi*" (Bataille, V, 45; nous soulignons). Alterné, le mouvement de reprise et remise de la conscience trace l'énigme de la *différance*. Ce faisant, il répond de la façon la plus décevante mais la plus complète et la seule acceptable à ce que Bataille appelle "la question dernière de l'être" (Bataille, II, 371).

Si en effet la conscience s'oubliait dans la folie du rire, ou si, à l'inverse, elle négativisait son élan souverain dans une ascèse à la Staline, si le désir se châtrait afin de mieux se posséder, alors oui, l'auto-sacrifice ne serait que cela: un *auto*-sacrifice — la ruse la plus subtile découverte par le sujet pour se glorifier dans le défi qu'il lance à ses propres limites. Au bout de tous les comptes ne subsisterait que l'expérience toute intérieure d'une auto-suffisance. Au contraire si le sacrifice *communique,* s'il a la force d'éviter "la réussite de l'échec" (Bataille, V, 348-49), ce n'est pas seulement parce qu'il éprouve, mais beaucoup plus parce qu'il met en joue et en jeu les contours d'une finitude. La communication joue à plein dans le rire, le silence et l'absence. Absence de communauté, absence de poésie, silence de mots qui "ne sont pas des mots" (Bataille, V, 28). Car dans ce creux en moi où doit se loger l'être, comme aux confins du rire, résonne encore l'effondrement d'une entité présomptueuse, celle d'un Individu dont l'étymologie atteste la grandeur: totalité indivisible, indécomposable, irréductible, "excluant la possibilité même d'un semblable" (Bataille, I, 355).

Bataille savait écrire "à l'intention des sourds" (Bataille, V, 538), comme il savait que "faute d'une révélation positive *en moi*", "l'idée de communication elle-même laisse nu" (Bataille, V, 25; nous soulignons). Cette communication n'est pas la deleuzienne. Elle a peu de chose à voir avec une circulation fluidique entre les corps. Absolument désincarnée son "idée" renvoie à une "interrogation infinie", à une "question sans réponse" (Bataille, V, 381). Une *inter-rogation* et non pas un dialogue. Une interrogation sans réponse en retour, du fait que: "celui qui interroge, celui qui parle, se supprime en interrogeant" (Bataille, V, 364). Ce qui parle alors dans ce silence et l'empêche de sonner mat, ce qui bruisse dans cette absence fondamentale de gratification, de justification ou de reconnaissance qui consacre tragiquement/risiblement le sacrifice, c'est l'humanité de l'Autre homme, de l'Autre fait homme à force de pointer ce que je porte en moi d'universelle finitude. On doit à nouveau écouter Derrida:

> L'écriture est l'issue comme descente hors de soi en soi du sens: métaphore-pour-autrui-en-vue-d'autrui-ici-bas, métaphore comme possibilité d'autrui ici-bas ... Car l'autre fraternel n'est pas *d'abord* dans la paix de ce qu'on appelle l'intersubjectivité, mais dans le travail et le péril de l'interrogation ... il est appelé dans la nuit par le travail en creux de l'interrogation. L'écriture est le moment de cette vallée originaire de l'autre dans l'être. (Derrida, *L'Ecriture et la différence*, 49)

A l'époque où écrivent Bataille et Artaud, "celui qui crée, qui figure ou qui écrit", n'a plus les moyens d'être, comme le pensait Freud dans le texte sur les deux principes (*Au-delà du principe de plaisir*): "le héros, le roi, le créateur, l'homme aimé". Devenu trop lucide et trop intelligent, contraint de se chercher une raison pour être, l'art n'est plus suffisamment aveugle à sa propre origine pour être hétérogène en toute bonne conscience ou homogène satisfait. Incapable d'opérer la réconciliation entre le plaisir et la réalité, impuissante à maintenir sa dépense, l'exigence qui veut l'art, qui veut dans l'art à la fois la dépense et la liberté, ne peut se réaliser qu'en se niant. Descendre dans la rue pour y servir l'histoire ou s'admettre comme déchet sans gloire, "irréalité pauvre" dit Bataille, "négativité (momentanément) sans emploi" mais reprise illico dans le cycle homogène. C'est dans l'affrontement de ces deux apories qu'a écrit Bataille, dans l'espace de mort et de jeu où elles se frôlent, se repoussent, sans cesse à la merci de leur collusion.

"La poésie ([Fuir?] en cassant tout)" (Bataille, V, 566).

Un demi-siècle après, Deleuze et Baudrillard se sacrent les prophètes de cet affrontement. Le jeu tragique de Bataille leur procure la gratification d'un savoir compétent dont ils tirent reconnaissance. Reconnaissance universitaire, éditoriale, voire même journalistique et publicitaire, qui les désigne comme agents doubles du simulacre. Figuration réussie de l'infigurable, représentation technicienne de l'irreprésentable, leurs discours sans humilité ont en effet le caractère tranché de la manchette, du slogan et du discours mandarinal. Ils dénoncent, fustigent, assènent, somment, forts de se croire fondés, pour l'un sur l'immanence radicale des flux, pour l'autre sur le fatum d'un objet de la terre.

Au début de cet essai nous avons évoqué la complicité qui associait les usagers du mal, ou du texte-maudit, et ceux que l'on peut appeler ses sophistes. Chez Blanchot et Nancy, qui appartiennent à la seconde catégorie, la communauté, "inavouable" ou "désœuvrée", se présente avant tout comme communauté *sans histoire*. A vrai dire Blanchot donne quelques éléments de cette histoire (Blanchot, *La Communauté inavouable*, 26-27), mais avec l'intention claire de montrer que Bataille "*exclut* (mises à part quelques phrases ambiguës) 'l'accomplissement fusionnel dans quelques hypostases collectives'" (Blanchot, *La Communauté inavouable*, 18). Ce qui semble un peu fort quand on pense non seulement à ces dites "phrases ambiguës" (Blanchot, *La Communauté inavouable*, note 1, 18) mais à certains passages des cahiers de *Contre-Attaque* ou des articles de *La Critique sociale*. Il est exact d'écrire, comme le fait Nancy, que la "communauté ... assume l'impossibilité de sa propre immanence, l'impossibilité d'un être-communautaire comme sujet" (Nancy, "La Communauté désœuvrée", dans *Aléa* 1983-84, 24). Mais il faut alors préciser que le geste par lequel "la communauté assume et inscrit ... l'impossibilité de la communauté" (Nancy, "La Communauté désœuvrée", 24) n'est pas, lui, immanent; qu'il répond à une exigence historique, et non immédiatement métaphorique, de communauté. "Le fondement de toute communauté possible" n'a pas toujours été pour Bataille "l'absence de communauté". Poser d'emblée la communauté comme *absence,* en ignorant l'histoire du supplice dont elle sort dans cette belle forme, revient à occulter sa signification, à déprécier le texte où elle se consume pour (se) communiquer.

Pourtant Nancy a raison: "Il ne faut pas cesser d'écrire" (Nancy, "La Communauté désœuvrée", 48). Dans cette direction nous n'avons pas le choix: de quelque façon "nous ne pouvons qu'aller plus loin". Mais justement la question d'un éventuel pouvoir d'"aller plus loin" que Bataille ne se pose pas au niveau d'une prise de conscience; il se pose à partir de ce "vouloir-écrire" dont parle Derrida, que détermine à un *moment donné* la libre nécessité de l'écriture. En retirant à ce moment son privilège, Nancy — qui effleure à peine "La Structure psychologique du fascisme" — oublie le trajet des textes de Bataille pour les dissoudre dans une forme d'angélisme intellectuel où disparaît la dimension tragique de leur appel.

Baudrillard ne procède pas autrement. Extirpé du contexte historique et social à partir duquel et contre lequel il s'inscrit, le texte de Bataille est utilisé par le biais de son intention, jamais il n'est estimé au prix de la violence qui le rend nécessaire. Ainsi Baudrillard définit la réalité homogène dans les mêmes termes que Bataille. "L'obscénité de la marchandise vient de ce qu'elle est abstraite, formelle et légère, contre la pesanteur et la densité de l'objet. La marchandise manifeste toujours son essence visible, qui est son prix" (Baudrillard, *Stratégies fatales*, 94). De même ce portrait des actuels représentants politiques, "tous forcés de simuler dans une agitation pathétique — pornographes de l'indifférence dont l'obscénité officielle redouble et souligne l'obscénité d'un univers sans illusion" (Baudrillard, *Stratégies fatales*, 91), semble extrait de la conférence où Bataille moque "l'agitation inutile", "la gravité maladroite" de Lebrun, qui, "n'accédant pas directement à la grandeur doit la rechercher par quelques moyens artificiels" (Bataille, II, 337). Il faut croire que Baudrillard a lu avec attention les textes du Collège. Cependant son collage de citations ne parvient pas à masquer cette différence essentielle, à savoir que chez lui la valeur transcendante que l'objet tient de son opacité n'est pas intégrée, intériorisée pour défier et à la fois invoquer la conscience, mais simplement souhaitée comme prime à la séduction. L'opacité irréductible ne forme pas une "tache aveugle" *à l'intérieur* de la conscience, elle reste tache *extérieure* à la conscience, ce par rapport à quoi cette conscience pose, parade, mais aussi décide et prend position. La séduction manque, et nous en crevons, "les mots ont perdu leur théâtre de la cruauté" (Baudrillard, *Stratégies fatales*, 255), et nous en crevons... Dans *Les Stratégies fatales* ce genre de demande lancine à la manière d'une antienne. Or ce manque et cette perte, cette tache et ce théâtre ont été *écrits*. Avec Baudrillard "la récupération du monde perdu" se fait récupération des *textes perdus* pour épargner les frais que cette nostalgie impose.

Au bout du compte sophistes et usagers du mal se rejoignent dans leur fascination pour ce qu'ils croient être la docilité facile de *la forme*. Ils s'aveuglent ainsi doublement: d'abord à la réalité violente de *la force,* ensuite et concurremment au degré d'exigence que supporte la forme pour ne pas laisser la force triompher.

> La forme fascine quand on n'a plus la force de comprendre la force en son dedans. C'est-à-dire de créer. (Derrida, *L'Ecriture et la différence*, 11)

Par cette remarque profonde de Derrida nous touchons à la question centrale. Questions à laquelle Bataille, en son temps, n'a cessé d'essayer de répondre.

Si Derrida sait bien que "dire la force comme origine du phénomène, c'est sans doute ne rien dire" (Derrida, *L'Ecriture et la différence*, 45) puisque la force *dite* est déjà phénomène — il sait aussi que choisir non plus de dire mais d'*écrire* la force, quitte pour cela, comme l'a fait Bataille, à pénétrer en son *dedans,* revient à l'essentiel: en minant "la face de l'être qui se montre dans la guerre" (E. Lévinas, *Totalité et Infini*, x), en ruinant, de l'intérieur, l'empire de la totalité. Il faut donc se demander passionnément ce que signifie l'usure de l'écriture-limite, où la souveraineté tempère d'elle-même l'outrance de son vœu. L'usure et non la disparition, car le désir de force qui porte toute authentique création n'a pas succombé aux brillants chatoiements de la modernité. A preuve l'attraction que les textes maudits, tels ceux de Sade, de Lautréamont, d'Artaud ou de Bataille ont exercé à l'âge d'or du commentaire critique de type formaliste, auquel ils ont fourni son matériau privilégié. Comme le dit Baudrillard, qui sait faire preuve d'un sûr instinct dans la détection des vrais problèmes, "l'art n'exerce plus aujourd'hui que la magie de sa disparition" (Baudrillard, *Stratégies fatales*, 13).

Trente ans après le Collège, en pleine apogée structuraliste, la *différance* réinvente les rites d'une autre magie, non plus nostalgique mais active et productive. Malgré sa récupération-éclair et sa mise à demeure dans le ghetto intellectuel, on doit voir dans cet impossible concept autre chose que le gadget philosophique promoteur d'une mode déconstructioniste. Bien que le mouvement de tension soutenue impliqué dans la *différance* réponde à la stratégie et à l'économie du couple hétérologique, il n'y aurait aucun sens à parler d'un emprunt de Derrida à Bataille. Etant ce qui entend, comprend et met en crise l'idée même de *propre,* voire la mêmeté de l'idée comme mode d'appropriation, ce jeu agonistique, quel qu'en soit le nom ou le titre, ne peut être la propriété de Bataille ou de Derrida; ou alors on devrait dire d'eux qu'ils ont plagié le *Phèdre* ou *Le Traité des passions de l'âme.* Ce qui est mobilisé dans la mise en conflit du même et du tout-autre est antérieur à toute question régionale et constitue la double origine de la métaphysique, indissociablement son histoire et sa critique. Dans l'opposition entre l'assurance d'un plaisir restreint lié au maintien ou au retour du même, et l'usure de l'énergie consacrée au désir infini de la méta-présence irréalisable parce qu'irréconciliable, dans ce rapport inouï insurpassable en violence se forme l'*archi-question,* condition et levain de tout questionnement ultérieur, dont dépend le destin du logos en tant que Verbe et instrument de paix. C'est pourquoi la *différance* doit être confrontée non seulement avec l'hétérologie, mais aussi avec sa suite: la mise en abîme du couple qu'elle ordonne dans le jeu de bascule du double mouvement qui produit *Le Coupable.* Dans sa première phase la dynamique hétérologique de Bataille explose, (se) détruit, mais ne produit pas. Ce n'est que dans l'après-coup du supplice, quand la conscience de son démiurge s'est mise à la question, que l'hétérologie peut consumer sa rage dans le rapport tendu entre mise en action-mise en question. Or nous l'avons vu, c'est par le même jeu que la *différance* produit du texte, à partir d'une certaine humiliation de la conscience qu'elle met au défi de penser *en même temps* les destins opposés de forces inégales. Double mouvement ou *différance,* ce qui est injecté, inoculé à la conscience, c'est la réalité d'une "énigme" ou d'une "tache aveugle" qu'elle ne peut supporter, qui outrepasse le rythme et les dimensions de son langage, mais par laquelle elle s'ouvre et se tend vers son Autre.

Et pourtant, de l'opposition matricielle où se forme l'archi-question, sortent deux écritures manifestement différentes. Ecriture phénoménologique de Bataille, qui requiert une "épreuve suffocante", "appelle un moment de rage" — "Comment nous attarder à des livres auxquels, sensiblement, l'auteur n'a pas été contraint?" (Bataille, III, 395). — Ecriture ludique, volatile de Derrida, danseassise avec la plume qui intrigue plus qu'elle n'inquiète, qui inquiète seulement à force d'ironie. Ecriture fondamentalement anti-tragique, anti-prophétique: anti-apocalyptique. C'est que pour Derrida l'inquiétude au travail dans l'archi-question doit rester "une inquiétude du langage et dans le langage lui-même" (Derrida, *L'Ecriture et la différence,* 9). Elle doit rester une inquiétude *purifiée par et dans le langage* qui la dit, comme si celui-ci, dégagé de sa force, était tombé du ciel. Chez Bataille au contraire l'inquiétude semble montée de l'histoire, le langage qui la porte ayant été sommé. Non pas sommé de répondre à l'histoire, ou à ses urgences, mais sommé de lui sacrifier. Car il ne s'agit pas de l'inquiétude d'un manque de langage, d'une faiblesse de la forme à dominer ou exprimer le trop plein de la force, mais d'une inquiétude du langage comme manque, manque à vivre, manque à être, dits perdus du désir. "Ecrire n'est pas être", disait Monnerot, Bataille ne l'aurait pas (toujours) contredit.

Quelles que soient la pertinence et la portée des textes qu'il a écrits sur eux, à propos de leurs expériences, Bataille et Artaud ne peuvent fournir à Derrida que des pré-textes. Derrida écrit à une époque où la "clôture de la représentation" s'est déjà refermée pour constituer un phénomène distanciable et théorisable, à une époque où la structure du commentaire apparaît une fatalité.[3] A un niveau tout autre, Bataille expérimente cette clôture et la vacuité du monde qu'elle cerne; il la réalise sous une pression historique qui en accuse le tracé. Même s'il demeure impossible à décrire en tant que phénomène, cet écart entre Bataille et Derrida ne peut être évité, ne serait-ce, d'une certaine façon, que pour mieux s'abolir.

En effet, par delà l'histoire et leurs histoires respectives, ces écritures sont réunies par l'intention, par le projet qu'elles *sont* d'épuiser, de dépenser le sens; réunies par la volonté de déstabiliser la conscience en lui demandant plus qu'elle ne peut, mais sans jamais la perdre. Sollicitée dans le supplice, la conscience s'ouvre et se tend vers son Autre, mais ne lui cède pas. Dans une sorte de *coïtus interruptus,* elle s'arrête juste, tout juste à temps. Il ne s'agit alors ni de passion ni de calcul, mais d'un calcul passionné qui se retient, multipliant les fautes, et s'exaspère; d'un duel indécidable où la chance et la science se tiennent en respect. D'où le parfait écho de l'une à l'autre de ces phrases: "L'Expérience intérieure est conduite

---

[3] Derrida, *L'Ecriture et la différence* (Paris: Le Seuil, 1967), 253-60.

par la raison discursive. La raison seule a le pouvoir de défaire son ouvrage, de jeter bas ce qu'elle édifiait" (Bataille, V, 60). "Il n'y a aucun sens à se passer des concepts de la métaphysique pour ébranler la métaphysique: nous ne disposons d'aucun langage ... étranger à cette histoire" (Derrida, *L'Ecriture et la différence,* 412).

Cet affolement ritualisé du langage et de la conscience, Baudrillard l'appelle *séduction.* "L'exténuation du sens, l'éphémérité du signe où transparaît l'extrême du plaisir, ça c'est la séduction" (Baudrillard, *Stratégies fatales,* 77).

Chez Derrida comme chez Bataille c'est effectivement une subversion de la panoplie symbolique qui focalise la lecture. Différemment de ce qui se passe le plus souvent dans le roman ou le texte philosophique, le lecteur ne peut assister à la création d'un monde ou d'un système; il ne peut jouir en connaisseur des raffinements du supplice — ce qui reste encore possible avec Sade. En tant que conscience il y adhère par tous les blancs, par tous les lapsus irréparables de son langage... et finit par *participer.* Pour cela il n'est pas nécessaire qu'il saisisse exactement l'enjeu théorique de ces écritures, dont il sent bien que leur logique implacable le conduit à se perdre dans la quête infinie du secret des vieux signes. Mais si nous continuons d'avancer dans la direction d'une phénoménologie de la lecture, nous voyons aussi que le rapport du lecteur à ces deux écritures diffère du tout au tout. En termes d'athlétisme, ou plutôt d'*acupuncture affective,* nous dirons que les textes de ces écritures ne touchent pas les mêmes points, n'innervent pas les mêmes zones de la géographie psychique et/ou physique du lecteur; et celui-ci, quand il accepte d'entrer dans le supplice, n'encourt pas le même risque selon le texte par lequel il se fait initier. Est-ce parce que Bataille parle souvent à la première personne, s'implique au maximum dans un texte qu'il contribue volontairement à dramatiser, quand Derrida, à l'inverse, entend parler d'un Homme dont il se refuse à être le représentant ou le porte-parole? Est-ce encore parce que Derrida utilise le lexique le plus marqué d'une philosophie qui reste pour Bataille "une ratiocination oiseuse, une manière déplaisante d'exploiter des talents mineurs" (Bataille, V, 374)? Mais quelques notations rhétoriques ne suffisent pas à rendre compte de la différence de force, d'impact et de résonance entre ces textes; différence qui se creuse quand on compare l'amplitude de leurs publics respectifs. Car s'il est possible de lire *L'Histoire de l'œil* — et même d'en profiter — tout en restant parfaitement hermétique à *L'Expérience intérieure* ou au *Coupable*, il en va autrement avec *La Carte postale* ou *La Dissémination* qui demandent à leur lecteur un égal degré de spécialisation. Ces écritures partagent un mouvement auto-reproductif d'espacement et d'effacement du sens, jeu musical par excellence qui les situe dans l'héritage nietzschéen. Elles produisent du sens, non du système; ou plutôt le sens, au fur et à mesure, déconstruit le système qu'il établit nécessairement. Mais à travers ce mouvement elles séduisent autrement. Ainsi dans "Un Hégélianisme sans réserve" où Derrida décrit minutieusement l'économie du texte de Bataille, mais tout en l'isolant de son sol historique, ou empirique, pour n'y voir que "le *sacrifice impitoyable des concepts philosophiques*" (Derrida, *L'Ecriture et la différence*, 392; nous soulignons).

Entre ces écritures, en deçà de leur séduction mesurable et définissable — homogène — il faudrait donc envisager la signature d'une autre séduction les séparant plus violemment.

Cette autre séduction ne serait pas d'un autre type mais d'une autre *nature*. Excédant l'aspect technique du langage elle nous mettrait directement en rapport avec la totale altérité d'une force, que Derrida lui-même se risque à définir comme "l'autre du langage sans lequel celui-ci ne serait pas ce qu'il est" (Derrida, *L'Ecriture et la différence*, 45). Dans l'écriture de Bataille, en référence au contexte historique et social dont cette écriture sort, il faudrait penser la force de façon moins abstraite, dans le cadre général d'une psycho-sociologie ou sociologie sacrée; et la penser comme concours, compétition, jeu d'attraction-répulsion entre des forces de quantité et/ou de qualité contraires.

Il y aurait alors une double réalité de la séduction. Une séduction essentiellement géométrique ou architecturale, opérant à partir du langage et en lui — où elle travaille à subvertir l'orthodoxie de sa ligne — à laquelle viendrait se superposer, dans le cas de Bataille, un élément séductif d'une autre nature, existentielle et situationnelle, émanant de façon plus ou moins directe et anéconomique d'une expérience ou d'un moment *vécu* privilégiés. Une séduction *gauche* venue de ce qui dans l'histoire tient encore à la terre.

Suivant leurs terrains d'origine apparaîtraient deux formes d'écriture, dotée chacune d'un pouvoir de séduction spécifique. Le commentaire ou le méta-commentaire derridéen serait la fatalité d'une *histoire froide*, celle d'une société a-pathique comme a-critique, telle qu'apparaît la France des années 60 (juste avant 1968) où est conçue la *différance*. A l'encontre l'écriture rageuse et suffoquée de Bataille serait le lot d'une *histoire chaude*, "in the making", celle des fameuses années 30; elle porterait la marque duelle des agressions et des tentations répétées de son Autre — pensé ici non plus dans le vocabulaire éthéré de la métaphysique, mais précisé et incarné dans la réalité des actes et des agents historiques.

Enfin à partir de ce partage ne pourrait-on établir une *loi* de l'impact du texte, permettant de mesurer, comme au dynamomètre, le point d'excitation que sa lecture provoque? Texte apollinien, défini par son "contour sobre, l'absence d'impulsions brutales". *Séduction blanche*. Texte dionysiaque, de nature pathique, dont l'auteur, soufflé par ce qu'il met en branle, "perd conscience de *soi*".[4] *Séduction noire*. Plus la séduction blanche, liée à la disposition générale du texte, à la forme de sa structure, serait concurrencée et ainsi renforcée par la séduction noire, portant sur le lexique et le rythme interne, élémentaire de chaque mot dans chaque phrase, plus la séduction globale serait forte et plus le texte serait joui: du fait de sa proximité à cette poésie résiduelle que Bataille compare au sacrifice et définit comme l'ensemble des "formes les moins dégradées, *les moins intellectualisées,* de l'expression d'un état de perte" (Bataille, I, 307; nous soulignons).

La séduction majeure dans l'écriture de Bataille serait due à la condensation de deux séductions. La séduction symbolique étant à son tour séduite, c'est-à-dire infléchie, travaillée aveuglément dans sa ligne par la montée des forces de l'histoire. Or, pour ne pas être impossible, la radicalité de cet échange est commandée par la violence. Car elle accepte comme donnée la libre communication, la contagion réciproque entre l'histoire empirique et l'espace symbolique du langage.

Si l'on réduit le trajet de Bataille à un passage de l'"esthésie" à l'esthétique, il faut admettre avec Deleuze qu'il n'y a aucune différence qui vaille entre le rationnel et l'irrationnel, et que le "réel-dont-on-parle" n'est qu'une sous-espèce — qui plus est humiliée — du "réel-désir". Rien de plus ni de moins. Rien dans ce constat abrupt

---

[4] Nietzsche, *Naissance de la tragédie* (Paris: Gallimard, 1976), 24-25.

qui permette de décider de la *valeur* de ce passage. La preuve c'est que Monnerot, en sens inverse, opère un passage identique. Le mot de "mythistoire" indique la potentialité d'une telle commutation, où les mythes-représentation-de-l'imaginaire, rejetons énergétiques d'une histoire antérieure, demeurent susceptibles de venir féconder cette histoire dans sa suite. Et c'est toujours au nom de cet échange que Baudrillard parvient à confondre la *subversion* avec la *réversion* symboliques, l'exténuation du sens, et/ou de la conscience, avec son incarnation — c'est-à-dire avec sa perte ou son oubli. "Nul n'a jamais envisagé sérieusement cette autre face non-politique du pouvoir, celle de sa *réversion symbolique*" (Baudrillard, *Oublier Foucault*, 78). On doit entendre *réversion* au sens littéral, que lui donnent aussi bien la biologie et la rhétorique: régression catastrophique, retour et annulation d'un état ou d'un genre évolué au chaos et à la nuit de son origine.

Baudrillard voit dans l'art et dans le fascisme un seul phénomène commandé par le "principe du mal", se constituant à partir des mêmes forces et répondant aux mêmes exigences. Un phénomène *esthétique* de remplissage et de re-symbolisation de la réalité dévaluée. Seulement, comme pour Monnerot, l'échange a lieu en sens unique. Il ne s'agit plus véritablement d'échange mais de réversion. A une époque où, homogénéisé avant même de naître, il a perdu son poids, l'art se laisse séduire et se reverse au politique auquel il fournit son énergie et sa technique. C'est le mythe qui revient à l'histoire, la séduction blanche qui mise sur le noir, tous deux formant alliance contre cette terreur qu'est "la confusion du réel et du rationnel" (Baudrillard, *Stratégies fatales*, 91). La nostalgie de Baudrillard est la même face à une société qui a perdu indifféremment son art et son histoire. "Si nous sommes *anesthésiés*, c'est qu'il n'y a plus d'esthétique (au sens fort) de la scène politique" (Baudrillard, *Stratégies fatales*, 91). Cette "esthésie" c'est dans l'aspect *esthétique* du fascisme que Baudrillard en voit les signes. "Esthétique de la mort, esthétique déjà rétro" (Baudrillard, *Oublier Foucault*, 86), certes, mais à tout prendre esthétique: reprise en forme et en force, recréation et réactivation d'une société uniforme et exsangue. D'ailleurs le prix et la qualité de cette esthétique importent peu. On ne peut être trop difficile puisque, finalement, le néant homogène ne laisse pas le choix: "Tout est bon pour échapper à ce vide, à cette leucé-

TROISIEME PARTIE

mie de l'histoire et du politique, à cette hémorragie des valeurs (Baudrillard, *Simulacres et simulation*, 72).[5]

Baudrillard ne laisse aucune illusion. Aujourd'hui il est impossible de résister à la nécessité et à l'urgence réversives. C'est pourtant cette résistance que nous voudrions organiser dans la forme d'un texte cherchant à savoir comment fonctionne la réversion, et, plus précisément, d'où vient et comment se compose la nostalgie qui la sous-tend.

Si nous savons déjà comment l'esthétique fasciste se nourrit de la haine pour toutes formes de représentation, reste à découvrir le processus suivant lequel la séduction noire parvient à régner par abdication de la séduction blanche. A partir de quelle instance ces séductions sont-elles placées dans un rapport agonistique mortel? Baudrillard lui-même nous fournit la réponse: "Le sujet ne peut que désirer, seul l'objet peut séduire" (Baudrillard, *Stratégies fatales*, 164).[6]

---

[5] "Le fascisme lui-même, le mystère de son apparition et de son énergie collective, dont aucune interprétation n'est venue à bout ... peut s'interpréter déjà comme surenchère 'irrationnelle' des référentiels mythiques et politiques, intensification folle de valeur collective (le sang, la race, le peuple, etc.), réinjection de la mort, d'une 'esthétique politique de la mort' à un moment où le processus de désenchantement de la valeur et des valeurs collectives, de sécularisation rationnelle et d'unidimensionnalisation de toute vie, d'opérationnalisation de toute vie sociale et individuelle se fait déjà durement sentir en Occident. Encore une fois, tout est bon pour échapper à cette catastrophe de la valeur, à cette neutralisation et pacification de la vie. Le fascisme est une résistance à cela, résistance profonde, irrationnelle, démente, peu importe, il n'aurait pas drainé cette énergie massive s'il n'était pas résistance à quelque chose de pire encore. Sa cruauté, sa terreur est à la mesure de *cette autre terreur qu'est la confusion du réel et du rationnel* qui s'est approfondie en Occident, et elle est une réponse à cela" (Baudrillard, *Simulacres et simulation*, 71-72).

[6] "Nous avons toujours vécu de la splendeur du sujet, et de la misère de l'objet. C'est le sujet qui fait l'histoire, c'est lui qui totalise le monde. Sujet individuel ou sujet collectif, sujet de la conscience ou sujet de l'inconscient, l'idéal de toute la métaphysique est celui d'un monde-sujet, l'objet n'est qu'une péripétie sur la voie royale de la subjectivité.... Mais tout se renverse si on passe à une pensée de la séduction. Là, ce n'est plus le sujet qui désire, c'est l'objet qui séduit. Tout part de l'objet et tout y retourne, comme tout part de la séduction et non du désir. Le privilège immémorial du sujet s'inverse. Car celui-ci est fragile, ne pouvant que désirer, tandis que l'objet, lui, joue très bien de l'absence de désir. Il séduit par cette absence de désir, il joue chez l'autre de l'effet du désir, le provoque ou l'annule, l'exalte ou le déçoit" (Baudrillard, *Les Stratégies fatales*, 163-64).

Baudrillard amalgame deux séductions, deux mouvements, l'un économique et l'autre anéconomique, de la séduction. Il appelle séduction aussi bien le procès d'exténuation du sens, supposant l'intervention et l'exercice de la conscience, et la rupture de sens, la panique de l'ordre symbolique dans laquelle sombre la conscience. Ce second mode de séduction décrète la suppression immédiate du sujet; pas son humiliation ou sa dégradation par l'usure et la perte de certaines de ses prérogatives, non, son abolition radicale et définitive par dérision immanente de tous ses privilèges. Face à l'objet le sujet est littéralement subjugué, placé sous l'influence de ce qui résiste avec acharnement, refusant de s'ouvrir aux clés de son langage. Séduit par stupéfaction de sa langue et comme absorbé dans l'excès de son propre désir, il n'a d'autre issue — et d'ailleurs il n'en veut pas d'autre — que de s'en remettre à la loi fatale de l'objet, à ce "principe du mal" qui lui prouve l'inanité d'engager une luttte dont l'adversaire resterait, dans la pire des dérobades, à la fois omniprésent et invisible. Dans cette fascination passionnée, le sujet, pour sa perte et pour son plaisir, fait don de sa parole. Par cette offrande il réalise ou incarne le caractère factice, artificiel de ce qu'il est, à savoir une conscience. C'est à cette offrande proprement sacrificielle que Baudrillard se réfère quand il remarque que "devant le fascisme, toutes les résistances symboliques sont tombées" (Baudrillard, *Oublier Foucault*, 85). Hormis le fait que cette absence de résistance s'explique aussi par l'élimination pure et simple de ceux qui auraient pu résister, Baudrillard a raison: on ne parle pas face au fascisme — Monnerot l'a assez montré —, on *demande*.

On voit donc l'importance qu'il y a à insister sur ce qui éloigne, tout en les maintenant dans un duel incessant, le mutisme stupéfié de la demande et le silence de Bataille, à insister sur *l'exigence* qui fait de l'une de ces absences de parole l'exclusive rigoureuse de l'autre.

Pour Bataille la poésie véritable est "absence de poésie", silence. C'est sur la pente où le langage à force de se retenir s'efface, où "chaque poème réel meurt en même temps qu'il naît", que "la communication poétique est possible" (Bataille, VII, 394-95). Bien au-delà de la communion privée et encore trop terrestre des amants, dans le silence chargé de tous les mots qui ont organisé le supplice et se sont dépensés en lui, est manifeste la rencontre ek-stasiée de l'Autre, est révélé ce "Désir" de l'"absolument Autre" que Lévinas a si bien défini: "Désir sans satisfaction qui précisément, *entend* l'éloignement, l'altérité et l'extériorité de l'Autre ... comme altérité d'Autrui et comme celle du Très-Haut" (Lévinas, *Totalité et Infini*, 4). Pour l'opposer au "réel-désir" de Deleuze et/ou au désir-séduit de Baudrillard, il suffit de reconnaître que le Désir dont parle Lévinas est toujours lié à une exigence qui est l'envers d'une convoitise, lié à la nécessité vécue par le sujet de *ne pas s'oublier*. Est-ce dire que le Désir tient à la conservation? Oui, mais non pas à l'*auto*-conservation, puisqu'il vit de s'approfondir jusqu'à l'excès de *soi:* quand, dans son rapport calculé à l'altérité absolue de l'Autre, la conscience est ramenée au niveau et aux dimensions de sa limite, à la portée de son prochain; alors que la conscience-séduite, au contraire, vit de son abandon, ce qui n'est pas même un refus mais une indigence, une inappétence à communiquer, une impuissance à pratiquer le supplice pour en partager le "profit": *l'angoisse*, où il reste à trouver, écrit Bataille, "ce que tu possèdes de plus précieux, ce que tu dois, en conséquence, communiquer à tes semblables" (Bataille, V, 444). Il doit cependant rester clair que pour Bataille la totale altérité n'a jamais pu signifier de prime abord un angélisme. *Totale,* cette altérité ne coïncide pas originellement avec l'altérité *absolue* dont parle Lévinas. Avant d'être le médium d'une expérience de la finitude, l'angoisse a été pour Bataille, notamment dans "le Problème de l'Etat", le détonateur de la fête révolutionnaire. Mais c'est justement parce qu'elle demeure voulue, défiée par la conscience qui s'y perd et se retrouve, que la totalité du mal est toujours-déjà entamée et désamorcée dans ce défi: "Nous n'atteignons pas, sans l'appui de la raison, la 'sombre incandescence' " (Bataille, V, 60). Alors qu'avec Baudrillard c'est par une passivité radicale de la conscience que le sujet cède sans combattre à la séduction. Non par exigence inverse, mais par absence d'exigence, le (feu) sujet séduit devient objectivement autre chose que lui-même: à son tour le séducteur.

Parce qu'"elle n'a pas d'effet", parce qu'elle est étrangère à la pensée, donc à la réalité de la limite, la folie est exclue de l'*expérience intérieure* (elle est "peut-être avant tout rupture de la communication intérieure" [Bataille, V, 60]). Or cette *indifférance* que Bataille attribue à une certaine facilité de la folie, est précisément ce qui permet de réunir l'*hystérique* de Baudrillard, le *schizo* de Deleuze et le *Führer* de Monnerot. Dans une parfaite immanence tous trois tirent en effet leur séduction du même inestimable privilège: ils ont oublié — ou bien rayé d'avance — la question du problème de leur propre *désir*.

> N'est séduisant que ce qui ne se pose plus le problème de son propre désir (l'hystérique par exemple, dont c'est le dernier souci), que ce qui est passé par l'absolution et la résolution de son propre désir. (Baudrillard, *Stratégies fatales*, 175-76)

Mais évacuer le problème de son propre désir n'est-ce pas aussi évacuer la question de sa limite; limite du désir et/ou limite du sujet (de la force ou du pouvoir du sujet) que le désir possède? Autrement dit n'est-ce pas négliger la nécessité de la Question? Pour devenir le séducteur, le séduit fait coup double. Mettant fin à la division originaire de la conscience, il se ferme à l'Autre qu'invoquait cette division.

On l'a vu à propos d'Hitler, *le secret du pouvoir* n'est pas autre chose que cet état de non-tension, d'*in-différance*, qui réside dans le repos mortel d'un objet souverainement réfractaire à l'Autre comme à tous les autres. Là encore Baudrillard est d'une formidable sincérité: "L'objet n'a pas de désir ... du coup *il ne connaît pas l'altérité et il est inaliénable. Il n'est pas divisé en lui-même*" (Baudrillard, *Stratégies fatales*, 166-67; nous soulignons). Le vœu de souder la conscience, la demande de cessation du supplice, s'adresse à la figure essentielle du mal. La fermeture qui constitue la totalité vive dans la forme d'un soi propriétaire de lui-même et des autres, un soi, Baudrillard le dit bien, pour qui "le désir n'existe pas" ou pour qui "le désir est d'être le destin de l'autre" (Baudrillard, *Stratégies fatales*, 167), ce reniement souhaité du sujet par lequel il devient autre *chose,* à savoir, pour autrui le tout-autre, réalise en effet "l'offrande au Dieu obscur" évoquée par Lacan à propos du nazisme.[7] Ce qui est offert à ce Dieu n'est pas la parole elle-même, la parole instrumentale qui se dispense *en vue de* communication et/ou de contagion, et qui, "traitée d'une certaine manière", comme dit Monnerot, n'a jamais cessé de circuler et de contaminer dans le fascisme. Ce qui est offert est *le désir de parole,* autrement dit le Désir ou entente de l'autre. Dans *Les Stratégies fatales* de Baudrillard et dans *Les*

---

[7] Lacan, *Séminaire IX*, 246-47.

Lois du tragique de Monnerot, le rejet du Désir, ou, ce qui revient au même, sa concrétisation, s'opère suivant un refus identique de l'inter-rogation. Libérée du supplice la parole se résout, se facilite, se simplifie, se totalise en acte ou en objet. Elle s'oublie dans un empirisme. Mais en même temps elle se valide, elle justifie cet oubli comme un courageux renoncement à la paix contemplative de la pensée ou de l'écriture. Baudrillard et Monnerot veulent écrire utilement, au nom de l'histoire, en son nom propre, pour son retour ou sa relance à l'intérieur d'une société morte. Au lieu de quoi, à partir de 1940, Bataille écrit à côté de la guerre.

En amorçant une généalogie du "vouloir-écrire" Derrida mesure le risque de la désincarnation interrogative, celui encouru par une expérience toute intérieure, éloignée des remous de l'histoire, qui serait encore une ruse du sujet pour échapper à la finitude: "la seule issue hors de l'affection (puisque) être affecté, c'est être fini" (Derrida, *L'Ecriture et la différence,* 24). Celui qui continue d'approfondir la déchirure de la conscience quand les autres meurent n'est-il pas en train de se réfugier dans une nouvelle sorte d'objectalité, une objectalité d'où il lui sera possible d'ignorer ce bas monde en échappant à sa violence? C'est le reproche que Monnerot adresse à Bataille dans un texte de 1946 dont certains aspects ne sont pas sans rappeler *Le Nouveau mystique* de Sartre paru trois ans plus tôt.

> Dans ce présent extrême où l'héroïsme et le marché noir, en tandem, déferlent au cri des sirènes, il n'est qu'un individu isolé, et le monde est sa maladie... Bataille qui est réellement un *homme contradictoire*, n'est pas combattant, mais conflit. (Monnerot, *La Fièvre de Georges Bataille,* 200)

Pour que le sacrifice "aille plus loin que le couteau" il faut bien que l'écriture soit autre chose qu'une dérobade, une fuite de la belle âme en regard de l'histoire empirique. Et en effet *Sur Nietzsche* n'est pas une telle fuite. Le texte n'est pas imperméable à la guerre pendant laquelle il s'écrit. A côté d'elle, à son écoute, il répond à son excès. La guerre pose à Bataille la question fondamentale qu'une participation physique aurait peut-être pu résoudre, mais à laquelle elle n'aurait su répondre — faute d'avoir le temps et la patience.

> Je brûle et me désoriente et je reste vide à la fin. Je puis me proposer de grandes et nécessaires actions, mais aucune

ne répond à ma fièvre. Je parle d'un *souci moral,* de la recherche d'un objet dont la valeur l'emporte sur les autres. (Bataille, VI, 11; nous soulignons)

L'acte d'écrire en plein état de guerre ne signifie pas une lâche impuissance, mais, à l'encontre, une *exigence.* Car écrire l'histoire, non la faire, n'est pas s'en détacher; c'est au contraire la ressentir, l'approfondir, la réfléchir, pour la communiquer au lieu de s'y laisser ensevelir. Dans la guerre écrire avec l'histoire du mal et contre elle, afin de maintenir la conscience au moment où, requise pour agir, elle est sommée de s'oublier. Dans la guerre ne pas cesser d'écrire face au déchaînement du "réel-désir" pour *parler* ce réel, lui imposer la paix. A travers le texte rappeler l'histoire à sa ligne contre la fête ou le chaos.

L'écriture exige une prise de distance vis-à-vis de l'histoire. Elle l'exige de toute la puissance du "souci moral" qui la veut et auquel elle répond. Dans sa lettre à Kojève, Bataille se doutait bien que sortir du "système fermé de Hegel" pour être dans l'histoire, sans la faire, la pure force d'une "négativité sans emploi", est proprement à jamais impossible. Mais il savait aussi qu'il est plus impossible encore de reconnaître, avec la réalité de l'histoire, la nécessité du négatif, l'obligation du *faire* ou de l'*agir,* et l'absence de son emploi. Pourtant, plutôt que d'assouvir, en la bradant, une avide volonté d'être, l'"homme de la négativité reconnue" paie le prix de son exigence. Il accepte de s'assumer pour ce qu'il est: une "négativité vide de contenu" (Bataille, V, 369-71). Par là même, par la reconnaissance de son désœuvrement, il retourne à l'histoire. Le "souci moral" de *Sur Nietzsche* est déjà celui d'*Acéphale,* où Bataille déniait au fascisme la capacité de "tromper une (son) exigence aussi vraie, aussi emportée, aussi avide". Plus radicalement qu'aucune forme de justification, le mouvement infini de cette surenchère sépare et oppose à lui seul les destins de Bataille et de Monnerot.

L'exigence qui se refuse à la facilité des buts revient nécessairement à l'autre, qu'elle avait apparemment délaissé dans le retrait de l'écriture. Et elle le retrouve au centuple car de façon inévitable. Non plus dans l'espace restreint de cette histoire-ici-et-maintenant, mais dans un sens universel. L'autre est appelé dans le vide du négatif qui s'est mis au ban de l'histoire, invoqué dans l'absence d'issue d'un désir volontaire qui continue à se poursuivre au-delà des limites de l'ipséité. Il n'est pas appelé pour combler ce vide, mais pour le partager et l'insister en accusant ce que sa réalité peut avoir de fatal. C'est à partir d'un tel projet qu'il faut entendre *L'Expérience intérieure,* comme un essai toujours recommencé d'exposition de la conscience et d'extériorisation du Désir.

Dans un sens il s'agit bien de rupture avec le milieu de l'histoire, mais pas dans celui où cette rupture viserait à regagner l'essence ou l'éther de l'historicité — la "pure historicité" écrit Derrida (Derrida, *L'Ecriture et la Différence,* 24). La rupture n'est certes pas consistante *par* et *en* elle-même, mais elle le devient de retrouver l'autre plus loin et plus longtemps que dans son vécu. Elle est infinie disponibilité à l'autre dans l'immesure où ce qu'elle supporte n'est pas un état de manque et de demande, mais une attente active dont le mouvement ne saurait jamais s'interrompre ou se satisfaire. C'est ainsi que l'absence de communauté "*doit être*" le "*fondement*" de toute communauté possible: en formant à travers tous les dits perdus du Désir une *communauté d'angoisse.* "L'angoisse que tu ne communiques pas à ton semblable est en quelque sorte méprisée et maltraitée" (Bataille, V, 444). Mais avant même de prendre en écriture, l'angoisse signifie ce que la rupture porte déjà en elle comme une abnégation: le renoncement à jamais toucher ou posséder l'autre, tout en restant infiniment exposé à lui. Dans ce sens Blanchot et Nancy disent vrai, l'écriture de Bataille "*exclut* 'l'accomplissement fusionnel dans quelques hypostases collectives'". Mais cette exclusion n'aurait pas la valeur que nous lui connaissons si elle n'était, selon les propres mots de Bataille, "abnégation", "renoncement" (Bataille, VII, 388), à l'amour fou de l'autre. L'absence de communauté n'aurait pas cette présence si elle ne venait au bout, mais aussi à la suite, d'une série d'expériences pour fonder empiriquement, historiquement la communauté. Il faut peut-être oser le dire: l'exclusion dont parle Blanchot n'aurait pas une telle force si ce qu'elle excluait n'était précisément la tentation d'un "surfascisme". La "rupture" avec l'histoire empirique est donc la condition et l'élément de l'écriture.

Ce mouvement par lequel l'écriture oppose la communication à la fusion, nous proposons de l'appeler *éthique.* Non dans le sens moderne de mœurs, d'habitude et de fréquentation réglée de l'autre socius, mais comme une certaine attitude, une certaine disposition du sujet et de la conscience à l'égard des formes générales de l'altérité. Indissociable d'un sentiment lucide de non-complétude ou de non-suffisance, l'éthique serait aussi en même temps indissociable de la volonté de ne pas prendre son parti de ce sentiment, pour au contraire le déborder sans toutefois l'excéder.

L'éthique suppose donc achevée la constitution du sujet; et le *discours,* où le sujet s'apparaît et se maintient, mais aussi se mesure et se risque, forme le lieu de sa prédilection. Le sujet s'apparaît et se maintient parce qu'il est le *je* d'un discours qui lui renvoie l'image de sa permanence, mais il se mesure et se risque du fait que le discours où il s'adresse à l'autre est aussi le terrain où il s'expose à lui. Comme écrit Lévinas: "le fait même de se trouver dans un discours, consiste à reconnaître à autrui *un droit* sur (l')égoïsme" (Lévinas, *Totalité et infini,* 10) que le discours suppose pour sa constitution. Cependant l'éthique va plus loin et ailleurs que le discours. Liée à l'exercice du logos celui-ci ne suffit pourtant pas à la fonder. Le jeu équilibré de séparation/exposition, maîtrise/vulnérabilité, qui pour Lévinas interdit la reconstitution de la totalité, n'est pas nécessairement respecté dans le discours. *Je* peut aussi vouloir écraser l'autre en le courbant sous sa preuve; il peut aussi l'ignorer, se persuader du droit de la raison ou de la vérité de son propre discours. Dans ces conditions *je* ne reconnaît l'autre que pour mieux l'humilier.

Pour que l'on puisse parler d'éthique il ne suffit pas qu'il y ait sentiment, même lucide, de la non-complétude. Il faut encore que ce sentiment ne soit ni accepté — ou occulté — ni qu'il cherche à se dépasser en quelque entreprise de transcendance immanentiste. Or c'est justement autour de cette idée de *dépassement* que tout s'est joué pour Bataille.

En 1939 au Collège, après avoir posé comme "loi" que "les êtres humains ne sont jamais unis entre eux que par des déchirures ou des blessures" (Bataille, II, 370), Bataille s'interroge longuement, et hésite, sur la nature de cette *blessure.* Est-elle *blessure* physique, historique ou empirique, ou bien *déchirure* métaphorique? Cette question, que Bataille appelle indifféremment "question dominante de la vie sociale" ou "question dernière de l'être", est celle même de la valeur et du destin du *sacrifice.* Elle revient à décider si le sacrifice doit être utilisé historiquement à des fins de régénération, mais, du même coup, de fondation et de conservation sociales, ou si, pratiqué par "des hommes plus religieux que les autres", il doit rester "en lui-même un but" et prétendre, "au-delà de l'étroitesse communautaire" à une "valeur universelle" (Bataille, II, 372). Si le sacrifice est fait pour la communauté, le sacrifié s'y retrouve: en se dépassant dans la méta-forme que Bataille appellera (au moment où Sartre parle des "groupes en fusion") l'"individu collectif"; si par contre le sacrifice s'effectue pour lui-même, il ne peut être, coupé de l'histoire, qu'une sortie répétée jusqu'à la mort vers l'Autre inaccessible. Pour nous, de l'extérieur et avec le recul, il s'agit de savoir quel sera le produit du sacrifice: la totalité vive ou l'écriture? Mais en 1939, pour Bataille, la réponse en tant que *choix* est impossible à faire.

> Il est difficile de savoir dans quelle mesure la communauté n'est que l'occasion propice à la fête et au sacrifice ou la fête et le sacrifice le témoignage d'amour donné à la communauté. (Bataille, II, 371)

Pourtant la réponse est donnée de façon significative dans la métamorphose de l'angoisse, qui de ferment et de catalyseur révolutionnaires — "angoisse libératrice des prolétaires" — devient *pure* angoisse, appréhension métaphysique de la finitude qui me rattache à mon semblable.

En interrogeant la réalité de l'angoisse, en *mettant en question* le rapport brut de l'angoisse aux travaux de *l'action,* en approfondissant la matité fatale de ce constat, Bataille s'expose et s'ouvre à l'écriture. Il choisit l'éthique, mais non l'éther. Il choisit l'*éthos* non contre le *pathos,* contre l'expérience et la souffrance comme prix de l'expérience, mais avec lui, grâce à lui, pour ne pas lui céder dans une forme de nihilisme ou de violence. Et c'est pour nous que la "question dernière" tourne autour d'un tel *choix*. Choix fait non *malgré* mais *contre* le sujet-Bataille; et quand bien même *par* lui. Choix calculé, patient, fait en hyper-conscience, mais contre la conscience qu'il puisse y avoir choix dont c'est *moi* qui décide. Sortir du choix en questionnant le choix revient au *principe* par lequel l'expérience intérieure est vouée à son dehors: "Principe de l'expérience intérieure: sortir par un projet du domaine du projet" (Bataille, V, 60).

Ce principe d'expropriation de la conscience par elle-même traduit le mouvement de débord qui active l'éthique au-delà du discours — à ses confins/à son tréfonds. Ce pourquoi la souveraineté, sans laquelle l'écriture ne pourrait communiquer, n'exprime pas seulement le "caractère sacré de la morale" comme l'écrit Bataille, mais le caractère sacré de *cela,* une certaine disponibilité, une attitude d'identité bouleversée de la conscience face au vécu, que la morale mettra en code. Avant le code, avant la sûreté et la sécurité du code, ce que nous appelons éthique exige le risque de l'indécision. L'ouverture du discours en son propre intérieur, l'ouverture de l'*ipse,* n'est ni la mort ni l'expulsion violente. Réfractaire à toutes formes de résolution elle est attente *active*. Elle appelle le non-choix, l'absence de projet étrangère à la morale du discours. Antérieure à cette morale l'éthique n'est ordonnée à aucun code si ce n'est au code du sujet: la loi-langage à partir de laquelle le sujet se forme, mais aussi la multiplicité des entraves qu'il fait contre lui-même à cette loi, non plus alors en tant que sujet usager du langage, mais en sa qualité d'individu, de volonté libre, inaliénable, irréductible à tout discours. Sous couvert de code toutes les morales diraient la même chose, la volonté de dire qui fonde le social. Mais en même temps elles occulteraient ce que dit plus profondément cette volonté, la volonté d'écrire qui s'est toujours perpétuée contre la morale dans ses formes instituées.

Chez Bataille le vouloir-écrire fait suite à un désespoir de la raison et de la vérité du discours; il est une insurrection contre ces guerres secondes que sont toutes les morales, morales du "déclin" qui ont pour fonction de faire durer la société.

> Le déclin — répondant aux moments d'épuisement, de fatigue — donne toute la valeur au souci de conserver et d'enrichir l'être. C'est de lui que relèvent les règles morales. (Bataille, VI, 42)

L'écriture au contraire répond au "sommet". Ethique du pari et du risque, empiriquement non productive, l'écriture est solidaire du mal dont elle partage la nécessité de dépense. Elle s'arrache sur la force — sur "l'autre du langage" — mais elle lâche et largue cette force précisément *à force* de la solliciter. Dans le geste de l'écriture, dans la graphie, on peut voir la volonté d'inscrire et d'affirmer la cruauté du mal, mais aussi le geste contraire, qui n'est pas de contenir ou de maîtriser cette cruauté, mais de surenchérir sur elle pour la martyriser. Le désir de gloire sans lequel le texte ne serait ou ne passerait pas, est retourné contre lui-même de se poursuivre à l'infini. Il n'est pas *dé-* mais *ir-réalisé,* refusant de se résoudre ou de se satisfaire en quelque forme de présence, il ne *prend pas.* Or le seul discours ne parvient pas à cette auto-catharsis. Bataille insiste sur la nécessité d'"opposer à tout prix deux sortes de communication", une "communication faible", celle du discours bridé par sa morale et/ou par sa grammaire, et une "communication forte" associée au vouloir-écrire comme attitude et mouvement éthiques. Ces deux sortes de communication sont inversement proportionnelles. Le vouloir-écrire apparaît là où le discours, ne suffisant plus, laisse son usager sur sa fin.

> La communication ... n'est en effet jamais plus forte qu'au moment où la communication au sens faible, celle du langage profane ... s'avère vaine, et comme une équivalence de la nuit. (Bataille, IX, 311)

Le mouvement éthique répond à la démarche hétérologique. Il commence au bout et à la suite du discours profane de la connaissance. Mais s'il débute à cette fin extrême, ce n'est pas pour céder à la stupéfaction qui le déportera dans la violence muette; c'est pour produire ce texte: le commentaire — d'autant plus exigeant qu'il se sait dérisoire — du désir qui le veut. Dans cet affrontement à l'autre du langage, dans ce défi jeté avec le discours à son autre côté, l'écriture apparaît véritablement sacrée. Cela à une époque où l'œuvre comme méta-présence appartient depuis longtemps déjà, pour toujours au passé.

L'écriture n'est pas le mal — ni son dérivé ni son agent. Mais elle n'est pas non plus sa transformation ou sa sublimation. L'écriture n'est pas *elle-même* hétérogène car elle excède la dichotomie du couple hétérologique, comme elle excède les directions du verbe differre. Sans en sortir elle résiste à l'opposition de la force et du sens: elle déborde cette opposition pour n'avoir pas cédé à ses impératifs. C'est ainsi que s'arrachant *sur,* l'écriture s'arrache *de* la force. Avant d'être "le geste" de Derrida,[8] ce débord intérieur de la métaphysique a été *la geste* de Bataille, au cours d'un supplice qui va de *Contre-Attaque* à ce double mouvement dont la valeur

---

[8] En ce qui concerne ce "geste" voir le texte de P. Loraux, "L'Homme sans destination", à propos de l'expression: "le-geste-de-Derrida", dans *Les Fins de l'homme, à partir du travail de Jacques Derrida* (Paris: Galilée, 1980), 636-50.

de mise est un aveu de paix. Pour maintenir l'exigence qui produit cette paix l'écriture doit *tenir* au discours, d'où pour le théâtre d'Artaud la fatalité ironique de se survivre en texte, mais aussi bien elle ne doit pas s'y *retenir*. Ce qui fait que, dans le langage, tributaire de sa loi, l'écriture reste "quelque chose sur quoi l'on se penche" (Derrida, *L'Ecriture et la différence*, 48, 49), une graphie et non la chorégraphie d'une danse macabre reversée à la rue, n'est pourtant pas une crainte ou une faiblesse. Bataille n'a pas écrit *Le Bleu du ciel* en lieu d'une *Histoire du fascisme en France* par reculade ou tricherie. Bien qu'il soit antérieur, et dans un certain sens allergique à la représentation, le vouloir-écrire reste à l'intérieur de sa clôture. Non parce qu'il serait soumis à une morale du déclin, mais parce que le discours est le seul lieu, le seul chevalet où puisse se déployer et se manifester l'exigence ou l'énigme de cette volonté, le seul espace où le désir puisse (se) communiquer; cela dans la mesure terriblement exacte où la *communication forte* ne parvient à sa force que de maudire sa faiblesse à la limite d'un discours qui est celui de la conscience. A ce point l'angoisse est la fonte, mais aussi la refonte comme la retrempe de la conscience — surtout jamais sa perte. La communication est beaucoup plus que la réalisation, et donc la mort du désir. Elle est sa *raison d'être:* la justification de l'être dans son rapport à l'altérité, soit la direction même de l'éthique ou de l'eksistence:

> Et quand je dis que *l'homme* est en nous, c'est que la *communication* est en nous, car l'homme existe dans la mesure où *les hommes communiquent* entre eux. Or comment communiquer sans parler…? ....
> ....
> Je le veux: il me faut communiquer avec l'homme, être au supplice de l'être intelligent. C'est à moi d'échapper aux faux-semblants. (Bataille, V, 544)

Au total, ni noire ni blanche, l'écriture n'est pas une *entreprise de séduction*. Elle n'est pas une entreprise parce qu'elle ne sait jamais d'où elle part ni où elle va, que sa quête se mène à l'insu du sujet; et elle n'est pas davantage une séduction parce que celui qui pourrait passer pour le séducteur est avant tout, fondamentalement, le premier et le grand séduit: par l'exigence même qui le condamne à l'Autre. Au faîte de sa puissance (de sa reconnaissance), celui qui écrit, cet auteur-démiurge détenteur du Verbe qui obsédait Artaud, reste Dianus, le roi du bois. Face à sa gloire de papier il n'est "à la vérité que le rire qui (le) prend" (Bataille, V, 364). Mouvement de tension et d'ouverture, l'éthique reconduit, et par là éconduit dans l'écriture tout espoir théologique. *De* l'histoire *à* l'écriture, il n'y a pas de passage, ni dans un sens ni dans l'autre. Par contre *entre* l'histoire *et* l'écriture, par la mise en conflit des couleurs opposées de la séduction, il y a production, mise au jour d'une *Aufhebung* que constitue le texte et dont le négatif est la seule exigence. Hors de l'histoire, extérieure à son temps, l'écriture séduit par la valeur sacrée d'un phénomène universel, sans propriétaire ni corps pour l'incarner. Séduction signifie alors communication au sens où l'a voulu Bataille: réunion d'hommes autour du foyer de l'angoisse et de la finitude.

Dans cette Aufhebung le texte prend une forme cathartique; mais cette catharsis est spontanée, sans visée et antérieure à sa fonction morale. Vu de l'histoire le texte est objectivement une bonté. Empiriquement, quant à son manque d'efficace, il est cette force transparente et docile, explicable, transmissible, manipulable, en un mot homogène; mais au regard de la métaphysique il en va autrement, pour qui l'amoralisme du texte tient à l'exigence dont il vient, à la volonté libre qui sous-tend et détermine cette exigence. "La liberté est toujours une ouverture à la révolte et le Bien est lié au caractère fermé de la règle" (Bataille, IX, 309), écrit Bataille, indiquant ainsi que la valeur morale de la catharsis textuelle est proprement indécidable.

La proximité et la réceptivité de l'écriture au mal ne remet pas en cause ce que nous avons dit à propos du *passage* entre texte et histoire. En renforçant le caractère souverain de l'écriture cette proximité invite à rechercher inlassablement ce qui a pu motiver et nourrir l'idée d'un tel passage. Chez Caillois l'idée d'un raccourci des "mythes humiliés" aux "mythes triomphants", ou chez Monnerot l'image d'une littérature-sarcophage pour "mythistoire" en latence. Il faut donc revenir sur les critères de cette "réversion" qui fait aujourd'hui la fortune de Baudrillard.

La "réversion" intervient à une époque où

> la position de sujet est *devenue tout simplement intenable*

et Baudrillard poursuit:

> Nul n'assume plus ce rôle incommensurable, qui a commencé de sombrer dans le ridicule avec l'univers de la psychologie et de la subjectivité bourgeoise pour se trouver aujourd'hui simplement effacé dans la transparence et l'indifférence.... On arrive donc au paradoxe que dans cette conjoncture ... la seule position possible est celle de l'objet. La seule stratégie possible est celle de l'objet. (Baudrillard, *Stratégies fatales*, 165-66)

Or cette "position intenable" est déjà celle du sujet-Bataille, habitant lui aussi d'une société creuse privée de référents et sujet d'un langage qui parcourt le vide sans pouvoir s'accrocher. Un tel sujet, Bataille l'est même de façon privilégiée: dans la comparaison, imposée par l'histoire entre la société dont il se sent si peu le membre, et deux sociétés vives esthétisant leur nostalgie. Mais Bataille ne s'est pas transformé en objet pour autant — il n'est pas devenu un grand Individu. Bien que reconnaissant, comme Baudrillard et pour les mêmes raisons que lui, que l'objet possède une forme de transcendance (Bataille, VII, 448-49), il n'a jamais cédé à sa fascination. Entre les objets que proposait l'histoire Bataille a refusé d'opérer un choix. Quel que fût cet objet, O.T.N.I. du fascisme ou objet-clone des sociétés déjà "obèses", il a refusé un choix d'objet qui ne pouvait répondre à son avidité. A la morale du choix il a opposé, et finalement substitué, la tragédie de l'écriture.

Comme tout objet Baudrillard est aveugle à cette tragédie. Il choisit. Etre un sujet, être un objet: il n'y a qu'une "seule position *possible*". Baudrillard reste dans la logique du possible, dans la logique d'un discours qui le conduit à la violence parce qu'il est celui de la *moindre exigence*. C'est à partir de ce discours qu'il peut amalgamer subversion et réversion symboliques, symbolique ou esthétique de l'écriture et symbolique ou esthétique de l'histoire. Pour lui l'art n'est pas l'expérience et le résultat décevant d'une lutte et d'un supplice, il n'est pas une éthique, mais un hasard, une pure chance. C'est dans le même sens qu'il distingue et oppose *esthétique* et *sacrifice*, tout en notant que le fascisme a "su rejouer le prestige rituel de la mort mais ... sur un mode déjà posthume et truqué ... sur un mode ... *esthétique* — et non plus véritablement sacrificiel" (Baudrillard, *Oublier Foucault*, 86). L'esthétique, la production de formes, c'est le truc, l'artifice, le simulacre d'un sacrifice qui, lui, serait authentique parce qu'immanent, immédiat, réfractaire au calcul et associé à la production de forces. Mais d'ailleurs, esthétique ou sacrifice, subversion ou réversion, subversion noire ou blanche, peu importe. Peu importe que les signes renvoyés à eux-mêmes s'affrontent dans un duel où brûle le sujet, ou qu'ils tombent à la rue. Dans la plus complète *in-différance* ce qui compte c'est le résultat. L'important c'est qu'une débauche symbolique, d'où qu'elle vienne, quelle qu'elle soit, bouleverse l'homéostasie de l'ensemble homogène, c'est-à-dire brouille et brise les lignes de son contrat. Et cette catastrophe est de nature magique. A l'instar de Monnerot vis-à-vis du Collège, elle saute à pieds joints par-dessus et donc *sur* les espaces de questionnement. Car la nostalgie qui s'y manifeste n'est pas avide, pas même vraiment urgente, mais *pressée*. Elle ne se retient pas. Ainsi quand Baudrillard déplore que "nos signes (aient) perdu leur théâtre de la cruauté": parce qu'"ils sont plus près du réel, de notre scène du réel" (Baudrillard, *Stratégies fatales*, 255), pas un instant il n'évoque le prix payé par Artaud pour construire ce théâtre. Pas un instant il ne songe qu'il serait possible de redresser cette scène (tout autrement cela va sans dire) pour en faire une scène parlable, où le sujet à force de s'étreindre pourrait encore communiquer. Il est plus simple et plus rapide de regretter et d'oublier ces mots pour affirmer leur mort en lorgnant vers l'histoire. Avec la sociologie de Monnerot la stratégie de Baudrillard est une stratégie "au marteau". Elle ne cherche pas à sortir du langage en rusant avec sa loi, mais en l'écrasant. Dans sa hâte cette sortie est une humeur, une envie, soit rien de plus qu'une *sortie de secours*.

Ce que Baudrillard ne peut pas voir c'est que l'écriture, avant d'être une chance, dans le sens où elle tient à une disposition particulière de la conscience, est aussi un calcul, une stratégie précisément, le pari d'une impossible maîtrise de la chance. Elle est essentiellement un jeu, mais avec tous les risques que cela comporte pour le sujet; un jeu, écrit Derrida, de "l'unité du hasard et de la nécessité dans un calcul sans fin" (Derrida, *Marges,* 7). Aristote disait bien qu'il n'y a pas d'éthique naturelle, que celle-ci est l'effort volontaire de l'homme vertueux qui *se donne* la liberté. C'est pourquoi, opposée aux flux du "réel-désir", l'écriture est effroyablement cruelle, tout en un nécessaire et lucide.

Quand il écrit que l'art par défaut de modèle résolument sacré doit parvenir à vivre par ses "seules ressources", Bataille parle d'une époque qui est déjà la nôtre — celle de Baudrillard. Or ces "seules ressources" sont celles du langage qui trame la conscience et forme le sujet; et c'est en les poussant à leur limite que Bataille parvient à ce qu'il appelle "instant sacré": "Le rire, / la poésie, / l'extase". Inversement c'est à l'économie de cet effort que vise Baudrillard, en espérant "trouver le raccourci parfait vers l'objet pur, celui qui n'est pour rien dans le partage du sens" (Baudrillard, *Stratégies fatales,* 169). Par une aphasie magique il veut sacraliser et ressusciter un réel dont on a trop parlé; de l'abandon stupéfié du langage, de la déroute de ses signes, il veut faire l'élément d'une resymbolisation ou d'une séduction en rappelant le sens au chaos de quelque origine. Mais en même temps, dans ce fantasme de l'objet, ce qui est re- ou réversé à l'histoire, n'est, à proprement parler, *rien*. Si l'on s'en tient à la pensée de Baudrillard, à ce que représente la production de cette pensée, la notion de "réversion symbolique" est elle-même le pire simulacre, destiné à nous faire croire qu'il y aurait quelque chose à réverser. Alors que ce qui est versé, ce qui s'écoule, est uniquement un dépit ou une nostalgie rageuse, un pur manque, une pure absence d'exigence. Baudrillard choisit, mais entre l'impuissance et la facilité. Comme elle aurait pu l'être pour Bataille, comme elle l'a été pour Monnerot, la Gesellschaft est pour lui l'alibi qui permet d'ignorer le prix de l'écriture. De même pour Monnerot il ne faut plus dire qu'il ait effectué un passage de l'esthétique à l'"esthésie" ou une sortie de la représentation, parce qu'il n'y a jamais eu d'esthétique, parce que jamais l'effort n'a été fait pour dérober au langage la force qu'il promet mais reprend aussitôt. Il n'y a pas de passage, et, finalement, pas de choix. L'écriture passe à l'acte avant de mériter son nom. Ou encore: ce qui passe de l'écriture ce n'est pas la volonté libre mais le désir, pas le *vouloir* mais la *demande*. Le premier texte "littéraire" de Monnerot est déjà un tel aveu.

> Les mots qu'il écrivait ... il les voyait naïfs, ils n'exprimaient pas sa pensée, ils ne disaient que ce qu'ils disaient....
> Il y avait une profondeur et un ressort dans sa pensée qui ne se retrouvait pas du tout, dans ces mots banals, candides ou cyniques. Il s'énervait. Il était forcé de s'interrompre,

il se jetait sur son lit, le cœur gros de rage mais maté par la peur.⁹

Ce premier roman de Monnerot reste aussi le dernier. On peut alors parler d'un déplacement de l'esthétique au politique. Mais ce déplacement est infime, juste ce qu'il faut de peur et de faiblesse face à la vacuité, à la légèreté et à la liberté des mots.

C'est pourquoi le fascisme ne peut davantage être une esthétique que le discours de Monnerot une écriture. Cela n'invalide pas le parallèle entre la scène mythistorique et la scène de la cruauté mais en justifie au contraire la nécessité. A l'origine de ces scènes travaille un désir de totalité, et à cette époque de totalité vive, qui a toujours hanté la pensée et l'histoire de l'Occident. Chez Artaud la totalité se manifeste dans le corps propre et plein autour duquel doit s'ordonner l'espace magique du théâtre. Chez Monnerot elle se réalise dans la crypte ritualisée d'un micro-organisme social, le Bund catalyseur et promoteur du mythe. Même s'il existe entre ces désirs une identité que renforce encore l'exiguïté de leurs scènes, il faut insister à l'inverse sur la parfaite divergence de leurs destins. D'un côté un désir nostalgique qui cherche à se satisfaire en se concrétisant au plus vite, un ressemelage parant au plus pressé pour colmater les brèches du sujet en l'engouffrant dans l'histoire. De l'autre un désir dont l'ardeur spontanée se retourne *sur* et *contre* lui-même, au point exact où sa passion devient sa négation. D'un côté un désir fasciné par la mort — et qui lui ressemble —, de l'autre un désir supplicié qui se dérobe, se commente et se poursuit en texte.

Comme Artaud répond à Monnerot, Bataille répond à Baudrillard pour qui le seul "enjeu" est celui de "la séduction contre la terreur" (Baudrillard, *Stratégies fatales*, 72). Il lui répond que la terreur n'est pas l'absence de séduction ou la séduction comme manque, mais le défaut de l'exigence. Il lui répond que la séduction ne vient pas de l'objet, n'est pas quelque chose à prendre, à subir ou à imposer, mais qu'elle est, en même temps qu'une grâce, une création faite *avec* le sujet, *à partir de* lui, *selon* lui et *contre lui-même*. A l'instar du sacré que définit Bataille, elle est cette "convulsion illimitée que *nous* sommes si nous n'admettons pas la contrainte

---

⁹ Monnerot, *On meurt les yeux ouverts*, précédé de *L'Heure de Fallandra*, et suivi de *La Nuit ne finira pas*, (Fictions) (Paris: Gallimard, 1946), 189.

inhérente à l'ordre des *choses*" (Bataille, VII, 448). Pour qu'il y ait séduction il faut que l'Autre, c'est-à-dire l'altérité de l'autre, l'Autre qui est en l'autre comme en tout un chacun du fait qu'il n'est pas moi, m'ait tenté et défié, m'ait séduit le premier pour que je veuille lui répondre. De telle sorte qu'en l'appelant dans le texte de mon écriture, avant d'être son séducteur, je reste Son obligé. Il est vrai que Baudrillard appelle séduction la "puissance à la fois immorale et maléfique *d'arracher le même au même*" (Baudrillard, *Stratégies fatales,* 72). Mais il ne faut pas s'y tromper, l'altérité de cette "puissance" n'est que le défaut d'exigence qui honore sa dette envers le Dieu obscur. D'ailleurs cette séduction-là vient encore du sujet, elle en est même la projection. Cause et effet de sa demande elle intervient pour sa remise au moment où la conscience affolée à l'idée du supplice choisit de "(Fuir?) en cassant tout".

Heureusement la conscience de Baudrillard ni celle de Monnerot n'ont jamais rien cassé. Pourtant, même si rien ne passe ou casse dans le passage qu'ils entendent forcer, le thème ou le fantasme de la réversion n'est pas lui-même sans danger. Comme tout fantasme celui-ci est symptôme, et signe annonciateur, par défaut d'exigence, d'un oubli de l'éthique. Sans revenir sur ce que Derrida écrit à propos de la *forme,* qui "fascine quand on n'a plus la force de voir la force en son dedans. C'est-à-dire de créer", il faut souligner que la fascination par la *force,* ou par le mythe de son opacité, est moins encore sans doute propice aux créations. Nous avons parlé d'une attirance générale pour la forme à laquelle cédait également Nancy et Baudrillard. Cette fascination est liée au caractère de facilité et de transparence qui semble inhérent à la forme quand on l'appréhende après-coup, de l'extérieur et sans tenir compte du travail que sa disposition suppose. Il faut maintenant remarquer une complicité au second degré entre deux sortes de fascinations en apparence opposées, celle qui joue entre fascination blanche et fascination noire. Car en effet tout se passe comme si les textes cyniques et prétendus roboratifs de Deleuze ou de Baudrillard faisaient écho aux lectures illusoirement pacifiantes de Blanchot et Nancy; ou comme si la cessation de la Question venait répondre en une sorte de contrepoids à sa réduction en pure forme. On le voit, rien n'a bougé depuis Platon. Il s'agit bien toujours de choix: entre esprit et matière, métaphore-expérience, Apollon-Dionysos, forme et force, ombre et lumière ou noir et blanc. D'ailleurs comment cela aurait-il pu changer puisque l'ensemble de ces choix circonscrit l'espace de la question-matrice? Cependant il faut encore se demander pourquoi est-ce aujourd'hui, alors qu'on la pensait à peu près oubliée, que la Question revient dans toute son ampleur.

S'il est possible de parler d'un enseignement de Bataille, il tiendrait en ceci. Le retour de la Question est le fait d'une époque où le sens, l'idée pure de sens, réduit au concept opérationnel de raison, n'est plus validé ou garanti par Dieu — ou par quelque autre transcendance — mais par sa seule utilité, et, sur le plan social, sa seule valeur contractuelle. Cette époque n'est plus celle de la mort de Dieu, mais celle où la nouvelle de cette mort a déjà fait long feu pour devenir pratiquement *in-différante*. La question-matrice fait retour quand face à une raison qui n'est plus divine, qui a perdu d'un même coup son sacre et sa morale, le "déchaînement passionnel" apparaît le seul "bien". Tel est le "dilemme" dans lequel nous sommes pris, écrit Bataille, "à tous les moments de notre vie" (Bataille, VII, 446). Effectivement, quand les signes "ont derrière eux, comme le dit Baudrillard, la sociologie, la sémiologie, la psychanalyse, qu'ils ne sont plus rituels" (Baudrillard, *Stratégies fatales*, 255), et surtout quand ils n'ont plus *que* cela, il devient difficile, sinon impossible, de les supporter. Non parce qu'ils seraient trop lourds, mais bien parce qu'ils sont trop légers; trop légers d'avoir rompu, en même temps qu'avec la divinité, avec l'histoire et ses actes. Ces mots dont Monnerot déplore qu'ils ne renvoient plus "à la mort, à la vie, à l'ordre et au désordre" (Monnerot, *La France intellectuelle*, 18), il est alors plus facile de s'en débarrasser en leur imposant un silence régressif ou réversif que de les suivre à l'infini de leur quête, dans ce qui n'est plus même une littérature.

Tel est l'enjeu: entre maintien et décision du choix, ouverture et fermeture de la Question, exigence et terreur. C'est pour avoir répondu à cet enjeu que Bataille et Derrida se retrouvent, dans la liberté d'une quête où ils maintiennent ouverte la Question sans occulter ni arrêter le jeu du choix qui la compose. Dans ce pari et cet effort leurs textes poursuivent le commentaire infini d'une seule forme, originelle dans un sens mais atemporelle aussi bien: la tragédie attique qui apparaît à Nietzsche ce "miracle métaphysique" du '*vouloir*' hellénique", où l'union des dieux antagonistes finit par "engendrer l'œuvre d'art à la fois dionysiaque et apollinienne"

(Nietzsche, *La Naissance de la tragédie,* 20). Même si de cette union ont disparu pour nous les formes majestueuses, elle demeure vivante. Car dans l'art ce n'est pas l'œuvre qui importe, mais le vouloir qui la veut. Ici le jeu sans fin ou l'écho humilié qui célèbre sa perte.

Bataille et Derrida restent les hommes d'une autre science, d'un autre style, donc avant tout d'une autre histoire. Mais singulièrement tous deux se vouent à une seule éthique et une seule *religion,* si avec Lévinas on entend par religion "le lien qui s'établit entre le Même et l'autre, sans constituer une totalité" (Lévinas, *Totalité et infini,* 10). Rien ne doit interdire de penser que ce lien, qui devait se tresser entre les corps concrets de la communauté, est celui que Bataille a fait plus ténu et tenace en sacrifiant à l'écriture.

Au moment de terminer il est impossible de ne pas évoquer cette conférence, "Le Mal dans le platonisme et dans le sadisme", où Bataille parle de la nécessité d'opérer un *saut*: pour mettre fin au dilemme entre la raison, "qui envisage le temps à venir", et la passion, "qui n'a d'autre vue que l'instant présent". Ce saut est rendu inévitable par la mort d'un Dieu "mort d'avoir été un être de raison". Or c'est précisément parce qu'il est si nécessaire, inévitable, urgent, que le saut doit être retardé, qu'il doit être, afin de "mieux sauter", différé le plus longtemps et le plus loin possible; du fait que "si l'on perd le contrôle de la raison sur la violence (le sacré), écrit Bataille, la possibilité humaine s'estompe". Et il termine ainsi:

> Le saut peut être la poésie, mais la poésie qui prétend le faire, à partir du moment où elle se juge, à partir du moment où elle n'a pas encore tout détruit, la poésie est aussi l'impuissance de la poésie. (Bataille, VII, 374)

Quant à nous, nous ne savons toujours pas ce que signifierait "aller plus loin" que ce *saut* indécidable et périlleux, écartelé entre son désir et sa retenue, son urgence et son exigence. Alors qu'elle s'éloigne, comment supporter le legs de cette *impuissance* qui ne devait laisser ni message ni vœu? Il faut donc (re)commencer d'écrire.

BIBLIOGRAPHIE

Aron, Raymond. *L'Opium des intellectuels* (Idées). Paris: Gallimard, 1968.
——. *La Sociologie allemande contemporaine* (Quadrige). Paris: Presses Universitaires de France, 1981.
Artaud, Antonin. *Le Théâtre et son double* (Idées). Paris: Gallimard, 1971.
——. *Œuvres complètes,* tomes IV et IX. Paris: Gallimard, 1979.
Bataille, Georges. *Œuvres complètes,* Tomes I à IX. Paris: Gallimard, 1970-1979.
——. "Le Sens moral de la sociologie", dans *Critique* n° 1 (juin 1946), 39-47.
Baudrillard, Jean. *Oublier Foucault.* Paris: Galilée, 1977.
——. *Simulacres et simulation.* Paris: Galilée, 1979.
——. *Les Stratégies fatales.* Paris: Grasset, 1983.
Benjamin, Walter. *Œuvres.* Tome 2: *Poésie et révolution.* Trad. P. Klossowski. Paris: Denoël, 1971.
Bergson, Henri. *Les Deux Sources de la morale et de la religion.* Paris: Presses Universitaires de France, 1932.
Blanchot, Maurice. *La Communauté inavouable.* Paris: Minuit, 1983.
Caillois, Roger. *Approches de l'imaginaire.* Paris: Gallimard, 1975.
——. *L'Homme et le sacré* (Idées). Paris: Gallimard, 1981.
——. *Instincts et société* (Médiations). Paris: Gallimard, 1964.
——. *Le Mythe et l'homme* (Idées) (Paris: Gallimard, 1981).
Crastre, Victor. *Le Drame du surréalisme.* Paris: Editions du Temps, 1963.
Deleuze, Gilles et Guattari, Félix. *L'Anti-Oedipe.* Paris: Minuit, 1972.
Derrida, Jacques. *L'Ecriture et la différence* (Points). Paris: Le Seuil, 1967.
——. *Marges de la philosophie.* Paris: Minuit, 1972.
Faye, Jean-Pierre. *Langages totalitaires.* Paris: Hermann, 1972.
Freud, Sigmund. "Psychologie collective et analyse du moi" dans *Essais de psychanalyse.* Trad. S. Jankélévitch. Paris: Payot, 1979.
Heimonet, Jean Michel. *De la Pensée à l'Acte, Force et Représentation dans l'œuvre de Jules Monnerot.* Lille: A.N.R.T., 1983.
——. "Le Collège de sociologie, un gigantesque malentendu", dans *Esprit* (mai 1984), 39-56.
——. *Le Mal à l'œuvre, Bataille et l'écriture du sacrifice.* Marseille: Parenthèses, 1986.
Hollier, Denis. *Le Collège de sociologie* (Idées). Paris: Gallimard, 1979.
——. *La Place de la Concorde. Essai sur Georges Bataille.* Paris: Gallimard, 1974.
Kojève, Alexandre. *Introduction à la lecture de Hegel.* Paris: Gallimard, 1947.

Lévinas, Emmanuel. *Totalité et infini*. La Haye: Nijhoff, 1965.
Marmande, Francis. *L'indifférence des ruines, variations sur l'écriture du "Bleu du ciel"*. Marseille: Parenthèses, 1985.
Mauss, Marcel. *Sociologie et anthropologie*. Paris: Presses Universitaires de France, 1973.
Monnerot, Jules. *Les Faits sociaux ne sont pas des choses*. Paris: Gallimard, 1946.
———. *La France intellectuelle*. Paris: R. Bourgine, 1970.
———. *Intelligence de la politique*. Tome I: *L'Anti-providence*. Paris: Gauthiers-Villars, 1977.
———. *Intelligence de la politique*. Tome II: *Introduction à la doxanalyse: Pareto-Freud*. Paris: Gauthiers-Villars, 1978.
———. *Inquisitions*. Paris: José Corti, 1974.
———. *La Guerre en question*. Paris: Gallimard, 1951.
———. *Les Lois du tragique*. Paris: Presses Universitaires de France, 1969.
———. *La Poésie moderne et le sacré*. Paris: Gallimard, 1945.
———. *Sociologie du communisme*. 1ère édition: Paris: Gallimard, 1949; 2ème édition: Paris: Gallimard, 1963; 3ème édition: Paris: Hallier, 1979.
———. *Sociologie de la révolution*. Paris: Fayard, 1969.
Morot-Sir, Edouard. "La Pratique du discours philosophique dans *Critique de la raison dialectique*", dans *Obliques,* Sartre et les arts. Paris, 1978.
Nadeau, Maurice. *Histoire du surréalisme* (Points). Paris: Le Seuil, 1970.
Nancy, Jean-Luc. "La Communauté désœuvrée", dans *Aléa* n° 4. Paris: Bourgois, 1984; 11-49.
Nietzsche. *La Généalogie de la morale* (Idées). Trad. H. Albert. Paris: Gallimard, 1964.
———. *Le Livre du philosophe* (Bilingue). Trad. A. Marietti. Paris: Aubier-Flammarion, 1969.
———. *La Naissance de la tragédie* (Idées). Trad. G. Bianquis. Paris: Gallimard, 1976.
Queneau, Raymond. "Premières confrontations avec Hegel" dans *Critique* n° 195-196 (août-septembre 1963), 694-700.
Reich, Wilhelm. *La Psychologie de masse du fascisme*. Trad. P. Kamnitzer. Paris: Payot, 1979.
Richman, Michèle H. *Reading Georges Bataille; Beyond the Gift*. Baltimore: The Johns Hopkins University Press, 1982.
Sartre, Jean-Paul. *Réflexions sur la Question Juive*. Paris: P. Morihien, 1946.
Sternhell, Zeev. *Ni droite, ni gauche*. Paris: Le Seuil, 1983.
Stoekl, Allan. *Politics, Writing, Mutilation*. Minneapolis: University of Minnesota Press, 1984.

REVUES

Acéphale (juin 1936 et juillet 1937). Réédition: Paris: Jean-Michel Place, 1980.
Inquisitions (juin 1936). Paris: Editions Sociales, 1936.
Légitime Défense (juin 1932). Réédition: Paris: Jean-Michel Place, 1979.

NORTH CAROLINA STUDIES IN THE ROMANCE LANGUAGES AND LITERATURES

I.S.B.N. Prefix 0-8078-

Recent Titles

A STUDY OF NOMINAL INFLECTION IN LATIN INSCRIPTIONS, by Paul A. Gaeng. 1977. (No. 182). -9182-7.
THE LIFE AND WORKS OF LUIS CARLOS LÓPEZ, by Martha S. Bazik. 1977. (No. 183). -9183-5.
"THE CORT D'AMOR". A THIRTEENTH-CENTURY ALLEGORICAL ART OF LOVE, by Lowanne E. Jones. 1977. (No. 185). -9185-1.
PHYTONYMIC DERIVATIONAL SYSTEMS IN THE ROMANCE LANGUAGES: STUDIES IN THEIR ORIGIN AND DEVELOPMENT, by Walter E. Geiger. 1978. (No. 187). -9187-8.
LANGUAGE IN GIOVANNI VERGA'S EARLY NOVELS, by Nicholas Patruno. 1977. (No. 188). -9188-6.
BLAS DE OTERO EN SU POESÍA, by Moraima de Semprún Donahue. 1977. (No. 189). -9189-4.
LA ANATOMÍA DE "EL DIABLO COJUELO": DESLINDES DEL GÉNERO ANATOMÍSTICO, por C. George Peale. 1977. (No. 191). -9191-6.
RICHARD SANS PEUR, EDITED FROM "LE ROMANT DE RICHART" AND FROM GILLES CORROZET'S "RICHART SANS PAOUR", by Denis Joseph Conlon. 1977. (No. 192). -9192-4.
MARCEL PROUST'S GRASSET PROOFS. *Commentary and Variants*, by Douglas Alden. 1978. (No. 193). -9193-2.
MONTAIGNE AND FEMINISM, by Cecile Insdorf. 1977. (No. 194). -9194-0.
SANTIAGO F. PUGLIA, AN EARLY PHILADELPHIA PROPAGANDIST FOR SPANISH AMERICAN INDEPENDENCE, by Merle S. Simmons. 1977. (No. 195). -9195-9.
BAROQUE FICTION-MAKING. A STUDY OF GOMBERVILLE'S "POLEXANDRE", by Edward Baron Turk. 1978. (No. 196). -9196-7.
THE TRAGIC FALL: DON ÁLVARO DE LUNA AND OTHER FAVORITES IN SPANISH GOLDEN AGE DRAMA, by Raymond R. MacCurdy. 1978. (No. 197). -9197-5.
A BAHIAN HERITAGE. An Ethnolinguistic Study of African Influences on Bahian Portuguese, by William W. Megenney. 1978. (No. 198). -9198-3.
"LA QUERELLE DE LA ROSE": Letters and Documents, by Joseph L. Baird and John R. Kane. 1978. (No. 199). -9199-1.
TWO AGAINST TIME. *A Study of the Very Present Worlds of Paul Claudel and Charles Péguy*, by Joy Nachod Humes. 1978. (No. 200). -9200-9.
TECHNIQUES OF IRONY IN ANATOLE FRANCE. Essay on *Les Sept Femmes de la Barbe-Bleue*, by Diane Wolfe Levy. 1978. (No. 201). -9201-7.
THE PERIPHRASTIC FUTURES FORMED BY THE ROMANCE REFLEXES OF "VADO (AD)" PLUS INFINITIVE, by James Joseph Champion. 1978. (No. 202). -9202-5.
THE EVOLUTION OF THE LATIN /b/-/ṷ/ MERGER: A Quantitative and Comparative Analysis of the *B-V* Alternation in Latin Inscriptions, by Joseph Louis Barbarino. 1978. (No. 203). -9203-3.
METAPHORIC NARRATION: THE STRUCTURE AND FUNCTION OF METAPHORS IN "A LA RECHERCHE DU TEMPS PERDU", by Inge Karalus Crosman. 1978. (No. 204). -9204-1.
LE VAIN SIECLE GUERPIR. A Literary Approach to Sainthood through Old French Hagiography of the Twelfth Century, by Phyllis Johnson and Brigitte Cazelles. 1979. (No. 205). -9205-X.
THE POETRY OF CHANGE: A STUDY OF THE SURREALIST WORKS OF BENJAMIN PÉRET, by Julia Field Costich. 1979. (No. 206). -9206-8.

When ordering please cite the *ISBN Prefix* plus the last four digits for each title.

Send orders to: University of North Carolina Press
Chapel Hill
North Carolina 27514
U. S. A.

NORTH CAROLINA STUDIES IN THE ROMANCE LANGUAGES AND LITERATURES

I.S.B.N. Prefix 0-88438

Recent Titles

NARRATIVE PERSPECTIVE IN THE POST-CIVIL WAR NOVELS OF FRANCISCO AYALA "MUERTES DE PERRO" AND "EL FONDO DEL VASO", by Maryellen Bieder. 1979. (No. 207). *-9207-6.*

RABELAIS: HOMO LOGOS, by Alice Fiola Berry. 1979. (No. 208). *-9208-4.*

"DUEÑAS" AND "DONCELLAS": A STUDY OF THE "DOÑA RODRÍGUEZ" EPISODE IN "DON QUIJOTE", by Conchita Herdman Marianella. 1979. (No. 209). *-9209-2.*

PIERRE BOAISTUAU'S "HISTOIRES TRAGIQUES": A STUDY OF NARRATIVE FORM AND TRAGIC VISION, by Richard A. Carr. 1979. (No. 210). *-9210-6.*

REALITY AND EXPRESSION IN THE POETRY OF CARLOS PELLICER, by George Melnykovich. 1979. (No. 211). *-9211-4.*

MEDIEVAL MAN, HIS UNDERSTANDING OF HIMSELF, HIS SOCIETY, AND THE WORLD, by Urban T. Holmes, Jr. 1980. (No. 212). *-9212-2.*

MÉMOIRES SUR LA LIBRAIRIE ET SUR LA LIBERTÉ DE LA PRESSE, introduction and notes by Graham E. Rodmell. 1979. (No. 213). *-9213-0.*

THE FICTIONS OF THE SELF. THE EARLY WORKS OF MAURICE BARRES, by Gordon Shenton. 1979. (No. 214). *-9214-9.*

CECCO ANGIOLIERI. A STUDY, by Gifford P. Orwen. 1979. (No. 215). *-9215-7.*

THE INSTRUCTIONS OF SAINT LOUIS: A CRITICAL TEXT, by David O'Connell. 1979. (No. 216). *-9216-5.*

ARTFUL ELOQUENCE, JEAN LEMAIRE DE BELGES AND THE RHETORICAL TRADITION, by Michael F. O. Jenkins. 1980. (No. 217). *-9217-3.*

A CONCORDANCE TO MARIVAUX'S COMEDIES IN PROSE, edited by Donald C. Spinelli. 1979. (No. 218). 4 volumes, *-9218-1* (set); *-9219-X* (v. 1); *-9220-3* (v. 2); *-9221-1* (v. 3); *-9222-X* (v. 4.)

ABYSMAL GAMES IN THE NOVELS OF SAMUEL BECKETT, by Angela B. Moorjani. 1982. (No. 219). *-9223-8.*

GERMAIN NOUVEAU DIT HUMILIS: ÉTUDE BIOGRAPHIQUE, par Alexandre L. Amprimoz. 1983. (No. 220). *-9224-6.*

THE "VIE DE SAINT ALEXIS" IN THE TWELFTH AND THIRTEENTH CENTURIES: AN EDITION AND COMMENTARY, by Alison Goddard Elliot. 1983. (No. 221). *-9225-4.*

THE BROKEN ANGEL: MYTH AND METHOD IN VALÉRY, by Ursula Franklin. 1984. (No. 222). *-9226-2.*

READING VOLTAIRE'S "CONTES": A SEMIOTICS OF PHILOSOPHICAL NARRATION, by Carol Sherman. 1985. (No. 223). *-9227-0.*

THE STATUS OF THE READING SUBJECT IN THE "LIBRO DE BUEN AMOR", by Marina Scordilis Brownlee. 1985. (No. 224). *-9228-9.*

MARTORELL'S "TIRANT LO BLANCH": A PROGRAM FOR MILITARY AND SOCIAL REFORM IN FIFTEENTH-CENTURY CHRISTENDOM, by Edward T. Aylward. 1985. (No. 225). *-9229-7.*

NOVEL LIVES: THE FICTIONAL AUTOBIOGRAPHIES OF GUILLERMO CABRERA INFANTE AND MARIO VARGAS LLOSA, by Rosemary Geisdorfer Feal. 1986. (No. 226). *-9230-0.*

SOCIAL REALISM IN THE ARGENTINE NARRATIVE, by David William Foster. 1986. (No. 227). *-9231-9.*

HALF-TOLD TALES: DILEMMAS OF MEANING IN THREE FRENCH NOVELS, by Philip Stewart. 1987. (No. 228). *-9232-7.*

When ordering please cite the *ISBN Prefix* plus the last four digits for each title.

Send orders to: University of North Carolina Press
  Chapel Hill
  North Carolina 27514
  U. S. A.

The Department of Romance Studies Digital Arts and Collaboration Lab at the University of North Carolina at Chapel Hill is proud to support the digitization of the North Carolina Studies in the Romance Languages and Literatures series.

www.ingramcontent.com/pod-product-compliance
Lightning Source LLC
Chambersburg PA
CBHW022014220426
43663CB00007B/1071